//HONGGUAN JINGJIXUE JICHU

# 宏观经济学基础

主 编／牛 蕊
副主编／刘志勇

企业管理出版社
ENTERPRISE MANAGEMENT PUBLISHING HOUSE

# 图书在版编目（CIP）数据

宏观经济学基础 / 牛蕊主编 . -- 北京：企业管理出版社，2022.1
ISBN 978-7-5164-2531-2

Ⅰ. ①宏… Ⅱ. ①牛… Ⅲ. ①宏观经济学 Ⅳ. ① F015

中国版本图书馆 CIP 数据核字 (2021) 第 251921 号

| | |
|---|---|
| 书　　名 | 宏观经济学基础 |
| 书　　号 | ISBN 978-7-5164-2531-2 |
| 作　　者 | 牛　蕊 |
| 策　　划 | 寇俊玲 |
| 责任编辑 | 刘玉双 |
| 出版发行 | 企业管理出版社 |
| 经　　销 | 新华书店 |
| 地　　址 | 北京市海淀区紫竹院南路 17 号　　邮编：100048 |
| 网　　址 | http://www.emph.cn　　电子信箱：26814134 @qq.com |
| 电　　话 | 编辑部 (010) 68701661　　发行部 (010) 68701816 |
| 印　　刷 | 河北宝昌佳彩印刷有限公司 |
| 版　　次 | 2022 年 1 月第 1 版 |
| 印　　次 | 2022 年 1 月第 1 次印刷 |
| 开　　本 | 787 毫米 × 1092 毫米　1/16 |
| 印　　张 | 14.25 印张 |
| 字　　数 | 260 千字 |
| 定　　价 | 56.00 元 |

版权所有　翻印必究　·　印装有误　负责调换

# 前　言

宏观经济学的研究对象是一个国家的国民经济整体，包括国民经济运行方式、运行状况、运行规律以及政府经济政策对国民经济运行的影响。随着经济全球化及国际经济的不断变化发展，宏观经济学研究也经历了不同的发展时期，本书较全面地梳理了诸如国民收入决定、经济增长等基础理论并自然引入经济学实践的相关内容。

本书具有以下特点。①注重基础理论、基础方法与实践的融合。本书全面介绍了国民收入决定、产品市场和货币市场的一般均衡、通货膨胀与失业、开放条件下的宏观经济等内容以及当前西方宏观经济学主要的学派，在此基础上，引入总量分析、动态与静态分析等基本分析方法，然后自然引入具有实践性特点的宏观经济政策等相关内容，将理论与实践密切结合。②既追溯理论渊源，又介绍最新的理论成果与发展。本书充分表现经济学发展与演变的历史性，同时加入当前引人关注的通货紧缩理论。③简单扼要，取西方宏观经济理论之精华，采用符合中国学生学习和阅读习惯的叙述方法，在内容全面的同时力求简约。

本书既可以作为宏观经济学学习的入门读物，又可以用作经济管理类专业本、专科教学用书。

本书由天津外国语大学国际商学院长期从事经济学教学与科研工作的教师编写。牛蕊对全书进行整体框架规划、梳理以及编写，刘志勇老师统稿。特别感谢郑妍妍老师对绪论及第一章的内容整理，张婷婷老师对第二、三、四章的内容整理以及范世铖同学对书中图表的核对。由于编者水平有限，书中难免存在疏漏之处，恳请专家和读者批评指正。

本书还配备了电子教学资料包，包括电子教案、教学指南、练习题答案等，能够为教师授课和学生学习提供诸多便利，请通过以下联系方式获取。

电话：（010）68701661 企业管理出版社编辑部

邮箱：qyglcbs@yeah.net

编　者

2021 年 8 月

# 目 录

绪 论 ……………………………………………………………………… 1

## 第一章　简单国民收入决定理论 ……………………………………… 3
第一节　均衡产出 ………………………………………………………… 3
第二节　消费理论 ………………………………………………………… 5
第三节　国民收入的决定 ………………………………………………… 16
第四节　乘数论 …………………………………………………………… 21

## 第二章　产品市场和货币市场的一般均衡 …………………………… 30
第一节　投资的决定 ……………………………………………………… 30
第二节　IS 曲线 …………………………………………………………… 34
第三节　利率的决定 ……………………………………………………… 38
第四节　LM 曲线 ………………………………………………………… 44
第五节　IS – LM 分析 …………………………………………………… 48
第六节　凯恩斯的基本理论框架 ………………………………………… 52

## 第三章　宏观经济政策实践 …………………………………………… 55
第一节　经济政策目标 …………………………………………………… 55
第二节　财政政策 ………………………………………………………… 57
第三节　货币政策 ………………………………………………………… 65

## 第四章　宏观经济政策效果分析 ……………………………………… 77
第一节　财政政策效果 …………………………………………………… 77
第二节　货币政策效果 …………………………………………………… 82
第三节　两种政策的混合使用 …………………………………………… 88

## 第五章　总需求-总供给模型 ... 93
### 第一节　总需求函数和总需求曲线 ... 93
### 第二节　总供给函数和总供给曲线 ... 97
### 第三节　总需求与总供给的均衡模型 ... 105
### 第四节　总需求曲线与总供给曲线移动的效应 ... 107
### 第五节　凯恩斯主义对经济波动的解释 ... 111

## 第六章　开放条件下的宏观经济分析 ... 114
### 第一节　国际收支与汇率 ... 114
### 第二节　国际收支均衡曲线——BP 曲线 ... 124
### 第三节　IS-LM-BP 模型 ... 130
### 第四节　开放条件下的宏观经济政策 ... 135

## 第七章　通货膨胀与失业 ... 146
### 第一节　通货膨胀理论 ... 146
### 第二节　通货紧缩理论 ... 162
### 第三节　失业理论 ... 167
### 第四节　菲利普斯曲线 ... 171

## 第八章　经济周期与经济增长理论 ... 176
### 第一节　经济周期理论 ... 176
### 第二节　经济增长模型 ... 181
### 第三节　经济增长因素与新经济增长理论 ... 192

## 第九章　新古典宏观经济学与新凯恩斯主义经济学 ... 197
### 第一节　货币主义 ... 197
### 第二节　理性预期学派 ... 202
### 第三节　供给学派 ... 213
### 第四节　新凯恩斯主义的基本观点 ... 217
### 第五节　宏观经济学的共识 ... 219

## 参考文献 ... 221

# 绪　论

与微观经济学以个体经济单位为研究对象相对应，宏观经济学的研究对象是国民经济整体，包括国民经济运行方式、运行状况、运行规律以及政府运用经济政策对国民经济运行的影响。

古典经济学家威廉·配第在历史上第一次估算了国民收入的数量；亚当·斯密提出了与现代经济学"国民生产总值"十分相近的"国民财富"的概念；布阿吉尔贝尔对国民财富的来源做了分析；萨伊的生产三要素理论成为国民收入核算理论与方法的出发点；魁奈的《经济表》对社会总资本再生产与流通的分析，将经济中的许多变量归结为总收入、总消费、总投资等经济总量，这是古典经济学宏观分析的典范；配第、斯密、休谟、李嘉图等对货币的交易作用、货币数量、利率等问题进行了分析；19 世纪 70 年代至 20 世纪 30 年代，新古典经济学的古典宏观经济模型分析了产出、就业、消费、利率、工资等经济总量的决定。

古典经济学与新古典经济学对宏观经济问题的研究并未形成一个完整的体系。直到 1936 年，凯恩斯在对 1929—1933 年资本主义世界经济危机分析的基础上出版了《就业、利息和货币通论》，标志着现代宏观经济学理论体系的初步建立。此后，凯恩斯的追随者，如哈罗德、希克斯、索洛、奥肯等又进一步发展了凯恩斯的宏观经济理论。在总供给理论、通货膨胀理论、开放经济理论、宏观经济计量模型、宏观经济政策等方面，宏观经济理论都得到了长足发展。20 世纪 70 年代以后，西方国家滞胀现象的出现，使凯恩斯主义学派遭受了重大打击。以凯恩斯主义反对者形象出现的货币主义学派、理性预期学派、供给学派等新保守主义，大力抨击凯恩斯主义的政府干预理论，极力主张自由放任的经济政策。此后，新凯恩斯主义学派重新对凯恩斯主义进行了解释，并吸收了经济自由主义的合理部分。随着世界经济的变化发展，在新保守主义与新凯恩斯主义的争论中，宏观经济学在货币、经济周期、经济增长等方面取得许多重要的发展，宏观经济学处于不断的发展之中。

宏观经济学的研究主要使用总量分析方法。经济总量是指反映国民经济整体运行状况的经济变量。经济总量包括两类：一是个量之和，当然，这并非个量的简单相加，而是根据需要，运用数学或统计学中的各种方法得出的总量；二是平均量，如价格总水平、失业率、利率、经济增长率等。总量分析方法是研究经济总量的决定、变动、相互关系以及以此为基础说明国民经济运行状况和宏观经济政策选择的方法。此外，宏观经济学的研究方法还包括短期分析与长期分析方法，静态分析、比较静态分析与动态分析方法，均衡分析方法以及边际分析方法等。

# 第一章 简单国民收入决定理论

## 第一节 均衡产出

从最简单的经济关系出发来说明经济社会的国民收入的决定，需要三个基本假设。

第一，假设经济中只存在两部门，即居民部门与厂商部门，也就是经济关系最简单的经济社会中，居民部门的经济行为是消费与储蓄，厂商部门的经济行为是投资与生产，厂商的投资是不随利率与产量变动的自主投资。

第二，假设折旧与公司未分配利润为零，从而使 GDP、NDP、NI、PI 在数量上都相等。

第三，价格黏性假设。社会总需求的变动只会引起社会产量的变动，从而使社会总供求相等，价格总水平则不发生变动。这也就是凯恩斯定律，其产生的背景是1929—1933年的资本主义世界经济危机，资源大量闲置，产品大量积压，工人大批失业。此时，社会总需求的增加，或者使闲置资源得到利用从而使生产增加，就业也有所增加，或者使积压产品售出，但产品成本和产品价格基本保持不变。显然，凯恩斯定律适用于短期分析，它分析的是短期中收入与就业的决定。

图 1-1 中横轴表示总产量，纵轴表示价格总水平，$AD_1$ 与 $AD_2$ 表示两条总需求曲线。当总需求水平增加即 $AD_1$ 曲线移至 $AD_2$ 曲线的位置时，总产量就由 $y_1$ 增加到 $y_2$，但价格水平并没有发生变化，仍然是 $P_1$。这就是说，总需求的变动只影响社会总产量，而不影响社会价格总水平。

以上内容表明，经济社会的总产量或总收入取决于总需求水平。均衡产出是与总需求相等的产出，此时经济社会总收入刚好等于所有居民和全体厂商想要有的消费支出与投资支出。也就是说，企业的产量以至于整个社会的产量要稳定在社会对产品的需求的水平上。

由于两部门经济中的总需求只包括居民的消费需求和厂商的投资需求，因此，均衡产出公式就表示为：

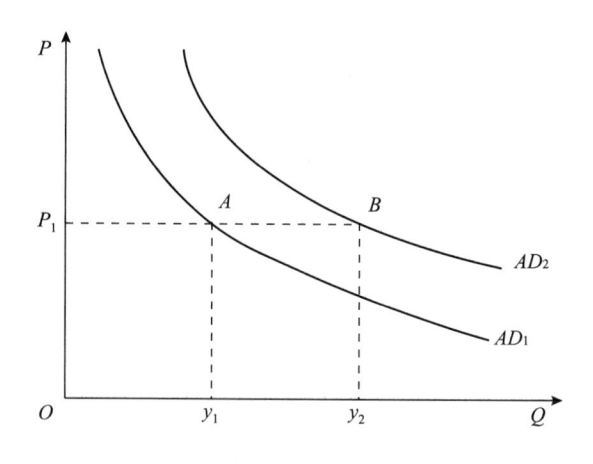

图 1-1 黏性价格模型

$$y = c + i \tag{1.1}$$

$y$、$c$、$i$ 分别表示实际产出、实际消费与实际投资。同时，$c$ 和 $i$ 分别代表居民实际想要有的消费与厂商实际想要有的投资，即意愿消费和意愿投资的数量，而不是国民收入构成公式中实际发生的消费与投资。假如企业的产量比市场的需求量多出一部分，多出来的这部分就成为企业的非意愿存货投资或非计划存货投资。在国民收入核算中，这部分存货投资是投资支出的一部分，但不是计划投资，故国民收入核算中的实际产出就等于计划支出与非计划存货之和。但在国民收入决定理论中，由于均衡产出是指与计划支出相等的产出，故在均衡产出水平上，计划支出和计划产出正好相等，非计划存货投资也就等于零。当国民经济处于均衡收入水平时，实际收入一定与计划支出量相等。若用 $E$ 代表总支出，$y$ 代表总收入，则经济均衡条件就是 $E = y$。$E = y$ 也表示总支出即总需求决定总收入，如图 1-2 所示。

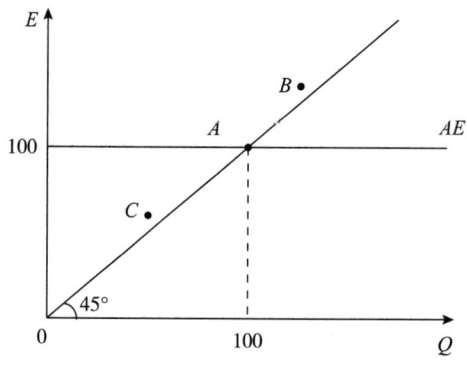

图 1-2 支出决定收入

图 1-2 中横轴表示总收入，纵轴表示总支出。45°线上的任何一点都表示总支出与总收入相等。假设总支出即包括总消费与总投资的总需求为 100，图中的 $A$ 点表示总支出与总收入相等，都为 100，$A$ 点也就是均衡点，表明生产总额正好等于总需求。$B$ 点表示总收入大于总支出，非计划存货投资大于零，产生库存，企业就要削减生产，直到总供求相等的 $A$ 点表示的 100 为止，实现总供求相等。反之，$C$ 点表示总收入小于总支出，社会生产额小于社会需求量，企业需要增加生产，直到总供求相等的 $A$ 点表示的 100 为止，实现总供求相等。在总支出即总需求变化的情况下，总收入也相应发生变化。

计划支出可以用 $E=c+i$ 表示，生产创造的总收入等于计划消费与计划储蓄之和，即 $y=c+s$，所以均衡产出的条件就是 $E=y$，即：

$$i = s \tag{1.2}$$

这表示计划投资等于计划储蓄。当计划投资与计划储蓄相等时，国民收入就达到均衡状态。

## 第二节 消费理论

### 一、消费函数

均衡产出是指与总需求相等的产出，分析均衡产出的决定也就是具体分析总需求的各个组成部分的决定。由于消费需求是总需求的重要组成部分，并且经济均衡的条件是计划投资等于计划储蓄，储蓄量与消费量又是此消彼长的关系，所以，通过确定消费量可以相应确定储蓄量。

什么因素决定消费呢？在现实的经济生活中，决定消费的因素有很多，比如消费者的收入、商品价格、利率、社会收入分配的公平程度、消费者偏好、消费信贷状况、消费者的性别与年龄构成、风俗习惯、产业结构、消费政策，等等，但凯恩斯认为，在影响消费的众多因素中，具有决定意义的是消费者收入。

消费函数就是消费与收入的依存关系。用 $c$ 代表消费，用 $y$ 代表收入，则消费函数可以表示为：

$$c = f(y) \tag{1.3}$$

消费者的消费与收入之间的关系可以用表 1-1 中的示例表示。

表 1-1　某消费者消费函数

| 收入 y/元 | 消费 c/元 | 边际消费倾向 MPC | 平均消费倾向 APC |
|---|---|---|---|
| 9000 | 9100 | — | 1.01 |
| 10000 | 10000 | 0.90 | 1.00 |
| 11000 | 10800 | 0.80 | 0.98 |
| 12000 | 11550 | 0.75 | 0.96 |
| 13000 | 12250 | 0.70 | 0.94 |
| 14000 | 12910 | 0.66 | 0.92 |

从表 1-1 中可以看到，当消费者的收入为 9000 元时，消费是 9100 元，支出大于收入；收入为 10000 元时，消费也是 10000 元，收入与支出相等。以后，随着收入逐步增加，消费依次增加。这表明，收入增加时，消费也随之增加，但增加的消费却越来越少。当收入从 9000 元依次增加 1000 元，直到变成 14000 元时，消费依次增加 900 元、800 元、750 元、700 元、660 元。增加的消费与增加的收入之比，即增加的 1 单位收入中用于消费的数量，叫边际消费倾向。表 1-1 中的第 3 列为对应的边际消费倾向（$MPC$）。边际消费倾向可以用公式表示为：

$$MPC = \frac{\Delta c}{\Delta y} \tag{1.4}$$

为书写方便，用 $\beta$ 代替 $MPC$，于是，式（1.4）可以表达为：

$$\beta = \frac{\Delta c}{\Delta y} \tag{1.5}$$

如果收入增量极小时，式（1.4）又可以表达为：

$$MPC = \frac{\mathrm{d}c}{\mathrm{d}y} \quad 或 \quad \beta = \frac{\mathrm{d}c}{\mathrm{d}y} \tag{1.6}$$

表 1-1 中消费随着收入的增加而增加，但消费的增加不如收入增加得多，这就是边际消费倾向递减规律。凯恩斯认为，边际消费倾向递减规律是引起总需求不足的三个基本心理规律之一。

表 1-1 中的第 4 列列出了平均消费倾向（APC），平均消费倾向是指消费支出在收入中所占的比重，平均消费倾向的公式是：

$$APC = \frac{c}{y} \quad (1.7)$$

由于消费增量只是收入增量的一部分，故边际消费倾向的取值范围是 0~1；由于消费可能大于、等于、小于收入，则平均消费倾向可能大于、等于、小于 1。消费与收入的关系也可以用消费曲线表示，消费曲线包括线性的消费曲线与非线性的消费曲线两种。

图 1-3 表示线性的消费曲线。消费与收入存在线性关系的消费函数可表示为：

$$c = \alpha + \beta y \quad (1.8)$$

式（1.8）中 $\alpha$ 为生活中必不可少的消费部分，被称为自发消费，即与收入没有关系的消费，即使收入为 0 时借债或者动用过去的储蓄也必须进行的基本生活消费支出；$\beta$ 为边际消费倾向，边际消费倾向为常数；$\beta$ 与 $y$ 之积是引致消费，这是边际消费倾向既定条件下与收入相联系的消费。式（1.8）的经济含义是：消费等于自发消费加引致消费。如果 $\alpha = 200$，$\beta = 0.8$，则 $c = 200 + 0.8y$，即收入增加 1 单位，其中的 80% 就被用于消费，已知收入 $y$，就可以得到消费量。

**图 1-3 线性的消费曲线**

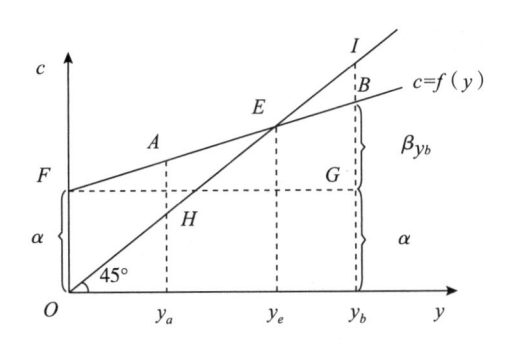

图 1-3 中横轴表示收入 $y$，纵轴表示消费 $c$，45°线上任何一点都表示消费等于收入。$c = f(y)$ 曲线是消费曲线，表示消费和收入之间的函数关系。$E$ 点是消费曲线与 45°线的交点，表示此时的消费等于收入。位于消费曲线上 $E$ 点左下方的点比如 $A$ 点表示消费大于收入，而位于 $E$ 点右上方的点比如 $B$ 点则表示消费小于收入。消费曲线向右上方倾斜，表示消费随收入的增加而增加。$OF$ 或 $Gy_b$ 为自发消费 $\alpha$，$BG$ 为引致消费

$\beta y_b$，$By_b$为消费总量即自发消费与引致消费之和。

显然，消费曲线上某一段或某一点的斜率，就是边际消费倾向，所以，线性的消费曲线上任意一段或一点的斜率都相等，都等于数值不变的边际消费倾向。消费曲线上任意一点与原点连线的斜率，是与该点相对应的平均消费倾向。随着消费曲线向右上方延长，曲线上各点与原点连线的斜率越来越小，即平均消费倾向是递减的。

从图1-3中还可以发现，消费曲线上任意一点与原点连线的斜率都比线性的消费曲线的斜率大，说明平均消费倾向总是大于边际消费倾向，即$APC > MPC$。即使从公式看，$APC > MPC$也是成立的。因为：$APC = \dfrac{c}{y} = \dfrac{\alpha + \beta y}{y} = \dfrac{\alpha}{y} + \beta$，由于$\alpha$和$y$都是正数，因而$\dfrac{\alpha}{\beta} > 0$，所以$APC > MPC$。当然，随着收入的增加，$\dfrac{\alpha}{y}$会越来越小，表明$APC$逐渐接近于$MPC$。

图1-4为非线性消费曲线。横轴表示收入$y$，纵轴表示消费$c$，45°线上任何一点都表示消费等于收入。$c = f(y)$曲线是消费曲线，表示消费和收入之间的函数关系。消费曲线上某一段或某一点的斜率，也就是边际消费倾向；消费曲线上的任意一点与原点连线的斜率，也就是与该点相对应的平均消费倾向。$E$点是消费曲线与45°线的交点，表示此时的消费等于收入。消费曲线上的点比如$A$点表示消费大于收入。从图中也可以看到，随着非线性消费曲线向右上方延伸，曲线上各点与原点连线的斜率越来越小，即平均消费倾向也是递减的。消费曲线上任意一点与原点连线的斜率都比消费曲线的斜率大，说明平均消费倾向总是大于边际消费倾向，亦即$APC > MPC$。

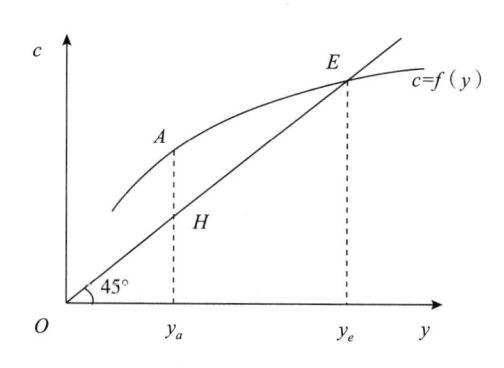

**图1-4 非线性的消费曲线**

但是，与线性消费曲线相比，非线性消费曲线的特殊性在于：随着收入的增加，非线性消费曲线的斜率越来越小，即非线性消费曲线上各点的切线越来越平缓，各点的切线的斜率越来越小，非线性消费曲线越来越以递减的速率向右上方倾斜，这表现出边际消费倾向的递减。这在图 1-4 上也能看得出来：随着收入增加，非线性消费曲线在 E 点和 45°线相交之前，与 45°线的距离越来越小，而在相交之后，与 45°线的距离越来越大，表示消费增加的幅度越来越小于收入增加的幅度，即边际消费倾向递减。

## 二、储蓄函数

由于 $y = c + s$，故储蓄是收入减去消费后的剩余部分。储蓄函数表示的是储蓄与收入的关系，表示为：

$$s = f(y) \tag{1.9}$$

根据收入、消费、储蓄的关系和表 1-1 的数据，可用表 1-2 描述某消费者的储蓄函数。

表 1-2 某消费者的储蓄函数

| 收入 y/元 | 消费 c/元 | 储蓄 s/元 | 边际储蓄倾向 MPS | 平均储蓄倾向 APS |
|---|---|---|---|---|
| 9000 | 9100 | -100 | — | -0.01 |
| 10000 | 10000 | 0 | 0.10 | 0 |
| 11000 | 10800 | 200 | 0.20 | 0.02 |
| 12000 | 11550 | 450 | 0.25 | 0.04 |
| 13000 | 12250 | 750 | 0.30 | 0.06 |
| 14000 | 12910 | 1090 | 0.34 | 0.08 |

边际储蓄倾向是指储蓄增量与收入增量之比，可表示为：

$$MPS = \frac{\Delta s}{\Delta y} \tag{1.10}$$

如果收入增量极小，式（1.10）又可以表示为：

$$MPS = \frac{\mathrm{d}s}{\mathrm{d}y} \tag{1.11}$$

平均储蓄倾向是指任意收入水平上储蓄在收入中的比例，表示为：

$$APS = \frac{s}{y} \tag{1.12}$$

与消费函数一样，储蓄与收入的关系也可以用储蓄曲线表示，储蓄曲线同样包括线性的储蓄曲线与非线性的储蓄曲线两种。线性储蓄函数可表示为：

$$s = -\alpha + (1-\beta)y \tag{1.13}$$

由于 $s = y - c, c = \alpha + \beta y$，故 $s = y - c = -\alpha + (1-\beta)y$。

图 1-5 表示线性的储蓄曲线，图中横轴表示收入，纵轴表示储蓄，储蓄曲线向右上方倾斜，表明储蓄随收入的增加而增加。$OA$ 为 $-\alpha$，表示收入为 0 时储蓄的减少量，即储蓄是自发消费的来源。$B$ 点是储蓄曲线与横轴的交点，表示收入为 $OB$ 时全部的收入都用于消费，此时的储蓄为 0。

储蓄曲线上位于横轴以上的点比如 $C$ 点表示存在正储蓄，而储蓄曲线上位于横轴以下的点比如 $D$ 点表示存在负储蓄。储蓄曲线上任意一段弧或任意一点的斜率，就是边际储蓄倾向，所以，线性的储蓄曲线上任意一段弧或任意一点的斜率都相等，都等于数值不变的边际储蓄倾向。储蓄曲线上任何一点与原点连线的斜率，就是平均储蓄倾向。

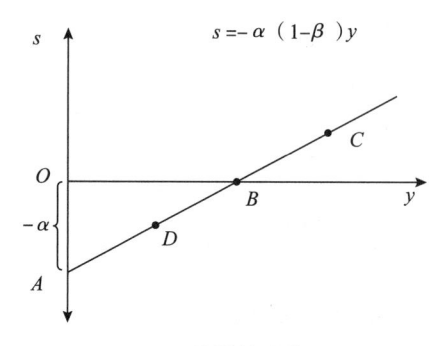

**图 1-5 线性的储蓄曲线**

图 1-6 为非线性的储蓄曲线。与线性储蓄曲线相比，非线性储蓄曲线有自己的特殊性。随着收入的增加，非线性储蓄曲线的斜率越来越大，即非线性储蓄曲线上各点的切线越来越陡峭，各点的切线斜率越来越大，这表现出边际储蓄倾向递增的状况。图 1-6 中，随着收入的增加，非线性储蓄曲线向右上方延伸，在 $B$ 点与横轴相交后，与横轴的距离越来越大，表示储蓄增加的幅度越来越大，边际储蓄倾向是递增的。

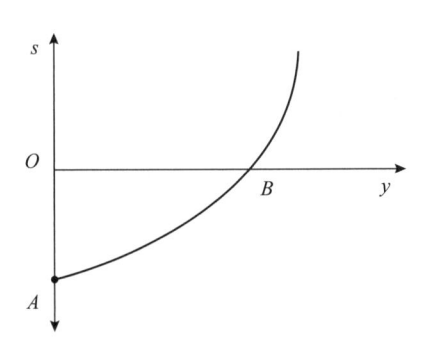

图 1-6 非线性的储蓄曲线

### 三、消费函数与储蓄函数的关系

从 $y=c+s$ 与 $s=y-c$ 中可以发现消费函数与储蓄函数的关系。

第一，消费函数与储蓄函数互为补数，消费与储蓄之和总是等于收入。由于 $c=\alpha+\beta y$，$s=-\alpha+(1-\beta)y$，故 $c+s=(\alpha+\beta y)+[-\alpha+(1-\beta)y]=y$。

消费与储蓄的这一关系还可用图 1-7 表示。图 1-7 中，消费者的收入等于 $Oy_0$ 时，消费曲线与 45°线相交于 $A$ 点，储蓄曲线与横轴相交于 $y_0$ 点，此时消费等于收入，储蓄等于 0；$A$ 点左下方，在 45°线以上的消费曲线上的各点，表示消费大于收入，相应的储蓄曲线位于横轴以下，存在负储蓄；$A$ 点右上方，位于 45°线下方的消费曲线上的各点，表示消费小于收入，相应的储蓄曲线位于横轴以上，存在正储蓄。

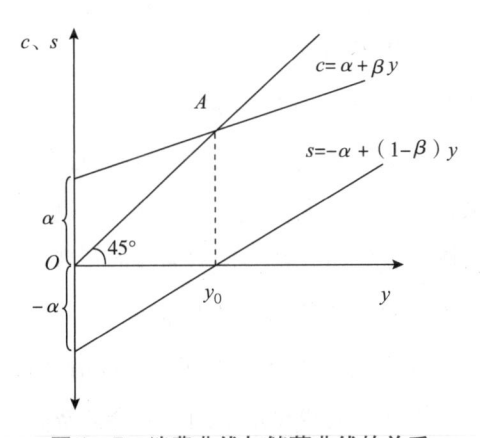

图 1-7 消费曲线与储蓄曲线的关系

第二，由于 APC、MPC 均随着收入的增加而递减，但 APC > MPC，相应地，APS、MPS 都随着收入的增加而递增，且 APS < MPS。这在图 1-7 上表现为：消费曲线上任意一点与原点连线的斜率都大于消费曲线上该点的斜率，同时，$y_0$ 点右上方的储蓄曲线

上任意一点与原点连线的斜率都小于储蓄曲线上该点的斜率。

第三，APC 与 APS 之和恒等于 1，MPC 与 MPS 之和也恒等于 1。这两个恒等式可以证明如下。

$y = c + s$，等式两边都除以 $y$，得 $\frac{y}{y} = \frac{c}{y} + \frac{s}{y}$，即：

$$APC + APS = 1 \tag{1.14}$$

由式（1.14）可知，$1 - APC = APS$，$1 - APS = APC$。

$\Delta y = \Delta c + \Delta s$，等式两边都除以 $\Delta y$，得：$\frac{\Delta y}{\Delta y} = \frac{\Delta c}{\Delta y} + \frac{\Delta s}{\Delta y}$，即：

$$MPC + MPS = 1 \tag{1.15}$$

由式（1.15）可知，$1 - MPC = MPS$，$1 - MPS = MPC$。

根据以上消费函数与储蓄函数的关系，已知其中一个，另一个可以推算得到。

**四、社会消费函数**

在单个消费函数基础之上，可以得出整个社会的消费函数，也就是总消费与总收入之间的函数关系。社会消费函数是所有单个消费函数之和，但社会消费函数并不是所有单个消费函数的简单相加，社会消费函数的形成除了受消费者消费函数影响之外，还受到其他因素的影响，这些影响因素包括如下内容。

国民收入的分配平等程度。社会成员因拥有的财富数量不同，具有不同的消费能力与储蓄能力。国民收入分配越不平等，富有者拥有的社会财富越多，其储蓄能力越强，而边际消费倾向较低，社会消费曲线的位置就较低。反之，国民收入分配较为平等，社会成员的边际消费倾向就较高，社会消费曲线的位置也就较高。

政府的税收政策。如果政府实施累进个人所得税制，富人的部分可能储蓄就会转化成政府税收，政府将这部分税收以政府购买支出和政府转移支付的方式花费掉，会直接或间接增加消费，最终使社会消费总量增加，社会消费曲线较高。

公司未分配利润的数量。公司利润中未分配的数量较少，意味着股东得到了更多的红利，消费增多，社会消费曲线位置较高。反之，公司利润中未分配的数量较多，社会消费就少，社会消费曲线位置较低。尽管社会消费曲线并非个人消费曲线的简单相加，但社会消费曲线与个人消费曲线的形状是相似的。

### 五、其他消费理论

#### 1. 生命周期消费理论

生命周期消费理论由经济学家弗朗科·莫迪利安尼提出。生命周期消费理论认为，人们会在相当长时期内计划消费开支，以便于在整个生命周期内实现消费的最佳配置。

从个人一生的发展阶段看，一个人年轻时的收入较少，但在消费冲动等因素影响下，消费会超过收入；进入中年后，收入会逐步增加，收入大于消费，收入既可以用来偿还年轻时的债务，又可以为老年生活进行积累；退休之后步入老年，收入减少，消费又会超过收入，形成负储蓄。下面举例说明生命周期消费理论。

假设一个人20岁开始工作，60岁退休，预期寿命80岁。这个人的工作时间 $T_W=40$ 年，生活年数 $N_L=60$ 年（前20年受父母抚养时间不算入生活年数中）。如果每年工作收入 $y_W=24000$ 元，则终生收入 $y_H=24000 \times 40 = 960000$ 元。理性的人会在60年的生活年数中有计划地、均匀地消费终生收入，则每年的消费额为：

$$c = \frac{960000}{60} = 16000 = \frac{T_W}{N_L} \times y_W = \frac{40}{60} \times 24000 = \frac{2}{3} \times 24000$$

以上例子表明，这个人在生活年数（60年）内每年消费年工作收入 $y_W$ 的2/3，2/3正好也是其工作时间 $T_W$（40年）占生活年数 $N_L$（60年）的比例；另外1/3的年工作收入 $y_W$ 用于储蓄，年储蓄额等于 $1/3 y_W$，40年的工作时间累积的储蓄额达到 $8000 \times 40 = 320000$ 元，320000 元储蓄用于退休后的20年的消费，按照工作时期年消费16000元，320000元储蓄可以使用20年，在预期生命结束时正好全部用完。

上述例子暗含假设条件，如工作时期的年收入保持不变，人生前20年没有积累，年储蓄没有利息，不给后代留遗产，一生不经历大的社会动荡，等等。即使加进更符合现实的因素比如储蓄有利息，给后代留遗产等，生命周期消费理论也是成立的。考虑到更多的现实因素后，生命周期消费理论可以表示为：

$$c = \beta_w W_r + \beta_{yw} y_W \tag{1.16}$$

式中，$c$ 仍然为年消费额，$\beta_w$ 为财富的消费倾向即每年消费的财富的比例，$W_r$ 为实际财富，$\beta_{yw}$ 为工作收入的消费倾向即每年消费的工作收入的比例，$y_W$ 为年工作收入。

例子中还蕴含了生命周期消费理论的另外一个结论：整个社会不同年龄段人群的

比例会影响总消费与总储蓄。比如，社会中的年轻人与老年人所占比例大，则社会的消费倾向就较高，储蓄倾向就较低；中年人比例大，则社会的储蓄倾向较高，消费倾向较低。生命周期消费理论还认为，高遗产税率会减少人们欲留给后代的遗产从而增加消费，而低遗产税率则对人们的储蓄产生激励，对消费产生抑制，健全的社会保障体系会使储蓄减少，等等。

显然，生命周期消费理论与凯恩斯消费理论有所差异。生命周期消费理论强调或注重长时期甚至是一生的生活消费，以达到整个生命周期的最大满足；凯恩斯消费理论则把一定时期的消费与该时期的可支配收入相关联，是短期分析。

### 2. 持久收入消费理论

经济学家米尔顿·弗里德曼的持久收入消费理论认为，消费者的现期收入不是消费的主要决定因素，消费的主要决定因素是消费者的持久收入。持久收入是指消费者能够预计的，较为固定的长期收入。运用加权平均方法来计算出持久收入，所用权数的大小由时间的久远性决定，离现在越近，权数越大，离现在越远，权数越小，可用下面的式子表示：

$$y_p = \varphi y + (1 - \varphi) y_{-1} \tag{1.17}$$

式中，$y_p$ 为持久收入，$\varphi$ 为权数，$y$ 为当前收入，$y_{-1}$ 为过去收入。假设 $\varphi = 0.8$，$y = 25000$ 元，$y_{-1} = 20000$ 元，则：$y_p = 24000$ 元。

消费取决于持久收入，$\beta_p$ 为持久收入的边际消费倾向，则当前收入的边际消费倾向仅仅为 $\beta_p \varphi$，低于持久收入的边际消费倾向 $\beta_p$。在短期内，如果消费者的收入增加，但又不能确定收入会持续增加，故而不会立即增加消费；相反，如果消费者的收入减少，但又不能断定收入会持续减少，因此也不会马上减少消费。所以收入的短期边际消费倾向较低。当然，如果消费者能够判定收入的增加或减少的变动是持久的，其消费最终就会调整到与变化后的收入相对应的水平上。经济繁荣时期，居民的收入水平提高，由于不确定收入的持续增长性，居民会按照持久收入来消费，消费不会增加太多，所以，经济繁荣时期的消费倾向低于长期平均消费倾向。反之，经济萧条时期，消费者不会减少太多的消费，此时消费倾向高于长期平均消费倾向。

持久收入消费理论与生命周期消费理论既有区别又有相同之处。二者的区别在于分析的侧重点不同，持久收入消费理论主要从消费者个人对自己收入的预测方面来分析消费，生命周期消费理论偏重对储蓄动机的分析，并在此基础上分析了包括工作收入与储蓄在内的财富对消费的影响。由于两种理论均认为单个消费者是前向预期决策者，即单个消费者对今后的收入状况进行预测，从而决定自己的消费，因此，这两种理论在以下三个方面是相同的。

第一，消费既与当期收入有关，又主要与一生的收入或持久收入相联系，当期收入特别是持久收入是消费者消费决策的依据。

第二，经济繁荣时期或经济萧条时期的暂时性收入变化，只对消费产生较小的影响。暂时性收入的边际消费倾向很小，甚至接近于 0，而持久收入的边际消费倾向则接近于 1。

第三，如果政府的税收政策是临时性的，不会对消费产生影响，消费变化很小；持久性税收政策才会影响持久收入，并影响个人消费。

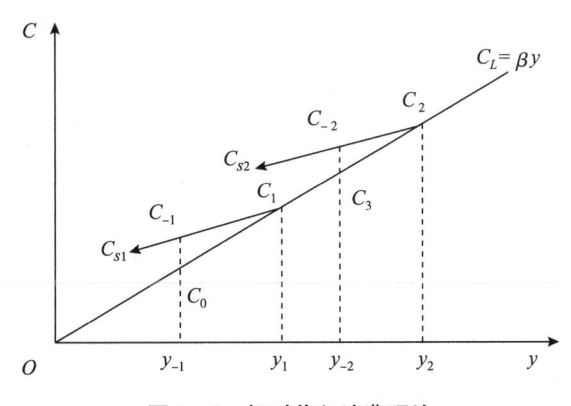

### 3. 相对收入消费理论

相对收入消费理论由经济学家杜森贝利创立，这一理论认为消费习惯和消费者周围的消费水平决定消费者的消费，当期消费是相对被决定的。这一理论的基本观点是：长期内，消费与收入保持较为固定的比率，故长期消费曲线是从原点出发的直线；短期内，消费随着收入的增加而增加，但难以随收入的减少而减少，故短期消费曲线是具有正截距的曲线。

对保持高水平收入的人来说，消费水平随着收入的增加而增加，增加消费相对容易；当收入减少时，因较高的消费水平所形成的消费习惯使消费具有惯性，降低消费水平有一定的难度，消费者会继续在原有的消费水平上进行消费。也就是说，消费容易随着收入的增加而增加，但难以随收入的减少而减少。仅就短期而言，在经济波动的过程中，低收入者收入水平提高时，其消费会增加至高收入者的消费水平，但收入减少时，消费的减少则相当有限。因而，短期消费曲线与长期消费曲线是不同的。这一理论可以用图 1-8 来说明。

图 1-8 相对收入消费理论

图1-8中横轴为收入，纵轴为消费。当收入逐步增加时，消费在收入中的比例较为固定，长期消费函数表示为 $C_L = \beta y$，$C_L$ 是长期消费曲线。当经济发生周期性波动时，短期消费函数与长期消费函数具有不同的变化状况。如，当收入为 $y_1$ 时，消费为 $C_1$，经济因衰退或萧条使收入由 $y_1$ 减少到 $y_{-1}$ 时，由于消费者短期内的消费不会因收入的降低产生大的变化，所以消费不会沿着 $C_L$ 曲线减少，而是循 $C_{S1}$ 的路径减少，即消费不是沿长期消费曲线 $C_L$ 向左下方移动，而是沿短期消费曲线 $C_{S1}$ 向左下方移动——移动到 $C_{-1}$ 的水平。显然，$C_{S1}$ 曲线表现出的平均消费倾向大于 $C_L$ 曲线表现出的平均消费倾向，即 $\frac{C_{-1}}{y_{-1}} > \frac{C_0}{y_{-1}}$，这说明相对于收入的减少，消费减少得不是太多。如果经济逐步复苏，收入由 $y_{-1}$ 恢复至原来的 $y_1$ 水平，消费就由 $C_{-1}$ 沿 $C_{S1}$ 路径向右上方移至 $C_1$ 的水平。经济由 $y_1$ 再继续增长时，消费就沿着 $C_L$ 曲线增加。如果经济在收入为 $y_2$ 的水平上又发生衰退或萧条，收入由 $y_2$ 减少时（比如减少到 $y_{-2}$），消费沿 $C_{S2}$ 路径向左下方移动（比如移动到 $C_{-2}$），消费仍然表现出减少得不是太多（$\frac{C_{-2}}{y_{-2}} > \frac{C_3}{y_{-2}}$）。如此反复的结果表现出不同的长期消费函数与短期消费函数。长期消费函数就是 $C_L = \beta y$，短期消费函数可以表达为 $C_S = C_i + \frac{C_{Dt}}{y_t} \cdot y_t$，其中，$C_S$ 为短期消费，$C_i$ 为短期消费路径在纵轴的正截距，$C_D$ 为短期消费与 $C_i$ 的差额，$t$ 表示时期。短期消费函数的正截距，是基于消费者的当期消费特别是经济衰退或萧条时期的消费产生的，消费者此时的消费决定相当大程度上受到经济景气时期消费习惯（或者说是消费支出水平）以及当期收入的影响。

从以上分析可以发现，相对收入消费理论的核心在于消费者的消费容易随收入的增加而增加，但不易随收入的减少而减少，这就是消费量的棘轮效应。另外，相对收入消费理论还论述了消费方面的示范效应，即消费者的消费受到周围消费水平的影响，特别是低收入者因攀比心理、提高社会相对地位的愿望等因素而使自身的消费处于和收入不相称的较高水平，在收入增多的情况下自然就提高了短期消费水平。

## 第三节 国民收入的决定

### 一、两部门经济的国民收入决定

两部门经济中总需求与总供给组成部分中的任何一项，都会对国民收入产生影响。

如果假设投资为自发投资,即投资是一个固定的量,不随收入的变动而变动,或者说投资 $i$ 是一个常数,则可以分别依据消费函数与储蓄函数来求得均衡国民收入。

**1. 消费与均衡国民收入的决定**

由于收入恒等式为 $y = c + i$,$c = \alpha + \beta y$,将这两个方程联立并求解,就得到均衡收入:

$$y = \frac{\alpha + i}{1 - \beta} \tag{1.18}$$

根据式(1.18),如果已知消费函数与投资,便可求出均衡的国民收入。例如,消费函数为 $c = 600 + 0.8y$,自发投资为 200 亿元,则均衡收入 $y = 4000$ 亿元。

表 1-3 说明了消费函数 $c = 600 + 0.8y$ 和自发投资为 200 亿元时均衡收入决定情况。当 $y = 4000$ 亿元时,$c = 3800$ 亿元,$i = 200$ 亿元,$y = c + i$,说明 4000 亿元是均衡收入。在收入小于 4000 亿元时,$c$ 与 $i$ 之和都大于相应的总供给,这意味着企业的产量小于市场需求,于是企业增加雇佣工人的数量,增加生产,使均衡收入增加。相反,收入大于 4000 亿元时,$c$ 与 $i$ 之和都小于相应的总供给,这意味着企业的产量比市场需求多,产生了存货投资,这会迫使企业解雇部分工人,减少生产,使均衡收入减少。两种不同情况变化的结果都是产量正好等于需求量,即总供求相等,收入达到均衡水平。

表 1-3 均衡收入的决定　　　　　　　　　　单位:亿元

| 收入 $y$ | 消费 $c$ | 储蓄 $s$ | 投资 $i$ |
| --- | --- | --- | --- |
| 1000 | 1400 | -400 | 200 |
| 2000 | 2200 | -200 | 200 |
| 3000 | 3000 | 0 | 200 |
| 4000 | 3800 | 200 | 200 |
| 5000 | 4600 | 400 | 200 |
| 6000 | 5400 | 600 | 200 |

均衡收入的决定还可用图 1-9 表示,图中横轴表示收入,纵轴表示消费、投资。消费曲线 $c$ 加投资曲线 $i$ 就得到总支出曲线 $c + i$,因投资为自发投资,自发投资为 200 亿元,故总支出曲线 $c + i$ 与消费曲线 $c$ 是平行的,两条曲线在任何收入水平上的垂直距离都等于自发投资 200 亿元。总支出曲线与 45°线相交于 $E$ 点,$E$ 点为均衡点,$E$ 点决定的收入是均衡收入 4000 亿元。如果经济处于总支出曲线 $E$ 点之外的其他点,就出

现总供求不相等的情况，这会引起生产的扩大与收缩，直至回到均衡点。如 A 点的总需求为 2400 亿元，比总供给 2000 亿元多出 400 亿元，这使得国民收入增加，直到达到均衡的 4000 亿元为止。又如 F 点的总需求为 4800 亿元，比总供给 5000 亿元少 200 亿元，国民收入就会减少，直到达到均衡的 4000 亿元为止。

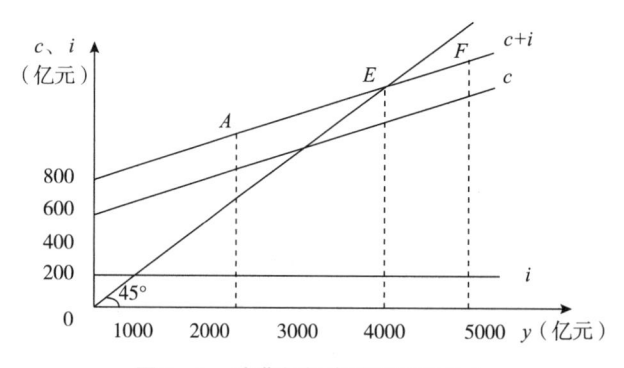

图 1-9　消费加投资决定国民收入

### 2. 储蓄与均衡国民收入的决定

由于 $y = c + i$，$y = c + s$，得：

$$i = y - c = s \tag{1.19}$$

而 $s = -\alpha + (1-\beta)y$，将以上两个方程联立并求解，就得到均衡收入 $y = \dfrac{\alpha + i}{1 - \beta}$，这一结果与通过消费函数求出均衡收入的式（1.18）是完全相同的。

上例中，$c = 600 + 0.8y$，$s = -600 + 0.2y$，$i = 200$，令 $i = s$，得 $y = 4000$ 亿元。这一结果在表 1-3 中也体现出来，即 $y = 4000$ 亿元时，投资 $i$ 与储蓄 $s$ 正好相等，实现均衡。同样，这一结果与使用消费决定均衡收入的方法得到的结果是一样的。储蓄与均衡国民收入的决定也可以用图 1-10 表示。

图 1-10 中横轴表示收入，纵轴表示投资、储蓄。$s$ 为储蓄曲线，由于储蓄随收入增多而增多，故储蓄曲线向右上方倾斜。$i$ 代表投资曲线，由于投资为自发投资，自发投资又不随收入变化而变化，其值恒等于 200 亿元，故投资曲线是一条与横轴平行的线。储蓄曲线与投资曲线相交于 $E$ 点，$E$ 点为 $i = s$ 的均衡点，由 $E$ 点决定的收入是均衡收入，即 4000 亿元。如果实际产量小于均衡收入，比如实际产量为 2000 亿元，此时的投资大于储蓄，社会总需求大于总供给，产品供不应求，存货投资为负，企业扩大生产，社会收入水平增加，直至均衡水平。反之，实际产量大于均衡收入，如实际产量为 5000 亿元，此时的投资小于储蓄，社会总需求小于总供给，产品过剩，产生了非

计划存货投资，企业缩小生产，社会收入水平减少，直至均衡水平。投资与储蓄不相等时，社会收入就处于非均衡状态，经调整，最终达到均衡收入水平。

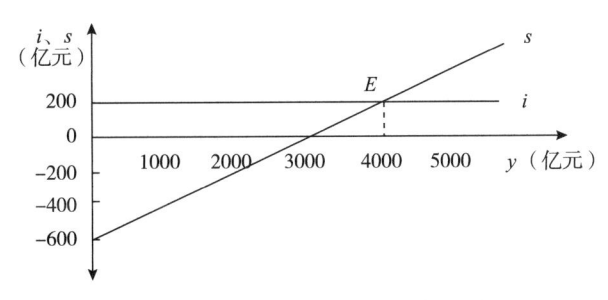

**图 1－10　储蓄与投资相等决定国民收入**

由于消费函数与储蓄函数的互补关系，无论使用哪种方法，最后得到的均衡收入的结果都是相同的。图 1－11 同时呈现了使用消费函数决定国民收入的方法与使用储蓄函数决定国民收入的方法。

图 1－11 的横轴表示收入，纵轴表示消费、投资、储蓄。储蓄曲线 $s$ 与横轴的交点 $J'$ 对应着消费曲线与 45°线的交点 $E'$，表示储蓄为零时，收入全部用于消费；储蓄曲线 $s$ 与投资曲线 $i$ 的交点 $J$，对应着总支出曲线 $c+i$ 与 45°线的交点 $E$，表示实现 $i=s$ 的条件时，总需求与总供给相等，形成均衡的国民收入 4000 亿元。如果实际产量为 2000 亿元，小于均衡收入 4000 亿元，此时的投资 $FG$ 大于负储蓄 $GH$，同时总供给 $OG$（$BG$）小于总需求 $AG$，这会使生产增加，亦即国民收入增加，直至达到 4000 亿元的均衡水平。反之，如果实际产量为 5000 亿元，大于均衡收入 4000 亿元，此时的投资 $F'G'$ 小于储蓄 $H'G'$，同时总供给 $OG'$（$B'G'$）大于总需求 $A'G'$，这会使生产减少，即国民收入减少，最终减少至 4000 亿元的均衡水平。

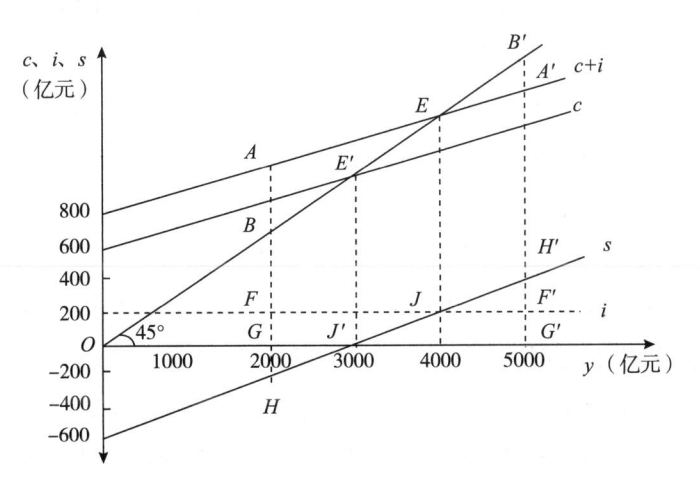

**图 1－11　总供求共同决定国民收入**

## 二、三部门经济的国民收入决定

三部门经济中,从总支出即总需求的角度看,国民收入由消费、投资、政府购买支出构成,从总收入即总供给的角度看,国民收入由消费、储蓄、税收构成。因此,三部门经济的国民收入均衡条件是消费、投资、政府购买支出之和等于消费、储蓄、税收之和,即 $c+i+g=c+s+t$,由此得到:

$$i + g = s + t \tag{1.20}$$

式(1.20)是三部门经济的国民收入均衡条件,在此条件下的国民收入就是均衡收入。

具体而言,税收可以分为定量税与比例税两种。定量税是不随收入变动而变动的税收,比例税则是与收入变动相关的税收。定量税与比例税对均衡收入产生不同的影响。

假设有消费函数 $c=1000+0.8y_d$,$y_d$ 为可支配收入,定量税 $t=50$ 亿元,投资 $i=100$ 亿元,政府购买性支出 $g=150$ 亿元,可得:$y_d=y-t$,又 $s=-\alpha+(1-\beta)y_d$。将已知和已求出的变量代入经济均衡的公式 $i+g=s+t$ 中,求得均衡收入 $y=6050$ 亿元。

如果其他条件不变,税收形式由定量税改为比例税,税率为 0.25,则税收 $t=0.25y$,$y_d=y-t=0.75y$,相应储蓄 $s=0.15y-1000$。此时也将已知和已求出的变量代入经济均衡的公式 $i+g=s+t$ 中,求得均衡收入 $y=3125$ 亿元。

从以上的例子中可以得出如下结论:定量税下的均衡收入大于比例税下的均衡收入。定量税与比例税对国民收入量的影响还可用图 1-12 表示。图 1-12 的横轴表示收入,纵轴表示投资、政府购买、储蓄、税收。由于 $i+g=100+150=250$ 亿元,故投资加政府购买支出线 $i+g$ 是一条水平线。当税收为定量税时,储蓄加税收曲线表示为 $s+t$;当税收为比例税时,储蓄加税收曲线表示为 $(s+t)$。根据定量税得出的收入称为 $y_1$,根据比例税得出的收入称为 $y_2$。当税收为定量税时,$s+t=0.2y-960$,当收入为 4800 亿元时,$s+t=0$,当 $y=0$ 时,$s+t=-960$ 亿元。此时,$i+g$ 曲线与 $s+t$ 曲线相交于 $E_1$ 点,相应均衡收入 $y_1=6050$ 亿元。当税收为比例税时,$(s+t)=0.4y-1000$,当收入为 2500 亿元时,$(s+t)=0$,当 $y=0$ 时,$(s+t)=-1000$ 亿元。此时,$i+g$ 曲线与 $(s+t)$ 曲线相交于 $E_2$ 点,相应的均衡收入 $y_2=3125$ 亿元。

从图 1-12 中可以看到:定量税下的均衡收入 $y_1$ > 比例税下的均衡收入 $y_2$。

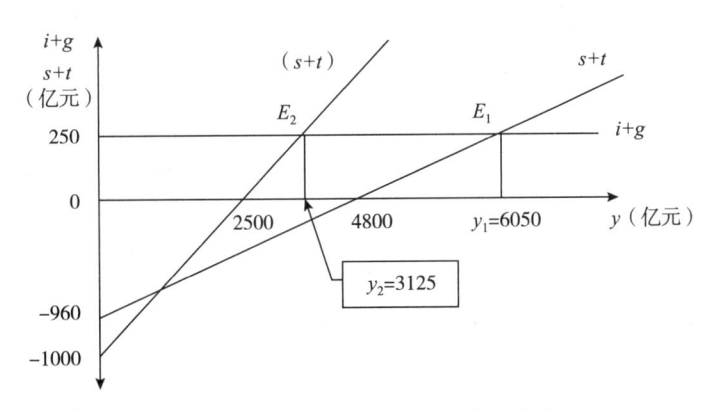

图 1-12 三部门经济的国民收入决定

### 三、四部门经济的国民收入决定

四部门经济是开放经济条件，国家之间通过对外贸易等形式建立了经济联系。所以，一个国家均衡的国民收入不仅决定于国内的消费、投资、政府购买支出，还决定于其净出口，即：

$$y = c + g + i + (x - m) \tag{1.21}$$

将式（1.21）中的各个组成部分进行分解：

$c = \alpha + \beta y_d$；$y_d = y - T + TR$，其中，$T$ 为总税收，$TR$ 为政府转移支付，$T = T_0 + ty$，其中 $T_0$ 为定量税，$ty$ 为比例税收量；$i = \bar{l}$，假设投资既定；$g = \bar{g}$，假设政府购买既定；$TR = \overline{TR}$，假设政府转移支付既定；$x = \bar{x}$，假设出口既定；$m = m_0 + \theta y$，其中 $m_0$ 为自发进口，即不受国民收入变化影响的进口，$\theta$ 为边际进口倾向，$\theta = \dfrac{\Delta m}{\Delta y}$，$\theta y$ 为引致进口。经整理，得到四部门经济均衡的国民收入：

$$y = \frac{1}{1 - \beta(1-t) + \theta}(\alpha + \bar{l} + \bar{g} + \beta T_0 + \beta \overline{TR} + \bar{x} - m_0) \tag{1.22}$$

## 第四节 乘数论

不论从总需求角度，还是从总供给角度，组成国民收入的任何一个因素（比如投资、政府购买、税收等）在数量上的变动都会对国民收入数量的变动产生影响。乘数理论就是说明国民收入变动量与引起这种变动量的某一因素变动量在数量上的对比关系。

## 一、投资乘数

式（1.18）描述了自发投资与收入的关系，如果 $\alpha = 1000$ 亿元，$\beta = 0.8$，自发投资从 500 亿元增加到 600 亿元，即 $i_1 = 500$，$i_2 = 600$，将 $i_1$、$i_2$ 的数值分别代入式（1.18）中，会得到 $y_1 = 7500$ 亿元，$y_2 = 8000$ 亿元。显然，当自发投资由 500 亿元增加到 600 亿元时，国民收入从 7500 亿元增加到了 8000 亿元。这表明，收入增量 500 亿元是投资增量 100 亿元的 5 倍。由此得到投资乘数的概念——投资乘数，就是收入的变化量与带来收入变化量的投资变化量的比率。如果用 $k_i$ 表示投资乘数，用 $\Delta y$ 表示收入的增量，用 $\Delta i$ 表示投资的增量，则投资乘数的公式可表达为：

$$k_i = \frac{\Delta y}{\Delta i} \qquad (1.23)$$

由于收入与投资是同方向变动关系，故 $k_i > 0$，即投资乘数为正数。

为什么投资增加会带来收入成倍增加呢？因为增加的 100 亿元投资，是用来购买生产所用的劳动、资本、土地、企业家才能等生产要素的，于是，100 亿元就相应以工资、利息、地租、利润等形式成为要素所有者即居民的收入而流入居民手中，社会收入就增加了 100 亿元。居民收入增加了 100 亿元后，因 $\beta = 0.8$，则居民有 80 亿元的消费支出，生产部门相应得到出售产品的 80 亿元。生产部门用 80 亿元购买 80 亿元的生产要素，80 亿元就以工资、利息、地租、利润等形式又流回到居民手中，即社会收入增加了 80 亿元。在边际消费倾向仍然是 0.8 的条件下，居民有 64 亿元的消费支出，生产部门就相应得到 64 亿元，而生产部门又用此购买 64 亿元的生产要素，64 亿元以工资、利息、地租、利润等形式流回到居民手中，社会收入因此增加了 64 亿元。这样的过程不断持续下去，投资、收入、消费持续增加，最终社会收入增加 500 亿元。下面的计算可以表示收入的增加过程：

$$\begin{aligned}
& 100 + 80 + 64 + 51.2 + \cdots \\
= & 100 + 100 \times 0.8 + 100 \times 0.8^2 + 100 \times 0.8^3 + \cdots + 100 \times 0.8^{n-1} \\
= & 100 \,(1 + 0.8 + 0.8^2 + 0.8^3 + \cdots + 0.8^{n-1}) \\
= & 100 \times \frac{1}{1 - 0.8} \\
= & 500 \,（亿元）
\end{aligned}$$

500/100 = 5 就是投资乘数。很显然，根据以上例子，投资乘数公式可写为：

$$k_i = \frac{1}{1-\beta} \tag{1.24}$$

又由于 $1-\beta = MPS$，投资乘数又可表达为：

$$k_i = \frac{1}{MPS} \tag{1.25}$$

可见，投资乘数与边际消费倾向成正比，与边际储蓄倾向成反比，且 $k_i > 0$，亦即收入的变化量与投资变化量同方向变动。

其实，式（1.24）也可以如下推导：由于 $y = c + i$，故 $\Delta y = \Delta c + \Delta i$，$\Delta i = \Delta y - \Delta c$，将 $\Delta i = \Delta y - \Delta c$ 代入投资乘数公式 $k_i = \frac{\Delta y}{\Delta i}$ 中，$k_i = \frac{\Delta y}{\Delta y - \Delta c} = \frac{1}{\frac{\Delta y - \Delta c}{\Delta y}} = \frac{1}{1 - \frac{\Delta c}{\Delta y}} = \frac{1}{1 - MPC} = \frac{1}{1-\beta}$。

投资产生的乘数效应也可用图 1-13 表示。图 1-13 中，横轴表示收入，纵轴表示消费与投资，$c + i$ 表示原有的总支出曲线，相应的均衡收入为 $y_1$；$c + i_n$ 表示新的总支出曲线，$i_n = i + \Delta i$，相应的均衡收入为 $y_n$，$y_n - y_1 = \Delta y = k_i \cdot \Delta i$。图 1-13 说明了当投资增加 100 亿元即 $\Delta i = 100$ 时，收入增加 500 亿元。

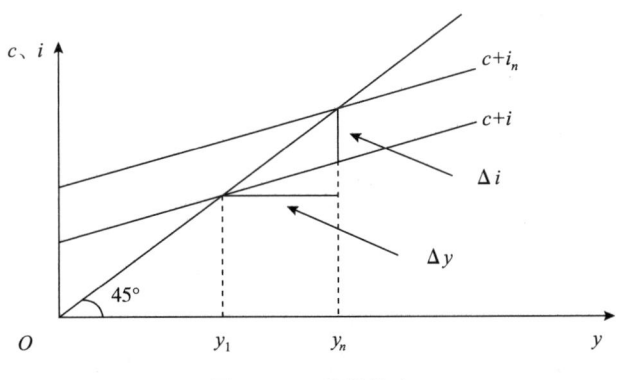

**图 1-13 乘数效应**

以上例子和图 1-13 表示的是投资增加对收入成倍增加的影响，但是，如果投资减少，收入则成倍减少。综上，无论是增加的投资还是减少的投资，都具有乘数作用，都会对收入产生或增加或减少的作用，因此投资乘数是一把双刃剑。

投资乘数是凯恩斯主义学派经济理论中的重要内容，凯恩斯主义学派特别注重投资增加对国民收入增加的作用。在总需求不足的情况下，增加投资确实会增加国民收入。但在现实生活中，投资增加对国民收入增加的影响即投资乘数作用，与社会的经济状况有着密切关系，以下四个因素影响着投资乘数作用的发挥。第一，经济中的过剩生产能力。如果经济中没有过剩的生产能力或者过剩的生产能力较小，增加投资只会引起总需求的增长，不会或难以使生产增加，最终结果是物价水平上升。只有在社会过剩的生产能力大、社会的闲置资源多的情况下，增加投资才会较充分利用闲置资源，从而更多地增加国民收入。第二，投资与储蓄的关联性。如果投资与储蓄的联系非常密切，投资增加会产生货币需求的增长，从而提高利率水平，进而引起储蓄增加，消费相应减少，最终部分地抵消投资增加对国民收入增加的影响。投资与储蓄联系不紧密时，投资增加才不会使利率上升，不会增加储蓄和减少消费，收入才能增长。第三，货币供给量的非适应性。如果货币供给量不能随投资的增加而增加，即投资增加得不到货币的相应支持，投资增加只会增加货币需求，促使利率上升，从而抑制总需求水平的提高，国民收入的增长就会遇到阻碍。第四，投资的外购性。如果增加的投资用于购买进口的生产要素，则不会对国内的总需求产生什么影响，也就不会增加国民收入。

## 二、政府购买支出乘数

三部门经济中，政府购买、税收、政府转移支付等变量都会对收入产生影响，都具有乘数作用。这些乘数可以通过三部门经济的均衡收入公式求得。如果税收为定量税，三部门经济的总支出或总需求为 $y = c + i + g = \alpha + \beta(y - T + TR) + i + g$，整理得定量税下的均衡国民收入：

$$y = \frac{\alpha + i + g - \beta T + \beta TR}{1 - \beta} \tag{1.26}$$

其中的税收 $T$ 是定量税。如果定量税之外再加上比例税，三部门经济的总支出或总需求的公式会有一些变化。定量税、比例税并存条件下的可支配收入为 $y_d = y - T - ty + TR = y(1-t) - T + TR$，则 $y = c + i + g = \alpha + \beta y(1-t) - \beta T + \beta TR + i + g$，整理得定量税、比例税并存条件下的均衡国民收入：

$$y = \frac{\alpha + i + g - \beta T + \beta TR}{1 - \beta(1 - t)} \tag{1.27}$$

运用式（1.26）和式（1.27），可以分析政府购买支出乘数、税收乘数、政府转移支付乘数等。

政府购买支出乘数指收入变动与引起收入变动的政府购买支出变动的比率。用 $k_g$ 表示政府购买支出乘数，$\Delta y$ 表示收入变动，$\Delta g$ 表示政府购买支出变动，则：

$$k_g = \frac{\Delta y}{\Delta g} \qquad (1.28)$$

运用式（1.26），可以得出定量税下的政府购买支出乘数的另外一种表达式。假设除 $g$ 之外，组成收入的其他因素保持不变，当政府购买支出从 $g_1$ 变为 $g_2$ 时，收入分别为：

$$y_1 = \frac{a + i + g_1 - \beta T + \beta TR}{1 - \beta} \qquad y_2 = \frac{a + i + g_2 - \beta T + \beta TR}{1 - \beta}$$

$y_2 - y_1 = \Delta y = \frac{g_2 - g_1}{1 - \beta} = \frac{\Delta g}{1 - \beta}$，整理得：

$$\frac{\Delta y}{\Delta g} = k_g = \frac{1}{1 - \beta} \qquad (1.29)$$

可见，政府购买支出乘数等于 1 减去边际消费倾向 $\beta$ 的倒数，与边际消费倾向 $\beta$ 成正比。由于 $1 - \beta > 0$，故 $k_g > 0$，即收入变动与政府购买支出变动呈同方向变动。同时，以式（1.29）计算政府购买支出乘数得出的数值，正好等于投资乘数。

再运用式（1.27），得出定量税与比例税并存条件下的政府购买支出乘数。同样假设除 $g$ 之外，组成收入的其他因素保持不变，当政府购买支出从 $g_1$ 变为 $g_2$ 时，收入分别为：

$$y_1 = \frac{a + i + g_1 - \beta T + \beta TR}{1 - \beta(1 - t)} \qquad y_2 = \frac{a + i + g_2 - \beta T + \beta TR}{1 - \beta(1 - t)}$$

$y_2 - y_1 = \Delta y = \frac{g_2 - g_1}{1 - \beta(1 - t)} = \frac{\Delta g}{1 - \beta(1 - t)}$，整理得：

$$\frac{\Delta y}{\Delta g} = k_g = \frac{1}{1 - \beta(1 - t)} \qquad (1.30)$$

可见，政府购买支出乘数与比例税 $t$ 成反比。显然，定量税、比例税并存条件下的政府购买支出乘数小于仅有定量税条件下的政府购买支出乘数。

### 三、税收乘数

税收乘数指收入变动与引起收入变动的税收变动的比率。用 $k_T$ 表示税收乘数，$\Delta y$ 表示收入变动，$\Delta T$ 表示税收变动，则：

$$k_T = \frac{\Delta y}{\Delta T} \tag{1.31}$$

运用式（1.26），可以得出定量税下的税收乘数的另外一种表达式。假设除 $T$ 之外，组成收入的其他因素保持不变，当定量税从 $T_1$ 变为 $T_2$ 时，收入分别为：

$$y_1 = \frac{\alpha + i + g - \beta T_1 + \beta TR}{1 - \beta} \qquad y_2 = \frac{\alpha + i + g - \beta T_2 + \beta TR}{1 - \beta}$$

$$y_2 - y_1 = \Delta y = \frac{-\beta(T_2 - T_1)}{1 - \beta} = \frac{-\beta \Delta T}{1 - \beta}，整理得：$$

$$\frac{\Delta y}{\Delta T} = k_T = \frac{-\beta}{1 - \beta} \tag{1.32}$$

可见，税收乘数等于边际消费倾向 $\beta$ 与 1 减去边际消费倾向 $\beta$ 之比的负值，$k_T < 0$ 表明收入变动与税收变动呈反方向变动关系。

再运用式（1.27），得出定量税与比例税并存条件下的税收乘数。在此，假设定量税 $T$ 是变动的，组成收入的其他因素保持不变，且比例税 $t$ 也不变。当定量税从 $T_1$ 变为 $T_2$ 时，收入分别为：

$$y_1 = \frac{a + i + g - \beta T_1 + \beta TR}{1 - \beta(1 - t)} \qquad y_2 = \frac{a + i + g - \beta T_2 + \beta TR}{1 - \beta(1 - t)}$$

$$y_2 - y_1 = \Delta y = \frac{-\beta(T_2 - T_1)}{1 - \beta(1 - t)} = \frac{-\beta \Delta T}{1 - \beta(1 - t)}，整理得：$$

$$\frac{\Delta y}{\Delta T} = k_T = \frac{-\beta}{1 - \beta(1 - t)} \tag{1.33}$$

可见，税收乘数与比例税 $t$ 成正比。显然，定量税、比例税并存条件下的税收乘数的绝对值小于仅有定量税条件下的税收乘数的绝对值。

### 四、政府转移支付乘数

政府转移支付的增加，会增加居民的可支配收入，社会消费因此增加，国民收入从而增加。所以，政府转移支付也具有乘数作用。

政府转移支付乘数指收入变动与引起收入变动的政府转移支付变动的比率。用 $k_{TR}$ 表示政府转移支付乘数，$\Delta y$ 表示收入变动，$\Delta TR$ 表示政府转移支付变动，则：

$$k_{TR} = \frac{\Delta y}{\Delta TR} \tag{1.34}$$

运用式（1.26），可以得出定量税下的政府转移支付乘数的另外一种表达式。假设除 $TR$ 之外，组成收入的其他因素保持不变，当政府转移支付从 $TR_1$ 变为 $TR_2$ 时，收入分别为：

$$y_1 = \frac{\alpha + i + g - \beta T + \beta TR_1}{1 - \beta} \qquad y_2 = \frac{\alpha + i + g - \beta T + \beta TR_2}{1 - \beta}$$

$y_2 - y_1 = \Delta y = \dfrac{\beta(TR_2 - TR_1)}{1 - \beta} = \dfrac{\beta \Delta TR}{1 - \beta}$，整理得：

$$\frac{\Delta y}{\Delta TR} = k_{TR} = \frac{\beta}{1 - \beta} \tag{1.35}$$

可见，政府转移支付乘数等于边际消费倾向 $\beta$ 与 1 减去边际消费倾向 $\beta$ 之比，政府转移支付乘数与边际消费倾向 $\beta$ 成正比，且政府转移支付乘数为正值，表明收入变动与政府转移支付变动成正比。

再运用式（1.27），得出定量税与比例税并存条件下的政府转移支付乘数。仍然假设 $TR$ 可变，而组成收入的其他因素保持不变，当政府转移支付从 $TR_1$ 变为 $TR_2$ 时，收入分别为：

$$y_1 = \frac{\alpha + i + g - \beta T + \beta TR_1}{1 - \beta(1 - t)} \qquad y_2 = \frac{\alpha + i + g - \beta T + \beta TR_2}{1 - \beta(1 - t)}$$

$y_2 - y_1 = \Delta y = \dfrac{\beta(TR_2 - TR_1)}{1 - \beta(1 - t)} = \dfrac{\beta \Delta TR}{1 - \beta(1 - t)}$，整理得：

$$\frac{\Delta y}{\Delta TR} = k_{TR} = \frac{\beta}{1-\beta(1-t)} \qquad (1.36)$$

可见，政府转移支付乘数与比例税 $t$ 成反比。显然，定量税、比例税并存条件下的政府转移支付乘数小于仅有定量税条件下的政府转移支付乘数。

### 五、平衡预算乘数

平衡预算乘数指政府支出和政府收入同时以相等的数量增加或减少时，国民收入变动与政府收支变动的比率。

用 $k_b$ 表示平衡预算乘数，$\Delta y$ 表示政府支出和政府收入同时以相等的数量变动时国民收入的变动量，则 $\Delta y = k_g \Delta g + k_T \Delta T = \frac{1}{1-\beta} \times \Delta g + \frac{-\beta}{1-\beta} \times \Delta T$，由于政府支出和政府收入相等即 $\Delta g = \Delta T$，所以 $\Delta y = \frac{1}{1-\beta} \times \Delta g + \frac{-\beta}{1-\beta} \times \Delta g = \frac{1-\beta}{1-\beta} \times \Delta g = \Delta g$。同样得 $\Delta y = \frac{1}{1-\beta} \times \Delta T + \frac{-\beta}{1-\beta} \times \Delta T = \frac{1-\beta}{1-\beta} \times \Delta T = \Delta T$，因而：

$$\frac{\Delta y}{\Delta g} = \frac{\Delta y}{\Delta T} = \frac{1-\beta}{1-\beta} = 1 = k_b \qquad (1.37)$$

式（1.37）是定量税条件下的平衡预算乘数，可见，定量税条件下的平衡预算乘数等于1。

在定量税、比例税并存条件下，平衡预算乘数则小于1，推导如下。

$\Delta y = k_g \Delta g + k_T \Delta T = \frac{1}{1-\beta(1-t)} \times \Delta g + \frac{-\beta}{1-\beta(1-t)} \times \Delta T$，由于假设 $\Delta g = \Delta T$，所以 $\Delta y = \frac{1}{1-\beta(1-t)} \times \Delta g + \frac{-\beta}{1-\beta(1-t)} \times \Delta T = \frac{1}{1-\beta(1-t)} \times \Delta g + \frac{-\beta}{1-\beta(1-t)} \times \Delta g = \frac{1-\beta}{1-\beta(1-t)} \times \Delta g$，同样得 $\Delta y = \frac{1-\beta}{1-\beta(1-t)} \times \Delta T$，则：

$$\frac{\Delta y}{\Delta g} = \frac{\Delta y}{\Delta T} = \frac{1-\beta}{1-\beta(1-t)} = k_b \qquad (1.38)$$

由于 $1-\beta < 1-\beta(1-t)$，故而 $k_b < 1$。

从以上对投资乘数、政府购买支出乘数、税收乘数、政府转移支付乘数、平衡预算乘数的分析中，可以看到这些乘数之间的大小关系。定量税条件下和定量税、比例税并存条件下，这些乘数的大小关系呈现相同状况，即：

$$k_i = k_g > k_{TR} > k_b > k_T \tag{1.39}$$

### 六、对外贸易乘数

上一节曾推出式（1.22），即 $y = \dfrac{1}{1-\beta(1-t)+\theta}(\alpha + \overline{l} + \overline{g} + \beta T_0 + \beta TR + \overline{x} - m_0)$，则对外贸易乘数为：

$$\frac{\mathrm{d}y}{\mathrm{d}\overline{x}} = \frac{1}{1-\beta(1-t)+\theta} \tag{1.40}$$

对外贸易乘数表明，在 $\beta$ 与 $t$ 既定的条件下，对外贸易乘数取决于 $\theta$，二者呈反方向变动关系。由于 $\theta = \dfrac{\Delta m}{\Delta y}$，即增加的收入中有一部分用于进口而未用于国内需求，对外贸易乘数就小于政府购买支出乘数 $\dfrac{1}{1-\beta(1-t)}$。

# 第二章 产品市场和货币市场的一般均衡

## 第一节 投资的决定

简单国民收入决定模型中,消费、政府支出是内生变量,而投资是外生变量。实际上,投资对总需求也具有影响,故需要把投资当成内生变量来分析投资对总需求的决定作用,这就需要先明确现值、资本边际效率或预期利润率、实际利率等内容。

现实经济社会中的投资含义很多,本章所分析的投资是指资本的形成,即社会实际资本的增加,包括厂房、设备、新住宅的增加等,其中主要是指厂房、设备的增加。从价值形态来讲,投资就是增加厂房、设备所投入的货币量。

### 一、资本边际效率

首先举例说明现值的含义。假设本金为 100 元,年利息率为 5%,则:

第 1 年本利之和为:$100 \times (1 + 5\%) = 105$(元)

第 2 年本利之和为:$105 \times (1 + 5\%) = 100 \times (1 + 5\%)^2 = 110.25$(元)

第 3 年本利之和为:$110.25 \times (1 + 5\%) = 100 \times (1 + 5\%)^3 = 115.76$(元)

以此可类推以后各年的本利之和。如果以 $r$ 表示利率,$R_0$ 表示本金,$R_1$、$R_2$、$R_3$、…、$R_n$ 分别表示第 1 年、第 2 年、第 3 年、…、第 $n$ 年本利之和,则各年本利之和为:

$R_1 = R_0 (1 + r)$

$R_2 = R_1 (1 + r) = R_0 (1 + r)^2$

$R_3 = R_2 (1 + r) = R_0 (1 + r)^3$

…………

$R_n = R_0 (1 + r)^n$

将以上的问题逆向分析,即已知利率 $r$ 和各年的本利之和,利用以上公式求本金。仍使用以上具体数字,已知 1 年后的本利之和 $R_1$ 为 105 元,利率 $r$ 为 5%,则可以求得本金 $R_0$:

$$R_0 = \frac{R_1}{1+r} = \frac{105}{1+5\%} = 100(元)$$

上式求出的 100 元就是在利率为 5% 时，1 年后所获得的本利之和的现值。以同样的方法，可以求出以后各年本利之和的现值，这些现值都是 100 元。从以上例子中，可以得到现值的一般公式：

$$R_0 = \frac{R_n}{(1+r)^n} \tag{2.1}$$

利用现值可以说明资本边际效率（MEC）。假设某企业花费 50000 元购买一台设备，该设备使用期为 5 年，5 年后该设备损耗完毕；再假设除设备外，生产所需的人工、原材料等成本不作考虑；以后 5 年里各年的预期收益分别为 12000 元、14400 元、17280 元、20736 元、24883.2 元，这些预期收益是预期毛收益。如果贴现率为 20%，则 5 年内各年预期收益的现值之和正好等于 50000 元，即：

$$\begin{aligned} R_0 &= \frac{12000}{(1+20\%)} + \frac{14400}{(1+20\%)^2} + \frac{17280}{(1+20\%)^3} + \frac{20736}{(1+20\%)^4} + \frac{24883.2}{(1+20\%)^5} \\ &= 10000 + 10000 + 10000 + 10000 + 10000 \\ &= 50000（元） \end{aligned}$$

上例中，20% 的贴现率表明了一个投资项目每年的收益必须按照固定的 20% 的速度增长，才能实现预期的收益，故贴现率也代表投资的预期收益率。

可以将上例用一般公式表达出来：

$$R = \frac{R_1}{(1+r)} + \frac{R_2}{(1+r)^2} + \frac{R_3}{(1+r)^3} + \cdots + \frac{R_n}{(1+r)^n} \tag{2.2}$$

式（2.2）中的 $R$ 为投资品在各年预期收益的现值之和，也是资本品的价格，$r$ 为资本边际效率。因此，资本边际效率是一种贴现率，这种贴现率使一项资本品的使用期内各个时期预期收益的现值之和正好等于该资本品的供给价格或重置成本。

显然，作为预期收益率的资本边际效率如果大于市场利率，就值得投资；反之，如果资本边际效率小于市场利率，就不值得投资。在资本边际效率既定的条件下，市场利率越低，投资就越多；市场利率越高，投资就越少。因此，与资本边际效率相等的市场利率是企业投资参考的最低要求，可将资本边际效率与投资的反方向变动关系表现为市场利率与投资的反方向变动关系。资本边际效率与投资的反方向变动关系可用图 2-1 表示。

图 2-1 中，横轴表示投资，纵轴表示资本边际效率或利率，MEC 为资本边际效率曲线。资本边际效率曲线向右下方倾斜，表示投资与利率之间存在反方向变动关系，即利率越高，投资越小；利率越低，投资越大。

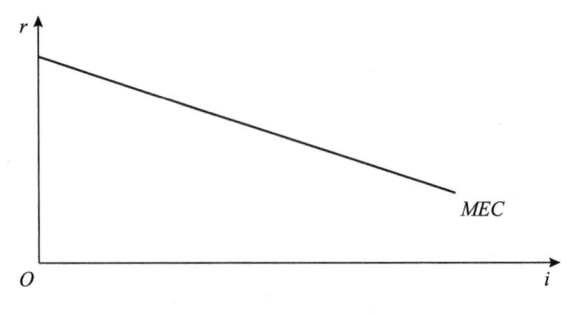

图 2-1 资本边际效率曲线

## 二、投资边际效率

以上对资本边际效率曲线的分析，仅仅涉及一个企业的投资活动，分析的是一个企业的投资受利率影响的状况，并没有把这一企业的投资活动与其他企业的投资活动联系在一起。实际上，所有企业的投资都会受到利率的影响，如果把一个企业的投资活动纳入整个社会范围内，企业的投资与利率的数量关系会发生一些变化，企业的资本边际效率曲线也就发生位置的移动。比如，当市场利率下降时，如果经济社会中的每个企业都增加投资，会增加对资本品的需求，从而推动资本品的价格上升。资本品价格的上升，表现在式（2.2）中，就是资本品供给价格 $R$ 增大，在预期收益 $R_1$、$R_2$、$R_3$、$\cdots$、$R_n$ 不变的假设下，必然要求 $r$ 变小，以保持式（2.2）等号两边的相等。由于资本品供给价格的上升而缩小后的资本边际效率就叫投资边际效率（MEI）。图 2-2 中，$r_i$ 就是投资边际效率。很明显，投资边际效率 $r_i$ 是资本边际效率 $r_c$ 的一部分，是缩小后的资本边际效率，资本边际效率 $r_c$ 的缩小量是 $r_c r_i$。

从图 2-2 中可以发现，MEI 曲线与 MEC 曲线一样，都表现出投资与利率之间的反方向变动关系。由于 MEI＜MEC，故 MEI 曲线比 MEC 曲线陡峭。同时，MEI 曲线表示的利率变动对投资变动的影响小于 MEC 曲线表示的利率变动对投资变动的影响。由于投资边际效率的分析更符合经济的现实，所以，更准确地表示投资与利率关系的曲线是 MEI 曲线，于是，就用 MEI 曲线表示投资与利率的关系，即用 MEI 曲线表示投资曲线。以后所涉及的投资曲线，就是指 MEI 曲线。

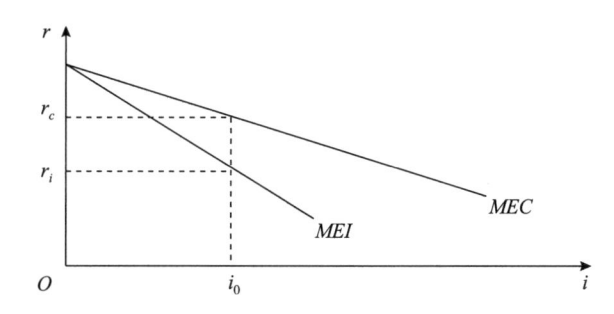

图 2–2　资本边际效率曲线 MEC 与投资边际效率曲线 MEI

### 三、投资函数

投资与利率之间的反方向变动关系就是投资函数，投资函数可表达为：

$$i = f(r) \tag{2.3}$$

一个更为具体的投资函数表达式是：

$$i = e - dr \tag{2.4}$$

式（2.4）中，$e$ 为自发投资，即不受利率影响的投资；$d$ 是投资对利率变动的反应程度，表示利率变动达到一定幅度时投资的变动程度，可称为利率对投资需求的影响系数或投资的利率弹性，可简单表达为 $d = \dfrac{\Delta i}{\Delta r}$；$r$ 为实际利率，即名义利率与通货膨胀率的差额；$dr$ 为引致投资，即受利率影响的投资。式（2.4）表明，投资是自发投资与引致投资之和，且投资与利率呈反方向变动关系。

$i = 1250 - 250r$ 是一个更为具体的投资函数，当利率 $r$ 分别为 0、1、2、3、4、5 时，投资分别等于 1250 亿元、1000 亿元、750 亿元、500 亿元、250 亿元、0。图 2–3 表示了投资函数 $i = 1250 - 250r$。

当然，如前所述，图 2–3 中的投资曲线是投资边际效率曲线。除利率会影响投资之外，产品销售前景、投资风险、产品成本、税收政策等都会影响投资。较好的产品销售前景、较低的投资风险、较低的产品成本、政府的税收抵免政策，等等，均会促使厂商增加投资。另外，经济学家托宾认为，$q$ 值也会影响投资。企业的市场价值与其重置成本之比，就是 $q$，即 $q = \dfrac{M}{H}$。显然，如果 $q > 1$，表示新建一个企业比购买一个企业便宜，于是值得投资；如果 $q < 1$，表示购买一个企业比新建一个企业便宜，则不值得投资。

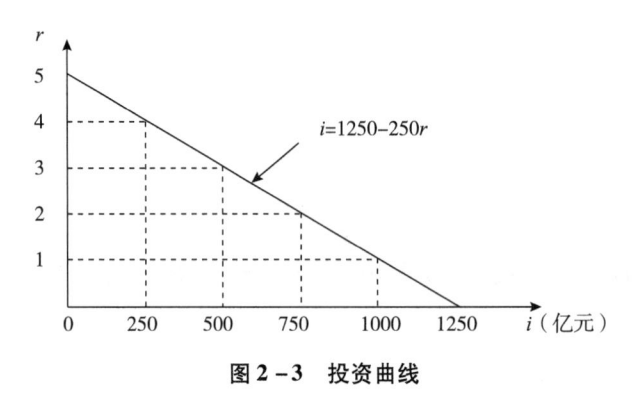

图 2-3 投资曲线

## 第二节　IS 曲线

### 一、IS 曲线的概念与推导

上一章分析两部门经济的消费与均衡国民收入的决定时，曾得到均衡收入式 (1.18) $y = \dfrac{\alpha + i}{1 - \beta}$，又因为有式 (2.4) $i = e - dr$，将式 (2.4) 代入式 (1.18) 中，均衡收入公式就变为：

$$y = \frac{a + e - dr}{1 - \beta} \tag{2.5}$$

式 (2.5) 表明均衡的国民收入与利率之间存在反方向变动关系。下面举例说明式 (2.5)。假设投资函数 $i = 1250 - 250r$，消费函数 $c = 500 + 0.5y$，相应的储蓄函数 $s = -\alpha + (1 - \beta)y = -500 + 0.5y$，根据式 (2.5) 可得：

$$y = \frac{\alpha + e - dr}{1 - \beta} = \frac{500 + 1250 - 250r}{1 - 0.5} = 3500 - 500r$$

当 $r = 1$ 时，$y = 3000$

当 $r = 2$ 时，$y = 2500$

当 $r = 3$ 时，$y = 2000$

当 $r=4$ 时，$y=1500$

当 $r=5$ 时，$y=1000$

············

将以上计算式用图2-4表现出来，得到一条 IS 曲线。图2-4的横轴代表收入，纵轴代表利率，向右下方倾斜的曲线就是 IS 曲线。IS 曲线是表示在投资与储蓄相等的产品市场均衡条件下，利率与收入组合点的轨迹。从图2-4中可以看到，IS 曲线上任何一点都代表一定的利率与收入的组合，在任何一个组合点上，投资与储蓄都相等，即产品市场是均衡的。

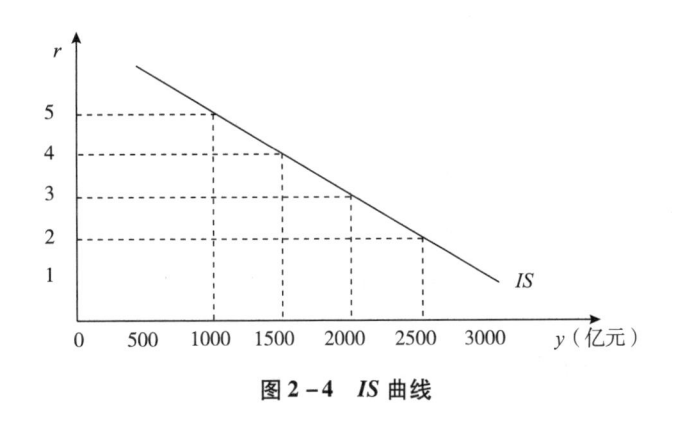

图2-4 IS 曲线

IS 曲线是从表示投资与利率关系的投资函数、表示储蓄与收入关系的储蓄函数以及使投资与储蓄相等的关系中推导出来的。IS 曲线的推导还可以用图2-5来描述。

（a）图中，横轴表示投资，纵轴表示利率，投资曲线表示投资是利率的减函数。该曲线根据上例中的投资函数 $i=1250-250r$ 绘制得到。

（b）图中，横轴表示投资，纵轴表示储蓄，从原点出发的倾角为45°的直线上任何一点，都表示投资与储蓄相等。

（c）图中，横轴表示收入，纵轴表示储蓄，储蓄曲线表示储蓄是国民收入的增函数。该曲线根据上例中的储蓄函数 $s=-500+0.5y$ 绘制，如（a）图中的 $r=3$ 时，$i=500$；（b）图中由于 $s=i$，储蓄 $s$ 也就等于500；在（c）图中，由储蓄函数 $s=-500+0.5y$ 可知，与500储蓄相对应的收入应当是2000。当然，如果利率 $r$ 上升到4，投资就减少到250，储蓄也是250，均衡收入就减少到1500。

（d）图中，横轴表示收入，纵轴表示利率。当利率为3时，收入为2000；利率为4时，收入为1500；利率为5时，收入为1000；等等。每一利率下的收入，都是通过投资函数、$s=i$、储蓄函数得到的。将均衡利率与均衡收入的众多数量组合点连接起

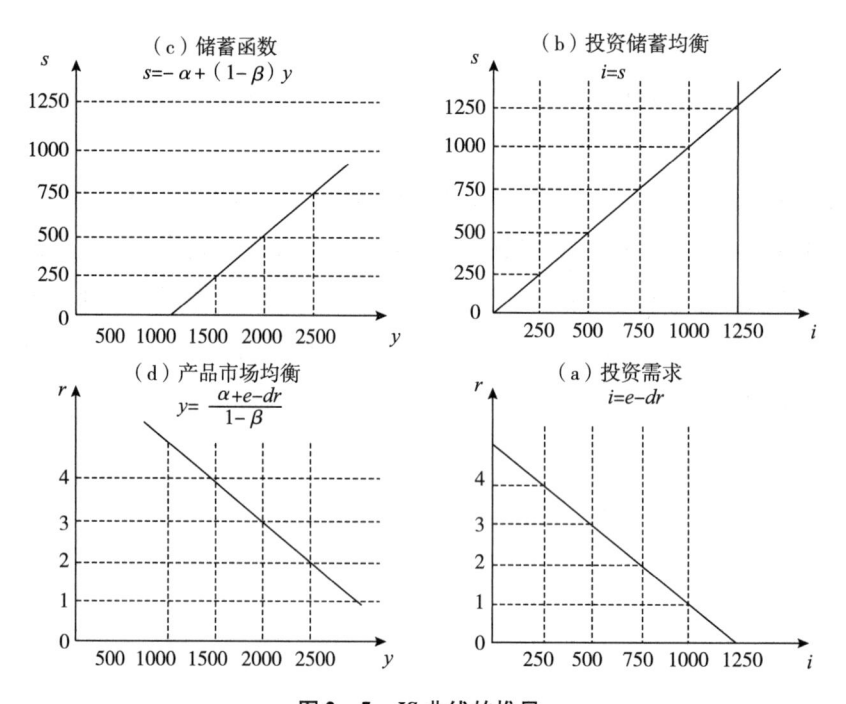

图 2-5　IS 曲线的推导

来，就得到 IS 曲线。由于 IS 曲线代数式 $y = \dfrac{\alpha + e - dr}{1 - \beta}$ 表明收入是利率的减函数，IS 曲线也就向右下方倾斜。

## 二、IS 曲线的斜率

将式（2.5）改写成：

$$r = \frac{\alpha + e}{d} - \frac{1 - \beta}{d} y \tag{2.6}$$

图 2-4 表示的是 IS 曲线，图中的纵轴表示利率、横轴表示收入，因此，式 (2.6) 中 $y$ 前面的系数 $\dfrac{1-\beta}{d}$ 就是 IS 曲线的斜率。由于收入是利率的减函数，故 IS 曲线的斜率为负。为了更方便地比较 IS 曲线斜率的大小，取斜率 $-\dfrac{1-\beta}{d}$ 的绝对值 $\left|-\dfrac{1-\beta}{d}\right|$。显然，IS 曲线的斜率既取决于 $\beta$，也取决于 $d$。

$\beta$ 是边际消费倾向。$\beta$ 较大，意味着投资乘数就大，即投资较小的变动会引起收入较大的增加，因而 IS 曲线就较平缓，表明 IS 曲线的斜率小。反之，$\beta$ 较小，IS 曲线的斜率就大。所以，IS 曲线的斜率与 $\beta$ 成反比。

$d$ 表示投资对利率变动的反应程度，表示利率变动达到一定幅度时投资的变动程度。$d$ 较大，表示投资对利率比较敏感，即利率较小的变动引起投资较大的变动，进而引起收入的更多增加，IS 曲线就较平缓，IS 曲线的斜率就小。反之，$d$ 较小，IS 曲线的斜率就大。所以，IS 曲线的斜率与 $d$ 成反比。

另外，在三部门经济中，由于存在政府购买性支出与税收，消费是个人可支配收入的函数，即 $c=\alpha+\beta(1-t)y$，则 IS 曲线的斜率就变为：$\dfrac{1-\beta(1-t)}{d}$。在 $\beta$ 和 $d$ 既定时，$t$ 越小，投资乘数就越大，收入增加就越多，IS 曲线就越平缓，于是 IS 曲线的斜率就越小。反之，$t$ 越大，IS 曲线的斜率就大。因此，IS 曲线的斜率与 $t$ 成正比。

### 三、IS 曲线的移动

不论是从公式推导还是从几何推导来看，投资函数与储蓄函数的变动都会使 IS 曲线发生移动。

**1. 投资变动的影响**

无论是自发投资的变动，还是引致投资的变动，都会使投资需求发生变化。如果投资需求增加，收入会增加，IS 曲线就会向右移动。IS 曲线向右移动的幅度等于投资乘数与投资增量之积。相反，如果投资需求减少，收入会减少，IS 曲线就向左移动，移动幅度为投资乘数与投资增量之积。图 2-6 中，投资需求曲线 $i_1$ 从左向右移至 $i_2$ 时，$IS_1$ 曲线就相应向右移至 $IS_2$，移动幅度 $\Delta y = k_i \cdot \Delta i$。

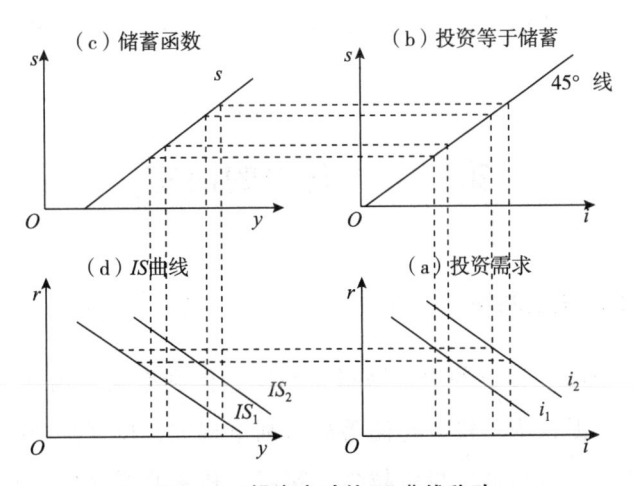

**图 2-6　投资变动使 IS 曲线移动**

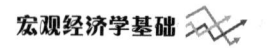

## 2. 储蓄变动的影响

如果储蓄增加，投资减少，收入会减少，IS 曲线就向左移动，移动幅度为投资乘数与储蓄增量之积。反之，储蓄减少，IS 曲线就向右移动。图 2-7 中，当储蓄增多时，储蓄曲线 $s_1$ 就向上移至 $s_2$，$IS_1$ 曲线就相应向左移至 $IS_2$，移动幅度 $\Delta y = k_i \cdot \Delta s$。

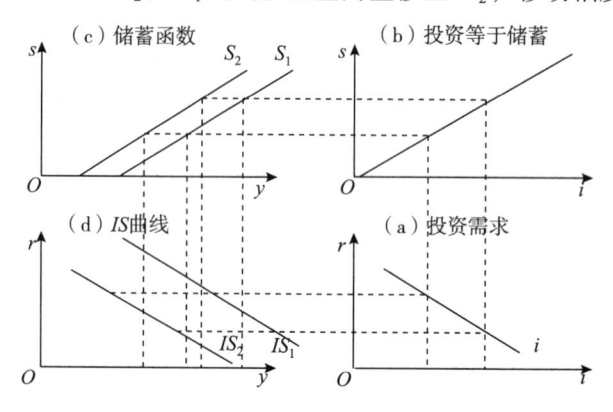

**图 2-7 储蓄变动使 IS 曲线移动**

## 3. 政府购买支出变动的影响

政府购买支出最终转化为消费与投资。政府购买支出增加，使消费与投资增加，进而国民收入增加，因此，IS 曲线向右移动，移动幅度为政府购买支出乘数与政府购买支出增量之积，移动幅度 $\Delta y = k_g \cdot \Delta g$。反之，政府购买支出减少，IS 曲线就向左移动。

## 4. 税收变动的影响

政府增加税收，会使消费与投资减少，从而使收入减少，IS 曲线就向左移动，移动幅度为税收乘数与税收增量之积，即移动幅度 $\Delta y = -k_T \cdot \Delta T$。税收减少，IS 曲线则向右移动。

# 第三节 利率的决定

## 一、货币的供求决定利率

前两节的内容说明了投资的决定因素是利率，但利率又是由什么因素决定的呢？凯恩斯以前的古典学派认为：投资与储蓄都与利率相关，投资是利率的减函数，即利率越高，投资越少，利率越低，投资越多；储蓄是利率的增函数，即利率越高，储蓄越多，利率越低，储蓄越少；投资与储蓄相等时，利率即可确定。但是凯恩斯则认为，利率不是由投资与储蓄决定的，利率是由货币的供给量与需求量决定的。由于货币的实际供给量是由代表国家对金融运行进行管理的中央银行控制的,因而,实际供给量是一个外生变量,在分析利率决定时,则侧重分析货币的需求。

### 二、货币的需求动机

货币的需求是指在不同条件下出于各种考虑而产生的对货币的需要。凯恩斯认为个人与企业需要货币出于三种动机。

第一,交易动机。交易动机是指为了正常的交易活动而需要货币的动机。比如,个人购买消费品需要货币,企业购买生产要素也需要货币。尽管收入、商业制度、交易惯例等都影响着交易所需的货币量,但出于交易动机的货币需求量主要决定于收入,收入越多,用于交易的货币量就越多;收入越少,则用于交易的货币量就越少。

第二,谨慎动机或预防性动机。这种动机是指为应对诸如事故、疾病、失业等意外开支而需要事先持有一部分货币的动机。交易动机下的货币需求主要用于即时支出,预防性动机下的货币需求则用于以后的支出。货币的预防性需求产生于今后收入与支出的不确定性,其量的多少尽管取决于个人的预期与判断,但从全社会来看,仍然取决于收入,与收入成正比。

第三,投机动机。投机动机是指人们为了抓住有利的购买有价证券的机会而持有货币的动机。假设财富的形式有两种:一种是货币;另一种是有价证券。人们在货币与有价证券之间进行选择以确定保留财富的形式。对货币与有价证券进行选择,就是根据利率与有价证券价格的变化进行投机。有价证券的价格与有价证券的收益成正比,与利率成反比,即:

$$有价证券的价格 = \frac{有价证券收益}{利率} \quad (2.7)$$

可见,有价证券的价格会随着利率的变化而变化,对有价证券和货币的选择也就随利率的变化而变化。市场利率越高,意味着有价证券的价格越低,当预计有价证券的价格不会再降低而是将要上升时,人们就会抓住有利的机会,用货币低价买进有价证券,以便今后证券价格升高后高价卖出,于是,人们出于投机动机而持有的货币量就会减少。相反,市场利率越低,则意味着有价证券的价格越高,当预计有价证券的价格不会再上升而是将要下降时,人们就会抓住时机将手中的有价证券卖出,于是,人们出于投机动机而持有的货币量就会增加。由此可见,对货币的投机需求取决于利率,需求量与利率成反比。

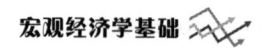

### 三、货币需求函数

由于出于交易动机与预防性动机的货币需求量都取决于收入,所以可以把它们统称为货币的交易需求量,并用 $L_1$ 来表示,用 $y$ 表示实际收入,那么货币的交易需求量与收入的关系可表示为:

$$L_1 = f(y) \tag{2.8}$$

式(2.8)的具体表达式为:

$$L_1 = ky \tag{2.9}$$

式(2.9)中,$k$ 为货币的交易需求量对实际收入的反应程度,也可叫货币需求的收入弹性,可简单表达为 $k = \dfrac{\Delta L_1}{\Delta y}$。式(2.9)反映出货币的交易需求量与实际收入的同方向变动关系。

货币的投机需求量取决于利率,如果用 $L_2$ 表示货币的投机需求量,用 $r$ 表示利率,则货币的投机需求量与利率的关系可表示为:

$$L_2 = f(r) \tag{2.10}$$

式(2.10)的具体表达式为:

$$L_2 = -hr \tag{2.11}$$

式(2.11)中,$h$ 为货币的投机需求量对实际利率的反应程度,可以称作货币需求的利率弹性,可简单表达为 $h = \dfrac{\Delta L_2}{\Delta r}$。式(2.11)反映出货币的投机需求量与实际利率的反方向变动关系。

对货币的总需求就是货币的交易需求与货币的投机需求之和,因此,货币的需求函数 $L$ 就表示为:

$$L = L_1 + L_2 = ky - hr \tag{2.12}$$

当然,对货币的需求量不是指名义的货币需求量,而是指实际的货币需求量。名义的货币需求量是指以货币票面额计量的货币量,实际的货币需求量是指剔除了价格水平上涨因素后,按不变购买力计算的货币量。将名义货币需求量折合成实际货币需求量，需要用价格指数进行调整。如果用 $L$ 代表实际的货币需求，$Y$、$R$ 分别代表名义的收入与利率，$P$ 代表价格指数，则：

$$L = (kY - Hr)P = ky - hr \tag{2.13}$$

货币需求函数可用图 2-8 来表示。图 2-8（a）中的横轴表示货币需求量或货币供给量，纵轴表示利率。$L_1$ 为货币的交易需求曲线，由于 $L_1$ 取决于收入，与利率无关，故其垂直于横轴。$L_2$ 为货币的投机需求曲线，它最初向右下方倾斜，表示货币的投机需求量随利率的下降而增加，即货币的投机需求与利率呈反方向变动关系；货币投机需求曲线的右下端为水平状，在这一区段，即使货币供给增加，利率也不会降低。图 2-8（b）中的曲线 $L$ 为包括货币的交易需求与投机需求在内的货币需求曲线，其上的任何一点表示的货币需求量都是相应的交易需求量与投机需求量之和。$L$ 曲线向右下方倾斜，表示货币需求量与利率的反方向变动关系，即利率上升时，货币需求量减少；利率下降时，货币需求量增多。

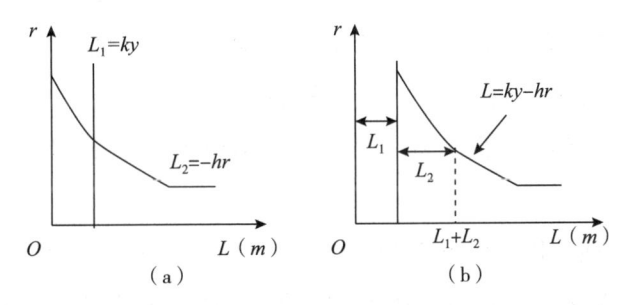

**图 2-8 货币需求曲线**

货币需求函数 $L = L_1 + L_2 = ky - hr$ 中的货币需求量与收入的同方向变动关系，货币需求量与利率的反方向变动关系，可用图 2-9 表示。

（a）不同收入下的货币需求曲线 （b）不同利率下的货币需求曲线

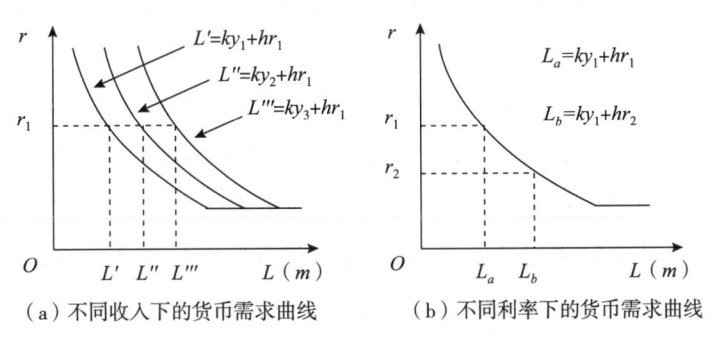

**图 2-9 不同收入与不同利率下的货币需求曲线**

图 2-9 中有代表无数条货币需求曲线的三条货币需求曲线 $L'$、$L''$、$L'''$，分别代表收入水平为 $y_1$、$y_2$、$y_3$ 时的货币需求量。（a）图中货币需求量与收入的同方向变动关系表现为三条货币需求曲线的左移与右移，（b）图中货币需求量与利率的反方向变动关系则表现为三条货币需求曲线的向右下方倾斜。（a）图表示，利率同为 $r_1$ 时，由于收入水平不同，实际货币需求量分别为 $L'$、$L''$、$L'''$，即 $y = y_1$ 时，$L = L'$；$y = y_2$ 时，$L = L''$；$y = y_3$ 时，$L = L'''$。（b）图表示，收入水平相同，比如都为 $y_1$ 时，由于利率水平不同，实际货币需求量也不同，即 $r = r_1$ 时，$L = L_a$；$r = r_2$ 时，$L = L_b$。

### 四、均衡利率的决定

货币供给是一个存量概念，是指一个经济社会在某一时点上所保持的不属于政府与银行的硬币、纸币与银行活期存款的总和。

货币供给分狭义的与广义的两种。狭义的货币供给是指硬币、纸币与银行活期存款的总和，用 $M$ 或 $M_1$ 表示。银行活期存款可以随时提取，并可当作货币在市场上流通，因此属于狭义的货币供给。狭义的货币供给加上银行定期存款便是广义的货币供给，用 $M_2$ 表示。如果 $M_2$ 加上个人与企业持有的政府债券等流动资产或"货币近似物"，就是意义更广泛的货币供给 $M_3$。以后分析中使用的货币供给是指狭义的货币供给，即 $M_1$。

另外，分析中所使用的货币供给量是指实际的货币供给量。如果用 $M$、$m$、$P$ 分别表示名义的货币供给量、实际的货币供给量、价格指数，三者的关系为：

$$m = \frac{M}{P} \tag{2.14}$$

本书中所提到的货币供给量如无特殊说明，就指实际的货币供给量。由于货币供给量是一个国家或中央银行来调节的，因而是一个外生变量，其多少与利率无关，因此，货币供给曲线是一条垂直于横轴的直线。货币的供给与需求决定利率，在图 2-10 中，作为垂线的货币供给曲线 $m$ 与向右下方倾斜的货币需求曲线 $L$ 在 $E$ 点相交，交点 $E$ 决定了利率的均衡水平 $r_0$，它表示，只有当货币需求与货币供给相等时，货币市场才达到了均衡状态。均衡利率就是货币供给数量与需求数量相等时的利率。

货币市场的调节，会使货币供求关系发生变化，从而形成均衡利率。图 2-10 说明了均衡利率的形成。市场利率 $r_1$ 低于均衡利率 $r_0$，说明货币需求大于货币供给，此时，人们就会售出手中的有价证券。随着证券供给量的增加，证券价格会下降，利率相应会上升，货币需求也会逐步减少。货币需求的减少、证券价格的下降与利率的上升一直持续到货币供求相等、均衡利率 $r_0$ 形成为止。反之，市场利率 $r_2$ 高于均衡利率 $r_0$，说明货币需求小于货币供给，此时，人们就会利用手中多余的货币购买有价证券。随着证券需求量的增加，证券价格会上升，利率也会下降，货币需求会逐步增加。货币需求的增加、证券价格上升与利率的下降会一直持续到货币供求相等、均衡利率 $r_0$ 形成为止。只有当货币供求相等时，利率才会相对静止不变。

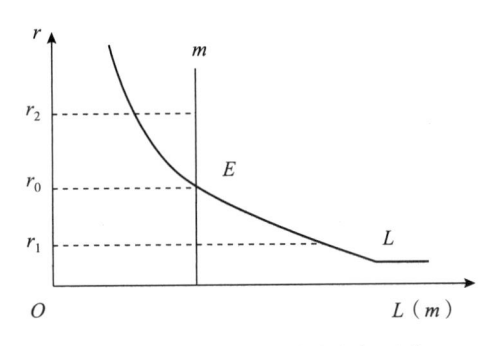

图 2 – 10  均衡利率的决定与形成

均衡利率仍然会随着货币供求的变化而变化，如图 2 – 11 所示。当货币需求不变，货币供给增加使货币供给曲线 $m_1$ 右移至 $m_2$ 时，均衡利率由 $r_0$ 下降到 $r_1$；当货币供给不变，货币需求增加使货币需求曲线 $L_1$ 右移至 $L_2$ 时，均衡利率由 $r_0$ 上升到 $r_2$。运用相同的分析方法，可以分析货币供给与货币需求分别减少时的均衡利率的变化情况。另外，如果货币供求同时变化，均衡利率的形成会同时受到二者的影响，作为最后结果的均衡利率一定出现在货币供求曲线的交点上。

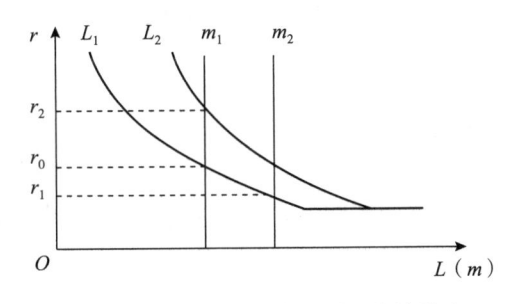

图 2 – 11  货币供求变化对利率的影响

**五、流动偏好陷阱**

利率会影响人们对有价证券和货币的选择。当利率非常低时，人们认为利率不会再降低而只会上升，或者说有价证券的价格不会再上升而只会跌落，因而会将所持有的有价证券售出换成货币，即使手中又新增了货币，也不会再去购买有价证券，以免因证券价格下跌而遭受损失，即人们不管有多少货币都会持在手中，这种情况叫凯恩斯陷阱，也叫流动偏好陷阱。流动偏好是指人们持有货币的偏好，即人们愿意以货币形式保留财富，而不愿以有价证券形式保留财富的心理。对货币产生偏好，是因为货币流动性很强，货币随时可以用于交易、应付不测和投机等，故把人们对货币的偏好称为流动偏好。利率极低时，人们不论有多少货币，都会留在手中而不购买有价证券，流动偏好趋于无限大，此时，即使银行增加货币供给，也不会使利率下降。

图 2-12 中，货币供给曲线 $m_1$ 与货币需求曲线 $L$ 相交于 $A$ 点，由此决定的均衡利率为 $r_0$。由于货币需求曲线 $L$ 上的 $A$ 点之右呈现水平状，当货币供给增加，货币供给曲线由 $m_1$ 右移至 $m_2$ 时，利率并没有降低，仍然是 $r_0$。货币需求曲线 $L$ 上 $A$ 点之右的水平区段，就是流动偏好陷阱。

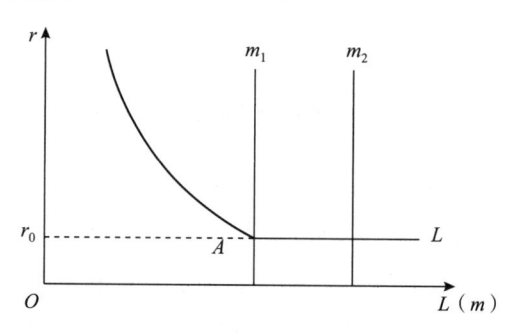

图 2-12 流动偏好陷阱

## 第四节 LM 曲线

### 一、LM 曲线的概念与推导

货币供给用 $m$ 表示，货币需求为 $L = L_1 + L_2 = ky - hr$，则货币市场的均衡条件就是 $m = L$，即：

$$m = ky - hr \tag{2.15}$$

从式（2.15）可知，$m$ 一定时，$L_1$ 与 $L_2$ 是此消彼长的关系。货币的交易需求 $L_1$ 随收入的增加而增加，货币的投机需求 $L_2$ 随利率的上升而减少。因此，国民收入的增加使货币交易需求增加时，利率必须相应提高，从而使货币的投机需求减少，货币市场才能保持均衡。相反，收入减少时，利率须相应下降，以使货币市场均衡。

表示货币市场均衡条件的式（2.15）还可写为：

$$y = \frac{h}{k}r + \frac{m}{k} \tag{2.16}$$

或：

$$r = \frac{k}{h}y - \frac{m}{h} \tag{2.17}$$

下面举例说明货币市场均衡。假设货币交易需求函数 $L_1 = m_1 = 0.5y$，货币的投机需求函数 $L_2 = m_2 = 1000 - 250r$，货币供给量 $m = 1250$。货币市场均衡时，$m = L = L_1 + L_2$，即 $1250 = 0.5y + 1000 - 250r$，整理得：$y = 500 + 500r$。

当 $r = 1$ 时，$y = 1000$

当 $r = 2$ 时，$y = 1500$

当 $r = 3$ 时，$y = 2000$

…………

可以将以上计算用图 2-13 表现出来，由此得到一条 *LM* 曲线。图 2-13 的横轴代表收入，纵轴代表利率，向右上方倾斜的曲线就是 *LM* 曲线。*LM* 曲线是表示货币供给与货币需求相等的货币市场均衡条件下，利率与收入组合点的轨迹。从图 2-13 中可以看到，*LM* 曲线上任何一点都代表一定的利率与收入的组合，在任何一个组合点上，货币供给与货币需求都相等，即货币市场是均衡的。

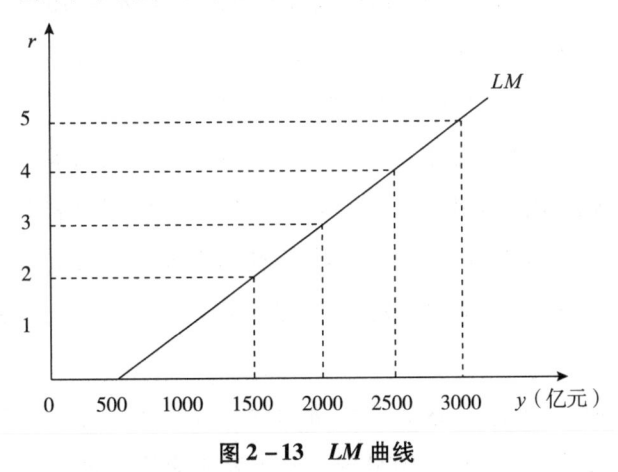

**图 2-13　*LM* 曲线**

*LM* 曲线是从表示货币交易需求与收入关系的交易需求函数、货币投机需求与利率关系的投机需求函数以及使货币供求相等的关系中推导出来的。*LM* 曲线的推导过程还可以用图 2-14 来描述。

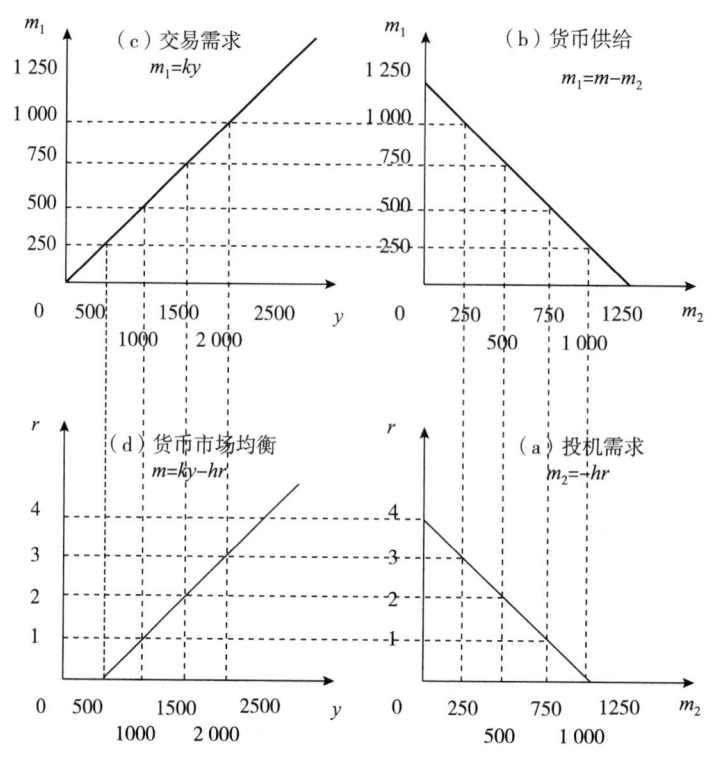

图 2-14 LM 曲线的推导

（a）图中，横轴表示货币投机需求 $m_2$，纵轴表示利率，向右下方倾斜的曲线是货币的投机需求曲线。可以由已知的货币投机需求函数 $L_2 = m_2 = 1000 - 250r$ 得到用于投机的货币供给量。比如，$r = 2$ 时，$m_2 = 500$；$r = 3$ 时，$m_2 = 250$。根据利率 $r$ 与货币投机需求量的关系，绘制出货币投机需求曲线 $m_2$。

（b）图中，横轴表示货币投机需求 $m_2$，纵轴表示货币交易需求 $m_1$。由于 $m = m_2 + m_1$，所以 $m_1 = m - m_2$。因为货币供给总量 $m$ 与用于货币投机需求的货币供给 $m_2$ 为已知，货币供给量是一个常数 $m = 1250$，故可求出货币交易需求 $m_1$。比如，$m_2 = 750$ 时，$m_1 = 500$。据此可以绘制出向右下方倾斜、表示货币交易需求与货币投机需求反方向变动关系的货币交易需求曲线。

（c）图中，横轴表示收入，纵轴表示货币交易需求 $m_1$。由已知的货币交易需求 $m_1 = 0.5y$，可得收入量。如，$m_1 = 1000$ 时，收入就相应等于 2000；$m_1 = 500$ 时，收入就相应等于 1000。货币交易需求曲线向右上方倾斜，表明收入与货币交易需求的同方向变动关系。

（d）图中，横轴表示收入，纵轴表示利率。当利率为 3 时，收入为 2000；利率为

2时，收入为1500。每一利率下的收入，都是由货币供求相等的关系得到。将货币市场均衡条件下得到的利率与收入的众多数量组合点连接起来，就得到了 LM 曲线。LM 曲线向右上方倾斜，这与收入是利率的增函数是一致的。

## 二、LM 曲线的斜率

式（2.17）中，右边变量 $y$ 的系数就是 LM 曲线的斜率。显然，LM 曲线的斜率取决于 $k$ 与 $h$，即取决于货币的交易需求对实际收入的反应程度 $k$ 以及货币的投机需求对实际利率的反应程度 $h$。LM 曲线斜率与 $k$ 成正比、与 $h$ 成反比。在 $h$ 为定值时，$k$ 值越大，表示货币的交易需求对实际收入的敏感程度越高，一定的货币交易需求量仅需较少的收入来支持，LM 曲线越陡峭；反之，$k$ 值越小，LM 曲线就越平缓。在 $k$ 为定值时，$h$ 值越大，表示货币的投机需求对实际利率的敏感程度越高，一定的利率水平能支持更多的货币投机需求量，货币的交易需求量相应增加，LM 曲线就越平缓；相反，$h$ 值越小，LM 曲线就越陡峭。

根据 LM 曲线斜率的大小，可将 LM 曲线分成三个区域，如图 2-15 所示。货币投机需求曲线上，有一段水平区域，这表示利率极低时，货币的投机需求呈现无限大的状况，这一段就是"凯恩斯陷阱"。从"凯恩斯陷阱"中可以推导出水平状的 LM 曲线，LM 曲线上水平状的区域叫"凯恩斯区域"或"萧条区域"。在"凯恩斯区域"，LM 曲线的斜率为零。"凯恩斯区域"的利率非常低，此时，政府采用扩张性货币政策，使货币供给增加，LM 曲线表现为向右移动，可利率并不能再降低，因而收入也不会增加，所以，货币政策无效。相反，如果政府采用扩张性财政政策，IS 曲线就向右移动，收入会在利率没有变化的情况下增加，因此，财政政策有效。

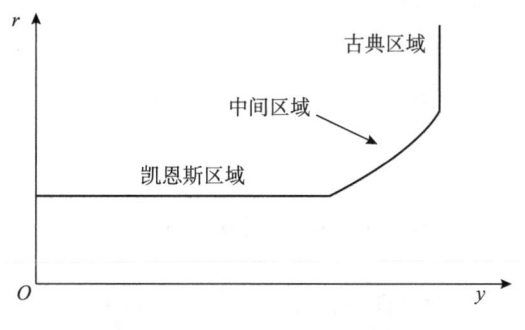

**图 2-15　LM 曲线的三个区域**

同样，当利率非常高时，人们不会为投机而持有货币，货币投机需求则为零，货币需求全部为货币的交易需求，LM 曲线就会垂直于横轴。此时实行扩张性财政政策，

IS 曲线表现为向右移动，IS 曲线在垂直于横轴的 LM 曲线上移动，这只能使利率提高，而收入并不能增加，故财政政策无效。如果实行扩张性货币政策，IS 曲线不变，LM 曲线向右移动，会使利率下降，从而提高收入水平，所以此时货币政策是有效的。这一结论符合古典学派以及货币主义学派观点，因而，LM 曲线垂直于横轴的这一区域被称为古典区域。

LM 曲线上的凯恩斯区域与古典区域之间的区域为中间区域，中间区域的斜率大于零。在中间区域，财政政策与货币政策都有一些效果，效果大小取决于 LM 曲线的倾斜程度。LM 曲线越平缓，财政政策的效果就越大；LM 曲线越陡峭，货币政策的效果就越大。

### 三、LM 曲线的移动

LM 曲线会随着货币的交易需求、投机需求与货币供给的变动而变动。

LM 曲线与货币供给量呈同方向变动关系。比如，假设货币需求不变，货币供给量增加时，LM 曲线就向右移动，会使利率下降，从而刺激包括消费与投资在内的总需求，国民收入因此增加。相反，货币供给量减少时，LM 曲线就向左移动，利率上升，消费与投资减少，从而使国民收入减少。

LM 曲线与货币交易需求曲线呈同方向变动关系。比如，其他因素不变，货币交易需求曲线右移，即货币交易需求减少，LM 曲线会右移，因为完成同量交易所需的货币量减少。反之，货币交易需求增加，LM 曲线就向左移动。

LM 曲线与货币投机需求量呈反方向变动关系。其他因素不变，货币投机需求量增加，会相应减少货币的交易需求量，国民收入因此减少，故 LM 曲线左移。相反，货币投机需求量减少，LM 曲线会右移。

## 第五节　IS - LM 分析

### 一、产品市场与货币市场同时均衡的利率与收入

IS 曲线表明产品市场均衡条件下，存在着一系列利率与收入的组合；LM 曲线表明货币市场均衡条件下，也存在着一系列利率与收入的组合。产品市场均衡时，货币市场不一定处于均衡状态；货币市场均衡时，产品市场不一定处于均衡状态。产品市场与货币市场的同时均衡，表现为 IS 曲线与 LM 曲线相交的交点上，在这个交点上，产

品市场与货币市场同时实现了均衡。也就是说,表示两个市场同时均衡的利率与收入仅有一个。两个市场同时均衡的利率与收入可以通过联立 IS 曲线方程与 LM 曲线方程并求解得到。

假如 $i=1250-250r$,$s=-500+0.5y$,产品市场均衡即 $i=s$ 时,
$$y = 3500 - 500r$$
货币供给量 $m=1250$,$L_1=0.5y$,$L_2=1000-250r$,货币市场均衡即 $m=L$ 时,
$$y = 500 + 500r$$
两式联立,得出:$r=3$(即 3%),$y=2000$。

两个市场同时均衡可用图 2-16 表示。图 2-16 中,IS 曲线与 LM 曲线相交于 $E$ 点,$E$ 点代表的利率 3% 和收入 2000 亿元是产品市场与货币市场同时实现均衡的利率与收入。此时,产品市场上,投资 $i=1250-250\times3=500$(亿元),储蓄 $s=-500+0.5y=500$(亿元),投资与储蓄相等,产品市场实现了均衡。与此同时,在货币市场上,货币的需求 $L=L_1+L_2=0.5y+1000-250r=0.5\times2000+1000-250\times3=1250$(亿元),货币市场也实现了均衡。所以,在 $E$ 点上,产品市场与货币市场同时实现了均衡。

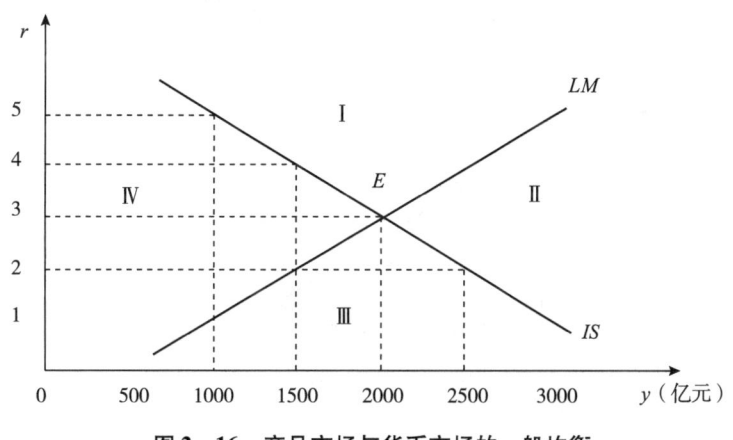

**图 2-16 产品市场与货币市场的一般均衡**

图 2-16 中,$E$ 点之外的任何地方都没有同时实现两个市场的均衡。IS 曲线与 LM 曲线上,分别有 $i=s$,$L=M$;IS 曲线与 LM 曲线之外的点,$i$ 与 $s$,$L$ 与 $M$ 都不相等。相交的 IS 曲线与 LM 曲线,把坐标平面分成四个区域——Ⅰ区域、Ⅱ区域、Ⅲ区域、Ⅳ区域,每个区域中,产品市场与货币市场都处于非均衡状态。四个区域的非均衡状态可用表 2-1 表示:

表 2-1　产品市场与货币市场的非均衡

| 区域 | 产品市场的非均衡 | 货币市场的非均衡 |
| --- | --- | --- |
| Ⅰ | $i<s$ 有超额产品供给 | $L<M$ 有超额货币供给 |
| Ⅱ | $i<s$ 有超额产品供给 | $L>M$ 有超额货币需求 |
| Ⅲ | $i>s$ 有超额产品需求 | $L>M$ 有超额货币需求 |
| Ⅳ | $i>s$ 有超额产品需求 | $L<M$ 有超额货币供给 |

四个区域中存在着不同的非均衡状态，经过调整，非均衡状态会逐步地趋向均衡。IS 的不均衡会导致收入变动：$i>s$ 会导致收入增加，$i<s$ 会导致收入减少。LM 的不均衡会导致利率变动：$L>M$ 会导致利率上升，$L<M$ 会导致利率下降。这种调整最终使经济趋向均衡利率与均衡收入。调整过程可用图 2-17 表示。

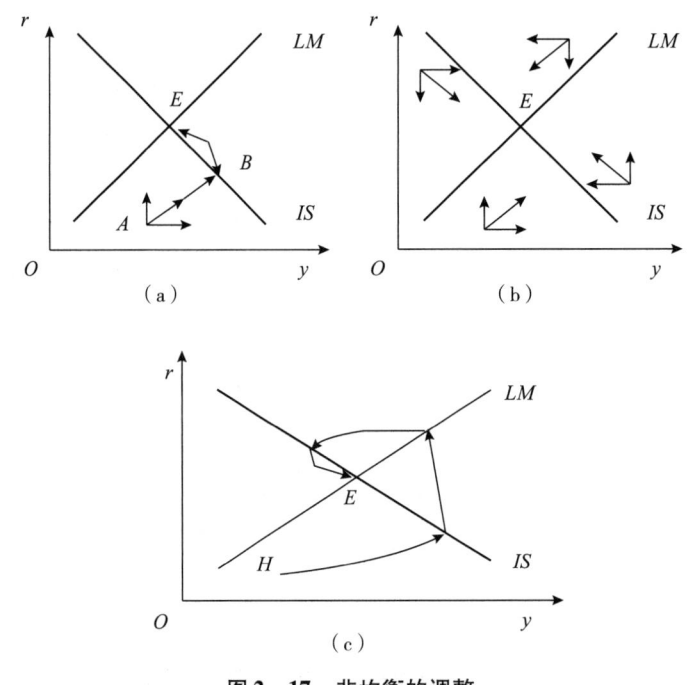

图 2-17　非均衡的调整

图 2-17（a）中，假如经济处于Ⅲ区域中的 A 点，A 点的 $i>s$，存在超额产品需求，这会使收入增加，即收入从 A 点向右水平移动；同时，A 点的 $L>M$，存在超额货币需求，即利率从 A 点向上移动。收入与利率两个方向同时调整的结果是收入与利率的组合向右上方移动，直至到达均衡点 E 点。如果经济在Ⅲ区域不能调整至均衡点 E 点，收入与利率的组合会继续向右上方移动，途中与 IS 曲线相交于 B 点，B 点的 $i=s$，但货币需求与货币供给不相等即 $L>M$，这会使利率上升，收入与利率的组合就进入Ⅱ

区域。Ⅱ区域中，$i<s$，有超额产品供给，收入会减少；同时，$L>M$，存在超额货币需求，利率会上升——减少的收入与上升的利率，会使得收入与利率的组合向左上方移动，直至到达均衡点 $E$ 点。(b)图表现了每个区域的一次调整成功过程。(c)图以非均衡出现在Ⅲ区域为例，从 $H$ 点开始调整，依次经过Ⅱ区域、Ⅰ区域、Ⅳ区域，最后到达均衡点 $E$ 点，表现的是多次调整的过程。当然，在（c）图表现的调整过程中，如果在某个区域到达均衡点，调整过程即告结束；如果调整依次经过四个区域后还未成功，调整会继续进行下去，直至实现均衡。

## 二、均衡收入与均衡利率的变动

IS 曲线与 LM 曲线的交点表示产品市场与货币市场同时实现了均衡，但这一均衡并不一定是充分就业的均衡。比如，图 2-18 中，IS 曲线与 LM 曲线相交于 $E$ 点，均衡利率与均衡收入分别是 $r_e$、$y_e$，但充分就业的收入是 $y_f$，均衡收入低于充分就业的收入，即 $y_e<y_f$。此时，需要政府运用财政政策、货币政策来调整，以实现充分就业。如果政府运用增支，或减税，或增支减税双管齐下的扩张性财政政策，IS 曲线会向右移动至 IS′ 的位置，与 LM 曲线相交于 $E'$ 点，均衡收入就增至 $y_f$，从而实现充分就业的收入水平。政府也可以运用扩张性货币政策，即增加货币供给量，LM 曲线会向右移动至 LM′ 的位置，与 IS 曲线相交于 $E''$ 点，均衡收入也能增至 $y_f$，同样可以达到充分就业的收入水平。

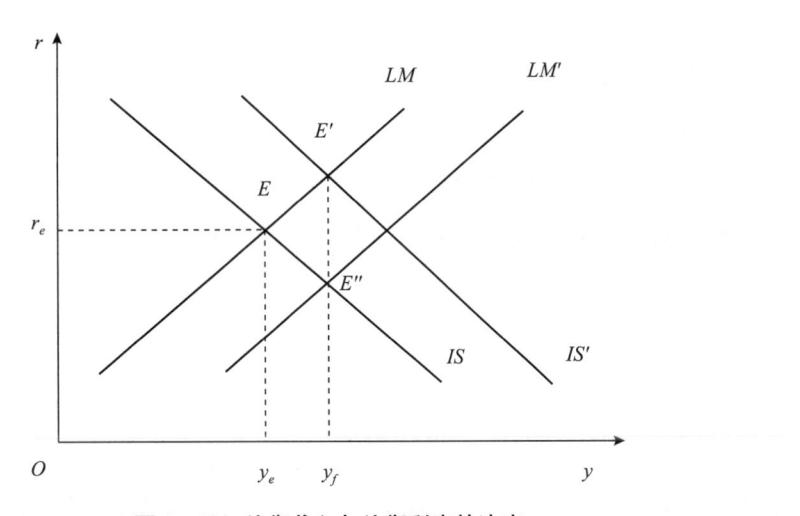

**图 2-18 均衡收入与均衡利率的决定**

从图 2-18 中也可以发现，IS 曲线和 LM 曲线的移动，会改变利率与收入水平。比如，LM 曲线不变假设下，IS 曲线向右移动，会使利率上升、收入增加。这是因为 IS

曲线右移是消费、投资，或政府支出增加的结果，即总支出或总需求增加，这会使生产与收入增加，从而增加对货币的交易需求。在货币供给不变的情况下，人们只能通过出售有价证券获取货币，用于交易。这样，在有价证券供给增多的情况下，有价证券价格下降，亦即利率上升。同样，LM 曲线不变而 IS 曲线向左移动时，收入减少，利率下降。

当然，在 IS 曲线不变时，LM 曲线的移动也会引起利率与收入的变化。例如，假设 IS 曲线不变，LM 曲线向右移动，利率会下降，收入会增加。这是因为 LM 曲线向右移动，或者是货币需求不变而货币供给增加的结果，或者是货币供给不变而货币需求减少的结果。在 IS 曲线不变，即产品市场供求不变的情况下，LM 曲线的向右移动，意味着货币供给大于货币需求，利率必然下降。利率的下降，会刺激消费与投资的增加，从而使收入增加。相反，IS 曲线不变，LM 曲线向左移动后，收入会减少、利率会上升。

另外，IS 曲线与 LM 曲线同时移动时，收入与利率也会发生变化，其变化取决于两条曲线的最终交点。

## 第六节　凯恩斯的基本理论框架

凯恩斯主义学派宏观经济学的基本理论要点，可以分别用数学模型、图表、文字的形式进行概括与阐述。

### 1. 数学模型表示凯恩斯的宏观经济理论

①投资函数：$i=f(y)$，即 $i=e-dr$。

②储蓄函数：$s=f(r)$，即 $s=-\alpha+(1-\beta)y$。

③产品市场均衡条件：$i=s$，即 $y=\dfrac{\alpha+e+dr}{1-\beta}$，或 $r=\dfrac{\alpha+e}{d}-\dfrac{1-\beta}{d}y$，这就是 IS 曲线方程。

④货币需求函数：$L=L_1+L_2=ky-hr$

⑤货币供给函数：$m=\dfrac{M}{P}=m_1+m_2$

⑥货币市场均衡条件：$L=m$，即 $y=\dfrac{h}{k}r+\dfrac{m}{k}$，或 $r=\dfrac{k}{h}y-\dfrac{m}{h}$，这就是 LM 曲线方程。将 IS 曲线方程与 LM 曲线方程联立，便可求得产品市场与货币市场同时均衡时的收入与利率。

## 2. 用图表示的凯恩斯宏观经济学的基本理论框架

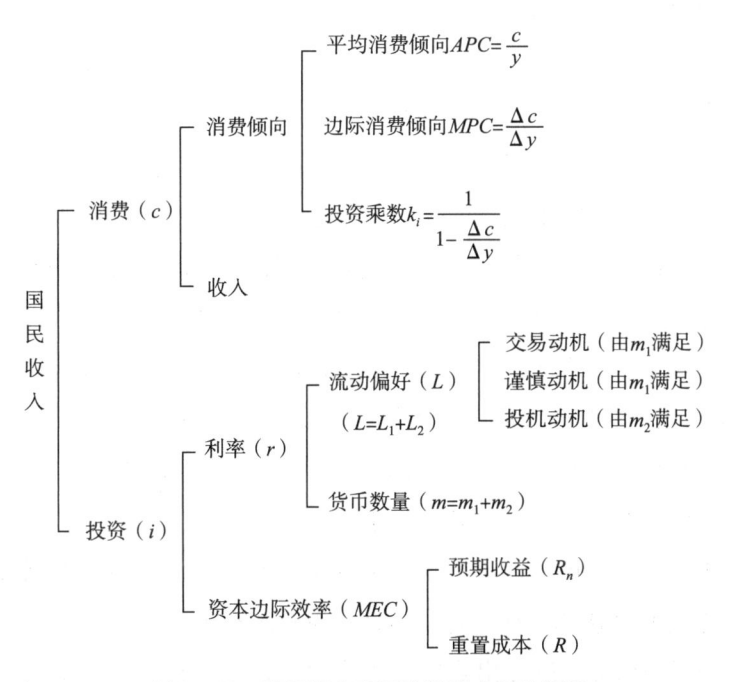

$$\text{国民收入} \begin{cases} \text{消费}(c) \begin{cases} \text{消费倾向} \begin{cases} \text{平均消费倾向} APC = \dfrac{c}{y} \\ \text{边际消费倾向} MPC = \dfrac{\Delta c}{\Delta y} \\ \text{投资乘数} k_i = \dfrac{1}{1 - \dfrac{\Delta c}{\Delta y}} \end{cases} \\ \text{收入} \end{cases} \\ \text{投资}(i) \begin{cases} \text{利率}(r) \begin{cases} \text{流动偏好}(L) \begin{cases} \text{交易动机(由} m_1 \text{满足)} \\ \text{谨慎动机(由} m_1 \text{满足)} \\ \text{投机动机(由} m_2 \text{满足)} \end{cases} \\ (L = L_1 + L_2) \\ \text{货币数量}(m = m_1 + m_2) \end{cases} \\ \text{资本边际效率}(MEC) \begin{cases} \text{预期收益}(R_n) \\ \text{重置成本}(R) \end{cases} \end{cases} \end{cases}$$

**图 2-19　凯恩斯宏观经济学基本理论框架**

综上所述，凯恩斯的宏观经济学基本理论，可以概括为以下几点。

第一，国民收入决定于消费与投资。消费与投资是总需求或总支出的组成部分，凯恩斯主义认为总需求决定国民收入，也就是消费与投资决定国民收入。

第二，消费由消费倾向与收入决定。消费倾向包括平均消费倾向与边际消费倾向。边际消费倾向大于 0 且小于 1，因此，收入增加时，消费也增加，但在增加的收入中用来增加消费的部分会越来越少，而用于储蓄的部分会越来越多。

第三，国民收入的变动主要受投资的影响。消费倾向相对比较稳定，故投资成为影响国民收入变动的主要因素。投资或增加或减少的变动引起国民收入或增加或减少的成倍变动。投资乘数与边际消费倾向成正比，而边际消费倾向大于 0 且小于 1，故投资乘数大于 1。

第四，投资由利率与资本边际效率决定。投资与利率成反比，与资本边际效率成正比。如果利率小于资本边际效率，就值得投资；如果利率大于资本边际效率，就不值得投资。

第五，利率决定于流动偏好与货币数量。流动偏好是货币需求，由对货币的交易需求与对货币的投机需求组成，其中，对货币的交易需求来自交易动机与谨慎动机，对货币的投机需求来自投机动机。货币数量是货币供给，由满足交易动机、谨慎动机的货币数量和满足投机动机的货币数量组成。

第六，资本边际效率由投资的预期收益与资本资产的供给价格或重置成本决定。资本边际效率与预期收益成正比，与重置成本成反比。

第七，凯恩斯主义认为，资本主义经济萧条的根源在于由消费需求与投资需求组成的总需求不足，而总需求不足源于三大基本心理规律。边际消费倾向递减规律决定了消费需求不足。边际消费倾向小于1，人们不会把增加的收入全部用来增加消费，并且增加的收入用于增加的消费会越来越少，这就造成消费不足。资本边际效率递减规律决定了投资需求不足。增加一笔投资，既会增加对资本资产的需求，增加重置成本，又会在将来形成生产能力、增加产品供给、促使产品价格下降后，减少收益。因此，资本边际效率会随重置成本的增加、预期收益的减少而降低，从而使得投资需求不足。作为货币需求的流动偏好，会在利率极低时形成"流动性陷阱"，从而使利率在货币供给增加的情况下也不会降低，即流动偏好限制了利率的降低，最终抑制投资需求。这样，三大基本心理规律造成了有效需求不足。为解决有效需求不足，必须发挥政府的作用。政府应当运用增加政府支出或减少税收的财政政策和增加货币供给、降低利率的货币政策，刺激消费与投资，从而增加收入，实现充分就业。由于"流动性陷阱"的存在，货币政策效果有限，增加收入应主要靠财政政策。

# 第三章 宏观经济政策实践

## 第一节 经济政策目标

宏观经济政策是指国家或政府为了增进整个社会经济福利、改善国民经济的运行状况、达到一定的政策目标，有意识有计划地运用一定的政策工具制定的解决经济问题的指导原则和措施。宏观经济政策是为了实现一定的经济政策目标而制定的。

宏观经济政策目标指宏观经济政策最终要达到的目的。对宏观经济政策目标的研究主要涉及经济政策目标的具体内容、各经济政策目标之间的关系以及同时实现这些经济政策目标可能遇到的问题。一般认为，宏观经济政策的目标主要包括充分就业、物价稳定、经济增长和国际收支平衡。

充分就业是宏观经济政策的首要目标，指一切生产要素（包括劳动）都有机会以愿意接受的价格参加生产的状态，即经济社会的所有资源都在愿意接受的报酬下得到了充分利用。但由于测量资源利用程度十分困难，因此各国政府和经济学家常常将失业率的高低作为衡量经济资源利用程度的间接指标。失业率是指失业人数占劳动力人数的比例。劳动力指一定年龄范围内具有劳动能力的人，包括有工作和没有工作但正在积极寻找工作的人。或者说，劳动力等于就业人数加上失业人数。凯恩斯主义认为，失业一般分为三类：摩擦性失业、自愿失业和非自愿失业。摩擦性失业是因劳动力市场不完善、信息不畅而产生的暂时的、短期的失业，是因人们变换工作和寻找新的工作的过程而存在的失业。自愿失业指不愿意接受现行工资水平和工作条件而导致的失业。非自愿失业是指即使愿意接受现行工资水平和工作条件但仍然找不到工作的失业。

充分就业并非百分之百的就业，充分就业时仍存在失业。凯恩斯主义认为，消除了非自愿失业、但仍存在摩擦性失业和自愿失业的就业状态就是充分就业。

物价稳定是宏观经济政策的第二个目标。物价稳定就是避免或减少通货膨胀，但并不意味着通货膨胀率为零。物价稳定是指整体物价总水平的稳定。在任何一个经济社会中，由于各种经济和非经济因素的影响，物价不可能保持在一个固定不变的水平上，因此，物价稳定并不意味着每种商品和劳务的价格固定不变，而是保持一个低而稳定的通货膨胀率，且这个通货膨胀率能保持在经济社会可承受的范围内，不会对经济产生负面的影响。通货膨胀难以消除，但通货膨胀究竟应控制在何种程度上，应依各国的具体情况而定。物价稳定问题，最大的困难不在于确定一个目标，而是如何使这个目标得以顺利实现。

经济增长是指一个经济社会在一定时期内（通常为一年）所生产的商品和劳务，即产量或收入的增加，通常用总产量、人均产量或总收入、人均收入的增长率来表示。一般而言，经济增长会相应增加社会经济福利，但并不是增长率越高越好，原因可从两个方面来考虑。首先，经济增长要受到自然资源、人力资源以及资本等各种资源条件的限制，增长不是无限的；其次，经济增长的过程必然要付出代价，如造成环境污染、社会问题的恶化及社会矛盾激化，必然产生当前利益与长远利益、社会整体利益与局部利益的矛盾。经济增长应该是既符合当代人的利益又不损害子孙后代幸福的持续、稳定增长。

国际收支平衡是指既无国际收支赤字又无国际收支盈余。从长期看，一国的国际收支的赤字和盈余对一国经济的稳定发展都会产生不利的影响，会对其他宏观经济目标的实现造成障碍。具体说来，国际收支长期处于盈余状态，会减少国内消费与投资，使社会总需求减少，不利于实现充分就业和经济持续稳定增长；如果出现长期的国际收支赤字，赤字需要外汇储备或通过对外举债偿还，将导致国内通货膨胀的发生。

长期而言，四个宏观经济目标之间是相互促进的。经济增长是充分就业、物价稳定和国际收支平衡的物质基础；物价稳定又是经济持续稳定增长的前提；国际收支平衡有利于国内物价的稳定，有利于利用国际资源扩大本国的生产能力，加速本国经济的增长；充分就业本身就意味着资源的充分利用，可以促进本国经济的增长。但是，在短期中，从迄今为止的各国宏观经济政策实践来看，这几个目标之间并不总是一致的，而是相互之间存在着矛盾。

充分就业与物价稳定的矛盾。充分就业与物价稳定之间的矛盾体现在菲利普斯曲线所表明的两者之间的交替关系上。一般来说，低于自然增长率的就业水平通常以加速出现的通货膨胀为代价。因为就业人数的增加、机器设备利用程度的提高，往往导致货币工资快速增长、资本品价格升高，会引起成本推动型通货膨胀。同时，经济政策通常具有一定的时滞性，一项原为促使有效需求增加而实现充分就业的政策，有时可能招致过度需求，进而造成通货膨胀。在实际决策中，要维持充分就业，一般要采取扩张性的财政政策和货币政策，而这种扩张性政策的使用又往往会引起通货膨胀。

因此，充分就业以通货膨胀为代价，物价稳定又以失业为代价，两者往往难以两全其美。

物价稳定与经济增长的矛盾。根据凯恩斯主义理论，有效需求不足时，因为资源没有被充分利用，扩张性的财政政策和货币政策可以通过刺激总需求来促进经济的增长，经济增长不会引起严重的通货膨胀；但当资源接近充分利用或某种资源处于制约整个经济的"瓶颈"时，采用扩张性的政策刺激经济增长，就会使生产要素价格上涨，从而引起通货膨胀。

国际收支平衡与充分就业、物价稳定的矛盾。国内充分就业与物价稳定被称为内在均衡，而国际收支平衡被称为外在均衡，内在均衡与外在均衡之间往往会不一致。在充分就业的情况下，就业人数增加，收入水平提高，引起对商品需求的增加和短期资本输出的增加从而使收入小于支出，引起国际收支的恶化，为了减少国际收支的逆差状况，可采用紧缩性的货币政策与财政政策，这又会导致失业率的上升。国际收支状况的改善使外汇储备增加，国内货币量增加，不利于物价稳定，可能会引起通货膨胀。同时，消除失业的扩张性政策和制止通货膨胀的紧缩性政策往往会破坏原来的外在均衡。在前一种情况下国际收支赤字增加，在后一种情况下国际收支盈余增加，两者都会造成国际收支的不平衡。

经济增长与国际收支平衡的矛盾。从长期看，高速度的经济增长往往伴随着国外机器设备、先进技术以及原材料进口的增加，而出口的扩大不可能在短期内达到，这必然会引起国际收支的恶化。

短期内，经济政策之间的矛盾给制定宏观经济政策带来了一定的困难，但宏观经济政策是为了全面实现这四个宏观经济目标，而不仅仅是要达到其中某个目标，这样，就需要考虑各种因素，对各种政策目标进行协调。

## 第二节　财政政策

### 一、财政政策的概念

财政政策是国家通过对总需求的调节干预经济的主要政策之一。财政政策是一国政府为了达到预期的经济目标而对政府收入、政府支出和公债水平做出的决策。财政政策的主要内容是政府收入和支出的确定。财政政策包含着三个相互关联的选择：一是选择开支政策——开支多少以及做哪些开支；二是征税——收多少税以及采用何种手段；三是赤字政策——在规定时间内决定赤字的规模和分配。

每个国家的财政由政府收入和支出两方面构成，其中政府支出包括政府购买、转移支付和利息支付，政府收入则包括税收和公债两部分。收入政策和支出政策构成了政府的财政政策工具，政府通过这些收入政策和支出政策的运用来影响经济运行。

**二、财政政策工具及其运用**

政府对经济生活的干预是通过政府的财政支出政策和财政收入政策进行的。从量上看，政府支出是经济社会中各级政府支出的总和，不仅有中央政府支出，还包括大量的各级地方政府的支出。政府的各种支出项目基本包括政府购买、政府转移支付和政府利息支付三种类型。

政府购买是政府对商品和劳务的购买，包括购买军需品、警察装备用品、政府机关办公用品、付给政府雇员的酬金、各种公共工程项目的支出等。由于政府购买发生了商品和劳务的实际交换，直接形成了社会总需求和实际购买力，是国民收入的一个重要组成部分，因此其直接关系到社会总需求的规模。政府购买支出的变动对整个社会总支出水平起着举足轻重的调节作用。当社会总支出水平过低，有效需求不足，存在严重的失业时，政府可以通过增加购买支出，以增加整个社会的总需求水平，减少失业。相反，当社会总支出水平过高、存在超额需求、存在通货膨胀时，政府应该采取减少政府的购买性支出的政策，降低社会的总体有效需求，抑制通货膨胀，从而使经济达到充分就业的均衡。因此，改变政府购买性支出水平是政府财政政策的强有力手段之一。

政府支出的另一部分是转移支付。与政府购买性支出不同，政府转移支付是指政府的社会福利等支出，如卫生保健支出、收入保障支出、退伍军人福利、失业救济和各种补贴等方面的支出。既然转移支付也是政府支出的重要组成部分，政府转移支付的增减对整个社会总支出同样具有重要的调节作用。与政府购买性支出一样，政府转移支付也是一种重要的财政政策工具。一般来说，当社会总支出水平不足、有效需求不足、失业增加时，政府可以增加政府的转移支付，提高社会福利水平，增加可支配收入，从而提高消费水平，增加整个社会的有效需求，减少失业；当社会总支出水平过高、有效需求过旺、存在通货膨胀时，政府则应该减少政府的转移支付，降低社会福利水平，减少可支配收入，从而降低消费水平，使社会的有效需求降低，抑制通货膨胀。总之，通过增加或减少政府转移支付，可以达到总供给与总需求的均衡，实现经济持续稳定增长。政府购买性支出和转移支付的变动通过乘数效应作用于国民收入，由于购买性支出乘数大于转移支付乘数，因此，政府的购买性支出乘数效应大于转移支付乘数效应。

在政府的收入中，税收是最主要的部分。税收是个人和企业不能等价交换商品和服务而向政府的非自愿的支付。税收依据不同的标准可以进行不同的分类。根据课税对象的不同，税收可以分为财产税、所得税和流转税三类。财产税是指对纳税人的动产和不动产课征的税收；所得税是对个人和公司赚取的所得课征的税收；流转税是对流通中的商品和劳务的交易额课征的税收，增值税是其中主要的税种之一。根据收入中被扣除的比例，税收可分为累退税、累进税和比例税。累退税是指税率随征税客体总量增加而递减的一种税；比例税是税率不随征税客体总量变动而变动的一种税，即按统一的税率从收入中征收，多用于流转税和财产税；累进税是税率随征税客体总量增加而增加的一种税，所得税大部分属于累进税。这三种类型的税通过税率的变动反映了赋税的负担轻重和税收总量的关系，因此，税率的高低以及变动的方向对经济活动如个人收入和消费、企业投资、社会总需求等都会产生极大的影响。

税收既是国家财政收入的主要来源之一，又是国家实施其财政政策的一个重要手段，它与政府的购买性支出、政府的转移支付一样，同样具有乘数效应，即政府税收的变动会引起国民收入成倍的变动。在讨论税收乘数时，需要区分两种情况：一种是税率的变化对国民收入的影响；另一种是税收绝对量的变动对国民收入的影响。因此，税收作为一种财政政策工具，既可以通过改变税率也可以通过变动税收总量来实现宏观经济政策目标。一般而言，税率降低会引起税收的减少，个人和企业的消费和投资增加，以致整个社会的总需求增加，国民收入水平提高。反之，税率的提高，会导致社会总需求的减少和国民收入水平的降低。因此，当经济社会有效需求不足时，一般可采用减税这种扩张性的财政政策抑制经济的衰退，而经济出现需求过旺、通货膨胀时，可通过增加税收这种紧缩性的财政政策抑制通货膨胀。

公债是政府向公众举借的债务，或者说是公众对政府的债权，它是政府财政收入的另一组成部分。公债是相对于私债而言的，二者最大的区别在于公债的债务人是政府。公债与税收不同，公债是以国家（或政府）信用为基础的，是政府以其信用向公众筹集财政资金的特殊形式。从公债发行的主体看，有中央（联邦）政府公债和地方各级政府公债，通常将中央政府发行的内债称为国债，它是指本国公民持有的政府债券。公债一般分为短期公债、中期公债、长期公债三种形式。短期公债一般指偿还期限在 1 年或 1 年以内的公债，短期公债最常见的形式是国库券，主要是为了弥补当年财政赤字或解决临时资金周转不灵的问题，利息一般较低，主要进入短期资本市场

（货币市场）。中期公债是指偿还期限在 1~5 年的公债，主要是为了弥补财政赤字或筹措经济建设资金。长期公债则是指偿还期限在 5 年以上的公债，但一般按预先确定的利率逐年支付利息，主要是为了筹措经济建设资金。中长期公债由于期限长、风险大，因而利率较高，也是西方国家资本市场上最主要的交易手段之一。从以上对公债性质的分析可以看出，政府发行公债，一方面能增加政府的财政收入，弥补财政赤字，筹措建设资金，影响财政收支，属于政府的财政政策；另一方面又能对包括货币市场和资本市场在内的金融市场产生扩张和收缩的作用。公债的发行在金融市场上影响货币的供求，促使利率发生变动，影响消费和投资，调节社会总需求水平，对经济产生扩张和收缩的效应。因此，就这一特点而言，公债既具有财政政策的功能，又有一定的货币政策作用。

### 三、自动稳定器和斟酌使用的财政政策

自动稳定器也称为内在稳定器，是经济中一种自动的作用机制，它可以自动地减少自发总需求变动引起的国民收入波动，使经济发展较为平稳。自动稳定器主要是指那些对国民收入水平变化自动起到缓冲作用的财政调节工具，如政府税收等。它的功能表现在：当经济繁荣时自动抑制通货膨胀，在经济萧条时自动减轻萧条，而不需要政府采取任何措施。

自动稳定器通过以下几项制度发挥作用。

第一，政府税收。税收特别是个人所得税和公司所得税是重要的稳定器。例如，在累进税制下，由于经济萧条会引起收入的降低，使某些原来的纳税者不再需要纳税或者下降到较低的纳税等级，结果个人缴纳的税因为国民收入水平的降低而减少，政府税收下降的幅度超过收入下降的幅度，从而起到抑制经济萧条的作用。反之，在实施累进税制情况下，经济的繁荣使人们收入增加，更多的人由于收入的上升自动地进入较高的纳税等级。政府税收上升的幅度会超过收入上升的幅度，从而使得通货膨胀有所收敛。

第二，政府转移支付。这里的政府转移支付主要包括政府的失业救济金和其他的社会福利支出。在经济出现衰退和萧条时期，由于失业人数增加，可以领取失业救济金的人数相应增加，政府转移支付会自动增加，使得个人的可支配收入会增加一些，这就可以抑制经济萧条产生的收入下降，也会抑制收入下降导致个人消费和总需求的下降，起到抑制经济萧条的作用。反之，当经济过热产生通货膨胀时，由于失业率降低，可以领取失业救济金和各种补贴的人数减少，政府的这笔支出会自动减少，从而

抑制个人可支配收入的增加，使消费和总支出减少，内在稳定器在一定程度上可以起到经济降温和遏制通货膨胀的作用。

第三，农产品价格维持制度。经济萧条时期，国民收入水平下降导致价格水平降低，农产品价格也将下降，政府为了抑制经济的衰退，按支持价格收购农产品，使农民收入和消费维持在一定水平上，不会因国民收入水平的降低而减少太多，也起到刺激消费和总需求的作用。当经济繁荣时，由于国民收入水平提高使整体价格水平上升，农产品价格也因此上升，这时政府减少对农产品的收购并售出库存的农产品，平抑农产品价格，无形中抑制了农民收入的增加，从而降低了消费和总需求水平，起到抑制通货膨胀的作用。

总之，税收、政府转移支付的自动变动和农产品的价格维持制度在一定程度上对宏观经济运行起到了稳定的作用，成为内在稳定器和防止经济大幅度波动的第一道防线。

虽然政府税收和转移支付的自动调节在一定程度上对宏观经济运行起到了某些稳定的作用，但是，应该清楚地看到，在政府支出中税收乘数和转移支付乘数所能产生的效果均小于政府自发性支出乘数（包括投资乘数和政府购买支出乘数）产生的效果。因此，虽然各种自动稳定器都在起减轻经济波动的作用，但效果并不如人意，特别是面对剧烈的经济波动，自动稳定器更是难以扭转局面。所以，为了保持经济的稳定，政府需要采取一些积极的政策措施，使总需求水平保持稳定，使价格水平、工资水平等接近于物价稳定的充分就业水平，这就是斟酌使用的或权衡性的财政政策。斟酌使用的财政政策是指政府根据对经济形势的判断和财政政策的特点，相机抉择、主动采取的增加或减少政府支出、减少或增加政府税收以稳定经济、实现充分就业的政策措施。经济学家认为，斟酌使用的财政政策就是要逆经济风向而行事。

值得注意的是，斟酌使用的财政政策的作用不是无限的，同样存在某种局限性，因为在经济运行过程中存在着各种各样的限制性因素影响其作用的发挥。限制性因素主要包括以下几项。

第一，政策效应的时滞性。从认识总需求的变化，到分析形势以及政策的具体制定和落实，再到乘数作用的发挥，都需要一定的时间。

第二，不确定性。表现为两个方面：一是难以准确地计算乘数的大小；二是不能准确地预测出财政政策作用的发挥到达到预定的目标到底需要多长的时间。在这段时间内，总需求水平尤其是投资需求可能会发生意想不到的变化，极有可能导致决策的失误。

第三，外在的随机因素的干扰。外在的随机因素也可能导致财政政策不能达到预期的效果。此外，挤出效应、非经济因素、国际与国内的政治环境等，都会影响政策效应。

### 四、功能财政与平衡预算财政

政府在财政方面实施积极的政策主要目的是实现物价稳定的充分就业水平。在实现这些宏观经济目标时，预算可以是盈余的，也可以是赤字的。这样的财政称之为功能财政。

预算赤字往往是政府采取扩张性的财政政策即减税和扩大政府支出而造成的政府支出大于收入的结果，政府支出大于收入的差额即为预算赤字。预算盈余则是政府实施紧缩性财政政策，即增加税收和减少政府支出而造成政府收入大于支出的结果，政府收入超过支出的余额即为预算盈余。

功能财政思想是凯恩斯主义的财政思想，是对凯恩斯主义以前的平衡预算财政思想的否定。20世纪30年代以前，西方国家奉行的理财思想基本上遵循亚当·斯密在1776年出版的《国富论》中提出的原则：一个谨慎行事的政府应该厉行节约，量入为出，每年预算都要保持平衡。这就是年度平衡预算思想，它要求每个财政年度的收支平衡。20世纪30年代的世界经济危机和凯恩斯主义革命使人们意识到在经济衰退时期机械地保持预算平衡既无必要同时也会加深衰退。在衰退时税收会由于收入的减少而减少，要保持年度预算平衡，就必然减少政府支出或提高税率，进一步加深了衰退；在经济繁荣、通货膨胀严重时，由于税收随收入的增加而增加，为了减少盈余，保持年度预算平衡，政府必然增加支出或降低税率，结果造成更严重的通货膨胀。因此，年度平衡预算的思想受到众多经济学家的质疑。年度平衡预算思想发展为保持每一个经济周期的预算平衡思想，就是周期平衡预算。在萧条时期政府采取扩张性政策，可以允许赤字的存在；在繁荣时期政府采取紧缩性政策，可以保有预算盈余，但要以繁荣时期的预算盈余弥补衰退时期的预算赤字，使每个经济周期政府的盈余和赤字相抵，实现整个经济周期的预算平衡。周期平衡预算的思想具体实施起来却非常困难，因为在一个经济周期内很难准确地估计出繁荣和衰退的时间和程度，使盈余和赤字相等，因此，周期平衡预算很难实现。

1962年美国肯尼迪政府总统经济顾问委员会提出一个新的思想，认为每年度的预算平衡甚至周期的预算平衡都是不必要的。财政政策目标应该是提供足够的有效需求，在抑制通货膨胀的同时实现充分就业，因此，不能机械地用财政预算收支平衡的观点对待预算盈余和预算赤字,而应从反经济周期的需要出发,合理地利用预算盈余和预算赤字,这就是功能财政预算。功能财政的中心思想可以概括为:政府为了实现充分就业和物价的稳定,应根据经济形势的变化采取相应的政策措施,需要有赤字就有赤字,需要存在盈余就有盈余,而不应单纯为实现财政的收支平衡而影响政府制定和执行正确的财政政策。功能财政思想否定了原有预算思想,主张预算的目标是实现无通货膨胀的充分就业,而不是仅仅追求政府的收支平衡,因此,这一思想的提出是在单纯强调政府收支平衡的思想上的一大进步。但是,也应明确,功能财政的实施也存在相当大的困难。一方面,经济形势的波动常常难以预测,对经济形势的估计不会十分准确;另一方面,政府的决策需要一定的时间,并且效果也具有某种滞后性,导致这种政策难以及时奏效。

### 五、充分就业的预算盈余

预算盈余或预算赤字的变动可能是以下两个原因引起的:一是经济运行情况本身的变动,即经济趋向高涨时会引起预算盈余的增加或预算赤字的减少,经济趋向衰退时会引起预算盈余的减少或预算赤字的增加;二是财政政策的变动,即扩张性财政政策会使预算盈余减少或预算赤字增加,紧缩性政策会使预算盈余增加,预算赤字减少。因而,仅凭预算盈余或预算赤字的变动很难判断出财政政策是扩张性的还是紧缩性的。要利用预算盈余或预算赤字来衡量财政政策是扩张性的还是紧缩性的,就必须消除经济周期波动本身的影响。

经济学家 C. 布朗在 1956 年提出了充分就业预算盈余的概念。充分就业预算盈余是指既定的政府预算在充分就业的国民收入水平(即潜在国民收入水平)上所产生的政府预算盈余,它是以充分就业的国民收入水平,而不是以实际国民收入水平来衡量预算状况的。以实际国民收入水平衡量的预算盈余,称为实际的预算盈余。充分就业的预算盈余和实际的预算盈余两者的差别就在于充分就业的国民收入水平和实际国民收入水平的差额。如果以 $BS^*$ 代表充分就业的预算盈余,$BS$ 代表实际的预算盈余,$y_f$ 代表充分就业的国民收入水平,$y$ 表示实际国民收入水平,$t$、$G$、$TR$ 分别表示边际税率、既定的政府购买支出和政府转移支付支出,则:

$$BS^* - BS = ty_f - G - TR - (ty - G - TR) = t(y_f - y) \qquad (3.1)$$

如果实际国民收入水平低于充分就业的国民收入水平,则充分就业预算盈余大于实际预算盈余,即 $y_f > y$ 时有: $BS^* > BS$。

如果实际国民收入水平高于充分就业的国民收入水平，则充分就业预算盈余小于实际预算盈余，即 $y_f < y$ 时有：$BS^* < BS$。

如果实际国民收入水平等于充分就业的国民收入水平，则充分就业预算盈余等于实际预算盈余，即 $y_f = y$ 时有：$BS^* = BS$。

充分就业预算盈余概念的提出有两个重要的作用。一是将国民收入水平固定在充分就业时的水平上，消除了经济中收入水平周期性波动对预算状况的影响，从而能更准确地反映财政政策对预算状况的影响，并为判断财政政策究竟是扩张性的还是紧缩性的提供了一个较为准确的依据。充分就业的预算盈余增加了或者预算赤字减少了，说明财政政策是紧缩性的，反之则说明政策是扩张性的。二是充分就业预算盈余概念的提出，使政策的制定者更加重视充分就业的问题，将充分就业作为目标来确定预算盈余或赤字的规模，以便正确地确定财政政策。但是，也要注意到，这一概念同样存在着一定的缺陷，表现为充分就业的国民收入或者潜在的国民收入很难被准确地估算。

**六、公债与赤字**

遵循功能财政的思想，许多西方国家先后实施了政府干预经济的积极财政政策，这种政策就是逆经济风向行事的相机抉择。但由于政府出于政治上的考虑，主要是实施消除失业的扩张性财政政策，结果造成财政赤字的上升和国家债务的累积。

财政赤字是国家的预算开支超过收入的结果。弥补财政赤字的方法有两个：借债和出售政府债券。政府借债又有两种方法。一是向中央银行借款，由中央银行购买政府债券，这会引起货币供给增加。中央银行购买政府债券，实际上是通过创造新货币来进行支付，这种为赤字筹资的方式称为货币筹资，会引发通货膨胀，其本质上是用征收通货膨胀税的方法解决赤字问题。二是发行公债，包括内债和外债。内债是政府向本国居民、企业和各种金融机构发行的债券，外债是向外国举借的债务，包括向外国借款和发行外币债券。发行债券可称为债务筹资。内债是将购买力由公众向政府进行转移，由于基础货币并没有增加，故不会引起直接的通货膨胀。但政府债券的发行往往会引起债券价格下降，利率上升，中央银行要想稳定利率，只有在公开市场业务中买进政府债券，无形中增加了货币供给，在使预算赤字增加的同时引起了通货膨胀。

公债作为政府取得收入的一种形式起到了弥补财政赤字的作用，但政府发行公债是一种负债。与税收不同，发行公债要还本付息。当每年累积的债务构成了巨大的债务净存量时，这些债务净存量所要支付的利息又构成政府预算支出的一个重要部分。政府预算的总赤字包括两个部分：非利息赤字（除利息支出外的全部政府支出与政府收入之差）和利息支出。因此，当非利息赤字为零或不变时，只要利息支出增加，政府的预算赤字就会进一步增长。假设其他条件不变，赤字增长会引起政府增加债券的发行，导致政府债务增加，债务的增加又会引起政府利息负担的加重，赤字进一步增长，如此循环往复，公债的利息支付与政府赤字、公债便会同步增长。衡量一国债务负担率的指标是债务与收入的比率，它是一国债务与 GDP 的比率，该比率取决于以下几个因素：公债的实际利率、实际 GDP 增长率和非利息预算盈余状况。当非利息预算盈余不变时，公债的利率越高，GDP 的增长率越低，这一比率会上升；若非利息预算盈余不断增加，实际利率下降，实际 GDP 不断提高，则这一比率会逐步下降。

目前世界上大多数国家的政府债务累积额都在不断地增加。面对日益庞大并且不断增长的政府债务，经济学界对公债的争论的焦点涉及两大问题：公债的资源配置效应和公债的收入分配效应。一些经济学家认为，公债无论是内债还是外债，和税收一样，都是政府施加给公民的一种负担，原因是公债要还本付息，它最终是要通过征税和发行货币的方法得以解决，必然加重公民负担。同时这种负担还将转移到未来几代人的身上。然而，另外一些经济学家认为，外债对一国公民而言是一种负担，因为其本金和利息必须使用本国公民创造的财富来偿还，但内债则不同，内债是政府欠公民的债，而内债的还本付息，归根结底来自课税，所以是"自己欠自己的债"。从整个国家来看，债权和债务总是恰好相抵的，因而不构成负担。政府一般会通过发新债的办法偿还旧债，即使通过征税的办法来偿还债务，实际上也仅是财富的再分配而已，对整个国家来说，财富并未损失。尤其当经济未达到充分就业时，由于发行公债可以促进资本的形成，增加有效需求，使经济增长速度加快，可以为子孙后代创造更多的财富，因此不会对子孙后代产生不良影响。只有在充分就业的情况下，发行公债并且不是用于资本的形成，或者公债的增加挤占了私人投资，这种公债的发行才会成为负担。

## 第三节 货币政策

### 一、中央银行与商业银行

在理解货币政策之前，首先要梳理有关银行制度的一些基本常识，因为政府货币政策的贯彻执行是通过银行制度实现的。在银行制度方面，金融机构按照其在金融体系中的地位、作用及业务性质，分为中央银行、商业银行、专业银行和其他金融机构。金融机构按创造货币、创造交换媒介和支付手段的能力，分为银行金融中介机构和非银行金融中介机构。金融中介机构按资产和负债性质，分为主要银行部门、次要银行部门、其他吸收存款的机构、其他金融中介机构等。各个国家的金融机构并不完全相同，但主要包括中央银行和金融中介机构两类，金融中介机构中最主要的是商业银行、专业银行和非银行金融机构。

商业银行是以获取利润为经营目标，以多种金融资产和金融负债为经营对象，具有综合性服务功能的金融企业。在各类金融机构中，商业银行是一种历史最悠久，业务范围最广泛，对社会经济生活产生影响最为深刻的一种。

商业银行的业务种类繁多，主要有负债业务、资产业务和中间业务。负债业务是商业银行筹措资金、借以形成资金来源的业务，按存款的性质分为活期存款、定期存款和储蓄存款。资产业务是指银行运用资财的业务，银行的资产业务主要在放款和证券投资上。放款业务是商业银行为企业提供贷款的业务，它是商业银行的一项基本业务，也是商业银行最重要的资产。证券投资业务是商业银行重要的资金运用业务，银行通过有价证券的买卖活动取得利息收入。中间业务是指商业银行通过为客户办理支付、进行担保和其他委托事项，从中收取手续费的各项业务。

中央银行是一国金融体系的核心，作为管理国家货币金融的首脑机构，代表国家发行货币，制定和执行货币金融政策，处理国际性金融事务，对金融体系进行监管，通过货币政策影响经济活动。中央银行虽然是国家（政府）的银行，并不一定由国家投资兴办。就世界范围内的中央银行所有制形式来看，大体可以分为三类：

第一类：由国家投资创立，如英国、法国、荷兰、挪威、印度等国的中央银行。

第二类：由私人投资创立，如美国、意大利、瑞士、德国、西班牙、葡萄牙等国的中央银行。

第三类：由国家和私人共同投资创立，如日本、墨西哥、巴基斯坦、土耳其、智利、厄瓜多尔等国的中央银行。

在世界银行业的发展史上，最早设立的中央银行是瑞典银行，是瑞典政府于1668年将一家私人银行改组而成的，但直到1897年才独占货币发行权，且不从事商业银行业务，成为真正意义上的中央银行。1694年成立的英格兰银行则被称为近代中央银行的鼻祖。中央银行一般具备以下三项职能：

第一，作为发行的银行。中央银行独享发行国家货币的权利。

第二，作为银行的银行。中央银行一方面通过票据再贴现、抵押贷款等方式为商业银行提供贷款，另一方面为商业银行集中保管存款准备金，还为各商业银行集中办理全国的结算业务。

第三，作为国家的银行。首先，国家可以向中央银行借款，即由中央银行用贴现国家的短期国库券的形式为政府提供短期资金，中央银行也可以帮助政府发行公债或以直接购买公债方式为政府提供长期资金，帮助政府弥补政府预算中出现的财政赤字。其次，代理国库，一方面将国库委托代收各种税款和公债价款等收入作为国库的活期存款，另一方面代理国库拨付各项经费，代办各种付款和转账。再次，充当政府在一般经济事务和处理政府债务等方面的顾问，监督、管理国家的金融市场活动，代表国家处理与外国发生的金融业务关系，根据经济形势采取适当的货币政策，与财政政策相配合，为宏观经济目标的实现服务。

由于中央银行对整个国家的经济、金融动态以及企业发展状况拥有详尽的信息和资料，可以据此对整个国家的宏观经济运行进行研究分析，为决策者的决策提供参考，因此中央银行又充当了国家经济情报资料库的角色。与一般的商业银行和其他金融机构相比，中央银行具有如下特征：

第一，不以营利为目的；

第二，不开展普通的银行业务，只与政府和各类金融机构往来；

第三，具有服务机构和管理机构的双重性质，有执行金融监管、扶持金融发展的双重任务；

第四，处于超脱地位，在一些国家中甚至独立于中央政府，免受政治周期的影响。

了解了中央银行和商业银行以后，就要进一步明确货币供给问题，即谁来供给货币以及如何供给货币的问题。狭义的货币供给（$M_1$）是指硬币、纸币和活期存款的总和。在西方经济学中，货币被定义为在商品和劳务的交换以及债务的清偿中作为交换媒介或工具而被法定为普遍接受的物品。最符合这个定义的就是硬币、纸币和活期存款。一般来说，硬币和纸币通常被称为通货，由于活期存款和通货一样，可以随时支取，也可随时用来支付债务，因此，也将其看作严格意义上的货币，同时也是最重要的货币，因为在货币的供给中活期存款占了相当大的比例，更主要的是活期存款的派生机制还会创造货币。

## 二、银行创造货币的机制

### 1. 存款创造货币的前提条件

在金融体系中，只有商业银行（泛指所有开展存款、贷款业务的金融机构）才可以接受活期存款，并可以签发支票，从而具有了创造货币的能力。商业银行创造货币应具备两个基本的前提条件。

第一，准备金制度。商业银行的准备金有法定准备金和超额准备金两类。在商业银行的经营过程中，银行可以将客户的绝大部分存款贷放出去或购买短期有价证券，以获取盈利，只留下部分存款作为应付客户提款需要的准备金，这种银行经常保留的为应付客户随时提取存款的现金称为存款准备金。存款准备金占存款的比例叫存款准备金率或准备率。中央银行规定的存款准备金率叫法定准备率。商业银行按照法定准备率保留的准备金称为法定准备金，法定准备金一部分是银行的库存现金，另一部分存放在中央银行的存款账户，表现为中央银行的负债方的项目。超额准备金指商业银行持有的超过法定存款准备金的部分，也称为过度准备金。

第二，非现金结算制度。在非现金结算制度下，所有经济主体之间的往来均通过银行开具票据或转账的方法进行结算，对现金的需要变成对存款的需要。

**2. 货币创造的过程**

假设商业银行系统的法定存款准备率为20%，一家商业银行新增1000万元的存款，1000万元新增货币通过在银行系统的流动，通过不断的存贷，最终会增加多少账面银行存款呢？假设：①无论企业还是个人，都会将一切货币收入全部以活期存款的形式存入银行；②银行接受客户的存款后，除法定准备金外，全部贷放，没有超额准备金。在这种情况下，客户甲将1000万元存入A银行，银行系统因此增加了1000万元的准备金，A银行按法定存款准备率将200万元准备金存入自己在中央银行的账户，其余800万元全部贷放；得到800万元贷款的客户乙将全部贷款存入与自己有业务往来的B银行，B银行得到了800万元的存款，留足160万元的法定准备金并将其存入中央银行的账户，将剩余的640万元再次贷放；得到这640万元的客户丙又将全部贷款存入与其有业务往来的C银行，C银行留下其中的128万元作为法定准备金而将其余512万元再次贷放。如此反复，各商业银行的存款可以用下面的式子表示：

$$1000 + 1000 \times 0.8 + 1000 \times 0.8^2 + 1000 \times 0.8^3 + 1000 \times 0.8^4 + \cdots$$
$$= 1000(1 + 0.8 + 0.8^2 + 0.8^3 + 0.8^4 + \cdots)$$
$$= 5000（万元）$$

贷款总和为：

$$800 + 640 + 512 + \cdots$$
$$= 1000(0.8 + 0.8^2 + 0.8^3 + 0.8^4 + \cdots)$$
$$= 4000（万元）$$

从以上的例子可以看出，存款总额（用 $D$ 表示）同原始存款（用 $R$ 表示）及法定准备率（用 $r_d$ 表示）三者之间的关系是：

$$D = \frac{R}{r_d} \tag{3.2}$$

或者：

$$\frac{1}{r_d} = \frac{D}{R} \tag{3.3}$$

### 3. 简单的货币创造乘数

从前面的例子中可以发现，这笔原始存款如果来自中央银行增加的一笔原始的货币供给，而中央银行新增的这笔原始货币供给流入公众或企业手中并转存在支票账户上，就使活期存款总额即货币供给量扩大为新增原始货币供给量的 $\frac{1}{r_d}$ 倍，这个 $\frac{1}{r_d}$ 倍数被称为货币创造乘数，如果用 $k_m$ 表示货币创造乘数，则：

$$k_m = \frac{1}{r_d} \tag{3.4}$$

即货币创造乘数等于法定准备率的倒数，它表示增加一元存款所创造出的货币的倍数。另外，根据存款总额 $D$ 同原始存款 $R$ 及法定准备率 $r_d$ 的关系，货币创造乘数又可表示为：

$$k_m = \frac{D}{R} \tag{3.5}$$

需要说明以下两点。①货币的供给不能仅看中央银行最初发行的货币量，而必须更为重视派生存款或派生货币，即货币创造乘数使货币供给量增加了多少，这种增加被称为货币的创造。②货币创造量的大小，不仅取决于中央银行新增的货币量，而且取决于法定准备率。法定准备率越大，货币创造乘数越小；反之，法定准备率越小，货币创造乘数越大。

### 4. 复杂的货币创造乘数

前文所论述的货币创造乘数是法定准备率的倒数的结论实际上隐含两个假设。

第一，商业银行没有超额储备。但实际中银行的实际贷款往往小于贷款能力。实际贷款小于贷款能力的差额即没有贷放的款项就是超额准备金，也就是中央银行规定的法定准备金以外的准备金（用 $ER$ 表示）。超额准备金与全部存款的比率称为超额准备率（可用 $r_e$ 表示），法定准备金与超额准备金之和形成了银行的实际准备金，法定准备率加上超额准备率就是银行的实际准备率。当存在超额准备率后，货币创造乘数就不再是 $\frac{1}{r_d}$，即法定准备率的倒数，而是变为：

$$k_m = \frac{1}{r_d + r_e} \tag{3.6}$$

式（3.6）表明，货币创造乘数成为实际准备率的倒数，这时，派生存款总额为：

$$D = \frac{R}{r_d + r_e} \tag{3.7}$$

一般来说，法定准备金和超额准备金都是一种漏出，不能形成银行的派生存款，两者在存款总额中所占比重越大，银行的货币创造乘数越小，派生存款总额越少。因此，货币创造乘数不但与法定准备率有关，还与超额准备率有关。所以，市场贷款利率（用 $r$ 表示）越高，银行越不愿多留超额准备金，因为准备金不能给银行带来利润。因此，市场利率上升，导致超额准备率及实际准备率下降，货币创造乘数变大。另外，商业银行向中央银行的借款利率即再贴现率也会影响超额准备率。再贴现率上升，意味着商业银行向中央银行借款的成本增加，商业银行为此将多留准备金，超额准备率提高，从而提高了实际准备率，货币创造乘数变小。

第二，银行客户将一切借款都存入银行，经济活动中所发生的支付皆以票据形式进行。显然这个假设很难与现实经济生活相符。假如客户没有将得到的贷款全部存入银行，而是留存一定比例的现金，这就是现金漏损。现金漏损指的是银行客户从得到的贷款中提留的一部分用于交易的现金。现金漏损会导致货币创造乘数的减小，因为现金与准备金一样不能形成派生的存款。如果用 $r_c$ 表示现金在存款中的比率即漏现率，则存在超额准备和现金漏出时的货币创造乘数为：

$$k_m = \frac{1}{r_d + r_e + r_c} \tag{3.8}$$

这里是仅将活期存款当成货币供给量的。假设银行的超额准备率 $r_e = 5\%$，银行客户在每一轮存款中提取 5%的现金，则 A 银行能贷出的款项就不是 800 万元，而是 700 万元，B 银行可贷出的款项将成为 490 万元，如此继续下去，最后能形成的派生存款将是 3333.3 万元，比仅存在法定准备率要小得多。可见货币创造乘数不仅与法定准备率有关，还与超额准备率、漏现率有关，这三者无论哪一项提高，都将使货币创造乘数变小。

**5. 高能货币与货币供给**

在货币供给量的决定中，中央银行具有决定性的作用。中央银行代表国家发行货币，领导并且监督商业银行以及其他金融机构的业务活动，运用货币政策调节经济。中央银行对经济进行调节的主要内容是控制货币供给量。中央银行之所以能对货币供给量进行有效的控制，关键在于其能够控制基础货币。

基础货币包括公众持有的通货与商业银行持有的超额准备金以及商业银行存入中央银行的法定准备金。由于基础货币会派生出货币，因此是一种高能量的或者说活动力强大的货币，又被称为高能货币或强力货币。

高能货币 = 准备金 + 流通中的现金 = 商业银行在中央银行的存款（法定准备金）+ 商业银行的库存现金（超额准备金）+ 流通中的现金

若用 $C_u$ 表示流通中的现金，$R_d$ 表示法定准备金，$R_e$ 表示超额准备金，$H$ 表示高能货币，则 $H = C_u + R_d + R_e$，这是商业银行借以扩张货币供给的基础。另外，因为货币总供给是通货（$C_u$）与活期存款（$D$）之和，即严格意义上的货币供给 $M_1$，所以 $M = C_u + D$，则：

$$\frac{M}{P} = \frac{W}{P} \tag{3.9}$$

将式（3.9）等号右边的分子与分母同除以活期存款（$D$），则：

$$\frac{m}{\delta}y + rw - \frac{n}{\delta}\frac{ePF}{P} - \frac{q}{\delta} = \frac{\frac{C_u}{D} + 1}{\frac{C_u}{D} + \frac{R_d}{D} + \frac{R_e}{D}} \tag{3.10}$$

式（3.10）中，$\frac{C_u}{D}$ 代表漏现率 $r_c$，$\frac{R_d}{D}$ 表示法定准备率 $r_d$，$\frac{R_e}{D}$ 表示超额准备率 $r_e$，所以，式（3.10）可表示为：

$$\frac{M}{H} = \frac{r_c + 1}{r_d + r_e + r_c} \tag{3.11}$$

式（3.11）也是货币创造乘数的又一种表达式。式（3.11）与式（3.8）的差别在于，式（3.8）仅将活期存款总和作为货币供给量，式（3.11）则将活期存款和通货之和作为货币供给量。式（3.11）表明，货币创造乘数与法定准备率、中央银行的贴现率、市场借款利率、漏现率有关。这就是说，货币供给是基础货币供给、法定准备率、中央银行的贴现率、市场借款利率、漏现率的函数，这些因素都可以归结为准备金对货币供给变动的影响，因为准备金是银行创造货币的基础。中央银行正是通过控制准备金的供给来调节整个经济体系的货币供给的。

式（3.11）反映了中央银行通过控制高能货币，借助乘数作用控制货币总供给量的机制。当然，在货币乘数的作用过程中，并不是所有的因素中央银行都能加以控制，例如，漏现率、超额准备率等都会影响货币创造乘数。但总的来说，这些因素在某一时期相对比较稳定，因此货币乘数具有相对稳定性，中央银行可通过控制基础货币（高能货币）控制货币的供给量。

### 三、货币政策工具以及货币政策

一国的中央银行运用货币政策工具控制货币供给量，再通过货币供给量调节利率，进而影响消费与投资及整个宏观经济活动，以达到一定经济目标的行为就是货币政策。常见的货币政策工具主要有以下几种。

**1. 法定准备率**

法定准备率是中央银行控制货币供给量的有力工具。法定准备率的变化会直接改变商业银行的过度储备，引起银行贷款数量的变化，遏制商业银行的贷款扩张企图，避免挤兑的倒闭风险。

由于法定准备率变动与市场上货币供给量的变动成反比例关系，因此，中央银行可以针对经济的繁荣与衰退以及银根的松紧状况调整法定准备率。变动法定准备率是中央银行调整货币供给量的一种最简单的手段。然而，中央银行一般不轻易使用法定准备率这一政策工具，原因在于银行等金融体系中的信贷、存款量、准备金量之间存在着乘数放大的关系，而乘数的大小与法定准备率成反比，因此，即使是法定准备率的一个微小的变化，都会对金融市场和信贷状况产生强烈的影响。它是中央银行手中掌握的一件强有力的但不会轻易使用的武器。

**2. 贴现率**

这是美国中央银行最早运用的货币政策工具。过去，贴现就是银行根据未到期票据的票面额，扣除一定的利息后将票面余额付给持票人的一种放款业务；再贴现则是商业银行持已办理过贴现的、具有清偿能力的商业票据作为担保，从中央银行取得贷款的一种借款方式。现在，将中央银行给商业银行的贷款叫贴现，中央银行向商业银行及其他金融机构提供贷款的利率就是贴现率。

贴现政策的作用，主要是掌握贷款条件的松紧程度和影响信贷的成本。中央银行提高贴现率意味着商业银行向中央银行贷款的成本增加，将减少商业银行向中央银行贷款的需求，造成货币市场信贷规模收缩，在货币创造乘数的作用下，货币供给量多倍减少；当降低贴现率时，商业银行向中央银行贷款的成本就会降低，会激励商业银行向中央银行贷款，出现市场信用扩张，在货币创造乘数的作用下，货币供给量会多倍增加。中央银行调整贴现率，不仅直接影响商业银行的筹资成本，还间接地影响商业银行对企业和个人发放贷款的数量，从而对企业和个人的投资与消费的经济活动产生影响。

各国中央银行的贴现率是根据商业银行的同日拆借资金的市场利率进行调整的，而市场利率是由货币市场上的供求关系决定的。利率由货币的借贷关系决定，贴现率只是随市场利率的变化而调整。目前，贴现率的调整在货币政策中的作用与以前相比也大大地减弱。因为在现实经济活动中，商业银行和其他金融机构尽量避免在贴现窗口向中央银行借款，只是将其作为紧急求援的手段，以免被误认为财务状况不佳。每个中央银行的贴现窗口都会执行中央银行关于商业银行和其他金融机构可以借款的数量和次数的规定，贴现率不会随货币政策的变动而变动。

另外，贴现政策也不是中央银行的主动性政策，原因在于中央银行只能等待商业银行向其借款，而不能要求商业银行向其借款。当商业银行十分缺乏准备金时，即使再贴现率很高，商业银行依然会从中央银行的贴现窗口借款，中央银行想通过较高的贴现率来抑制商业银行的借款就起不到太大的作用。因此，通过贴现率的变动控制银行准备金的效果是相当有限的。当今，贴现率政策往往作为一种补充手段与公开市场业务政策结合使用。

**3. 公开市场业务**

这是当代西方国家控制货币供给量最重要也是最常用的政策工具。公开市场业务是指中央银行在金融市场上公开买进或卖出政府债券，以控制货币供给量，影响利率、消费与投资即总需求，从而达到预定的经济目标的政策行为。公开市场业务的目的是改变经济体系中货币与证券的相对供给量，从而改变利率，使公众以改变了的利率决定其持有资产的形式。中央银行买入政府债券，等于减少了市场上的债券数量，这会使债券价格上升，利率下降，公众才会愿意增加货币的持有量而减少政府债券的持有量，势必导致货币供给量增加。

中央银行既可以将公开市场业务作为一种防御性工具使用，例如，在发生通货膨胀时，售出政府债券，使货币供给量减少，紧缩信用，抑制通货膨胀，也可以将其作为一种进攻性工具使用，主动决定买进或卖出政府债券的时间和数量，用以扩张或收缩信贷规模，通过货币供给量的调整来影响国民经济，达到预期的经济目标。公开市场业务被认为是最有效、最灵活的货币政策工具，也是最常使用的货币政策工具。这是因为：①中央银行在金融市场上运用公开市场业务是一种主动出击而不是被动等待；②使用这项政策工具，中央银行可以随时决定买卖债券的时间和数量，可以通过精细的调查较好地控制业务效果；③公开市场业务是由专门机构和专业人员根据总的政策方针灵活开展的，无须层层审批的烦琐程序，有利于应对瞬息万变的市场需要。

公开市场业务能够有效地调节货币供给量，必须同时具备两个条件：一是国家必须具备发达的金融市场；二是政府债券的种类必须繁多，并且达到相当的规模。只有金融市场足够发达，中央银行才有买卖政府债券的场所，买卖交易活动才能正常进行；只有政府债券种类繁多才有利于债券选择，当政府的有价证券达到一定的规模后，中央银行系统才可能通过对它的吞吐影响货币的供给，才能将公开市场业务作为调节货币供给的最主要手段。值得注意的是，大多数发展中国家尚不具备这些条件，发展中国家一味使用公开市场业务作为中央银行调节货币供给量的主要政策工具是不合时宜的，也不可能取得好的效果。相对而言，发展中国家运用存款准备率和贴现率政策比较容易取得成效，关键是如何协调、配合使用这两种政策工具。

货币政策除上述三种主要工具外，还有其他一些工具，如道义劝告、借款垫头规定、指令性贷款指标等。

道义劝告是指中央银行运用其在金融体系中的特殊地位，通过对商业银行及其他金融机构的劝告，指导其行动，影响其贷款和投资的方向，达到中央银行控制信用的目的。

借款垫头规定就是在购买有价证券时必须自行垫付一定比例的货币现金，不能百分之百地用借款购买。这种规定是为了遏制借款人的借款数量。垫头的比例越大，借款的数量越小。

指令性贷款指标是中央银行向各商业银行下达贷款的额度，各商业银行不得违反规定。中央银行这样做的目的是控制整个经济的信用规模，及时维持、扩大或缩小货币供给量，使信用规模与具体情况相适应。

### 四、货币政策的局限性

国家实施货币政策的目的，是保持经济的稳定，实现预定的经济目标，但在实践中，货币政策的实施往往具有一定局限性。

第一，经济运行状况处于不同的时期，采取同一货币政策产生的效果会有所不同。例如在通货膨胀时期实施紧缩性的货币政策，效果可能比较显著，但在经济衰退时期采取扩张性的货币政策，效果就不会十分理想。货币政策从反通货膨胀的角度而言，对于反需求拉动的通货膨胀效果显著，而对于反成本推进的通货膨胀效果甚微。

第二，从货币市场均衡的情况看，通过增加或减少货币供给量影响利率的高低是以货币的流通速度不变为前提的。如果这一前提不存在，通过货币供给的变动来影响利率水平进而对经济产生影响的作用将大打折扣。

第三，货币政策存在的时滞性也影响了政策的效果。货币政策操作一般会经历几个过程：针对一定时期宏观经济运行中的主要问题确定调控的目标、选择政策工具、筛选中介指标、在操作过程中检查调控的效果并在必要时进行适当的调整等。这些环节中，前两个环节的实施存在内部时滞，后两个环节的实施则存在外部时滞。外部时滞相对于内部时滞时间较长，主要是由于在工具变量和目标变量之间有一个迂回曲折的传导过程。中央银行变动货币供给量，要通过利率的变动来影响企业的投资水平，进而影响总需求，最终影响就业和国民收入，而这一传导要经过长时间的过程才会使货币政策的作用得以充分发挥。在这个时期中，经济形势有可能发生与先前预期不同的变化。仅就此而言，货币政策作为平抑经济波动的手段，作用也是有限的。

货币主义学派的货币政策与凯恩斯主义的货币政策虽然表面上都主张通过货币政策对经济进行调节，但两者在货币政策的目标上存在着截然不同的观点。货币主义反对将利率作为货币政策的目标，而认为目标应该是控制货币量，同时认为，在短期中也许可以控制利率并通过利率刺激总需求，从而消除失业，但在长期中不仅做不到这一点，反而会加剧通货膨胀。

凯恩斯主义认为，货币供给量的增加可以降低利率，但弗里德曼认为，货币供给量的增加在短期内可降低利率，但长期内却做不到这一点。因为较低的利率会影响投资和消费，使总支出增加。总支出的增加会引起总收入水平的上升，又会提高流动偏好，增加贷款需求，引起价格的上升，价格上升将导致货币购买力的下降。价格上升使公众预期价格上升，借款者愿意借贷，贷款者要求提高利率，因而较高的货币增长率必然带来较高的利率。所以，从长期看，利率是难以控制在一个较低的水平上的。

凯恩斯主义认为，实施扩张性货币政策在降低利率的同时可以刺激投资，增加就业，而紧缩性货币政策提高利率，可以抑制投资，减少就业。货币主义则认为货币增长率具有即时效应和长期效应。任何一个时点的劳动市场上都存在着与均衡的实际工资水平相一致的自然失业率，即劳动市场上在没有货币变动干扰时供求力量自发调节时存在的失业率。货币供给量增加导致了利率降低，刺激投资的增加而使就业增加是最初产生的效果，即即时效应。之所以会产生即时效应，是因为存在货币幻觉，货币政策影响失业率在短期内是有效的，在长期中则是无效的。

那么货币政策到底能起到何种作用呢？货币主义将其归结为三种作用：一是货币政策能够防止货币本身成为经济失调的主要源泉；二是货币政策可以给经济提供一个稳定的背景；三是货币政策有助于抵消经济体系中其他原因引起的较重大的干扰。

由此得出两点结论：一是货币政策应该将中央银行能控制的货币数量作为政策目标，而不要将无法驾驭的利率作为政策目标；二是要避免政策的剧烈波动，保持稳定的货币增长率才是最好的货币政策，也即单一政策规则。

# 第四章　宏观经济政策效果分析

## 第一节　财政政策效果

### 一、财政政策效果的 IS – LM 图形分析

在给定的条件下,扩张性的财政政策可以使产出水平提高,这是毋庸置疑的,但需要进一步研究的问题是:扩张性的财政政策为什么在不同的情况下会产生不同的效果?下面基于 IS – LM 模型的框架进行分析。从 IS – LM 模型来看,财政政策效果的大小是指政府税收和支出的变化所导致的 IS 曲线的变化对国民收入产生的影响。研究影响政策效应的因素实际上就是研究 IS 曲线、LM 曲线中的各参数的数值及其变化,参数变化引起的曲线的空间位置的变化以及对最终均衡产出水平的影响。从 IS 曲线和 LM 曲线的图形上看,这种影响的大小会因 IS 曲线和 LM 曲线斜率的不同而不同。下面分别加以论述。

当 LM 曲线不变时,IS 曲线斜率的绝对值越大,即 IS 曲线越陡峭,政府收支变化使 IS 曲线发生移动时,导致国民收入的变化就越大,财政政策的效果就越大;反之,IS 曲线斜率的绝对值越小,即 IS 曲线越平坦,则 IS 曲线发生移动时导致国民收入的变化就越小,财政政策效果也就越小,如图 4 – 1 所示。

图 4 – 1 中,假设 LM 曲线的斜率不变,初始状态下的均衡收入 $y_0$ 和利率 $r_0$ 也完全相同,现假设政府实行一项扩张性的财政政策(增加政府支出或减少税收),增加相同的一笔支出量均为 $\Delta g$,则会使 IS 曲线右移,假设右移的距离是 $E_0E_3$,$E_0E_3$ 为政府支出乘数和政府支出增加额的积,即 $E_0E_3 = K_g \cdot \Delta g$,也就是说,政府支出的增加能带动国民收入增加若干倍,这其中的原理在前面的内容中已有论述,这里不再赘述。由于 IS 曲线斜率的不同,从图 4 – 1 中可以发现,国民收入的增加额大不相同,但有一点是相同的,即两者的增加额 $y_0y_1$ 和 $y_0y_2$ 均小于 $E_0E_3$,原因是要想使国民收入的增加额为 $E_0E_3$,必须保持利率水平不变。但是,保持利率水平不变是不可能的。因为 $IS_1$ 曲线、

$IS_2$曲线向右分别平行移动到$IS_1'$和$IS_2'$时，在（$r_0$，$y_3$）点上，商品市场实现了新的均衡，但货币市场却发生了失衡——货币需求大于货币供给。因为政府支出增加势必导致国民收入的增加，国民收入增加导致对货币交易需求增加，但货币供给不变（LM 曲线不变），这导致货币需求大于货币供给，利率上升，而利率的上升导致私人投资水平下降以及总需求水平进一步下降，扩张性财政政策的产出效应受到了限制，这种限制就是挤出效应。由于存在政府支出挤出私人投资的问题，因此，新的均衡点只能是$E_1$和$E_2$，收入不可能增加到$y_3$，而分别只能增加到$y_1$和$y_2$。

从图 4-1 中可以清楚地发现，$y_0y_1 < y_0y_2$，即 IS 曲线越平坦，财政政策对国民收入和利率影响越小，IS 曲线越陡峭，财政政策的影响越大，政策效应越大。IS 曲线之所以影响财政政策效应，与投资的利率弹性以及乘数相关。IS 曲线的斜率的大小主要由投资的利率弹性大小所决定，IS 曲线的斜率越小，即 IS 曲线越平缓，说明投资的利率弹性越大，即利率变动一定幅度将引起投资较大幅度的变动。如果投资对利率变动较为敏感，政府采取扩张性的财政政策使国民收入增加的同时，利率上升，而利率的上升必将使私人投资减少许多，挤出效应较大，国民收入增加的幅度较小。因此，IS 曲线越平缓，实行扩张性财政政策时挤出效应就越大，被挤出的私人投资就越多，国民收入增加得越少，即财政政策效果越小。反之，IS 曲线越陡峭，投资需求对利率的弹性越小，政府支出增加产生的挤出效应越小，因而国民收入增加得越多，财政政策效果越大。就乘数而言，乘数越大，IS 曲线斜率就越小，IS 曲线越平坦，一定投资量和总需求的变动所引起的国民收入的变动就越大，挤出效应也越大，政策效果就越小。反之，乘数越小，IS 曲线斜率就越大，IS 曲线越陡峭，挤出效应越小，财政政策效果越大。

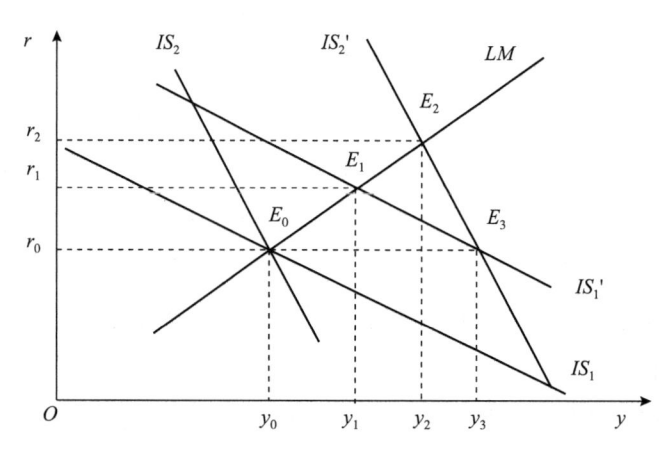

**图 4-1　财政政策效果因 IS 曲线斜率而异**

当 IS 曲线的斜率给定不变时，财政政策的效果取决于 LM 曲线的斜率。LM 曲线斜率的绝对值越大，即 LM 曲线越陡峭，财政政策使 IS 曲线移动时对利率的影响越大，导致国民收入的变动越小，也就是说财政政策效果越小；反之，LM 曲线斜率的绝对值越小，LM 曲线越平坦，IS 曲线移动时将导致国民收入发生越大的变动，即财政政策效果越大，如图 4-2 所示。

图 4-2 中，$LM_1$ 曲线的斜率大于 $LM_2$ 曲线的斜率，初始时均衡点均为 $E_0$，均衡收入 $y_0$ 和均衡利率 $r_0$ 都相同。若这时政府采取扩张性财政政策，比如增加一笔政府支出，使 $IS_1$ 曲线右移到 $IS_2$，右移的距离为 $E_0E_3$，即 $y_0y_3$。从图 4-2 中看出，同样的政府支出增加额和同样的政府支出乘数，由于 $LM_1$ 曲线、$LM_2$ 曲线的斜率不同，产生的政策效果就大不相同，国民收入实际分别只增加了 $y_0y_1$ 和 $y_0y_2$，均小于 $y_0y_3$。原因何在？

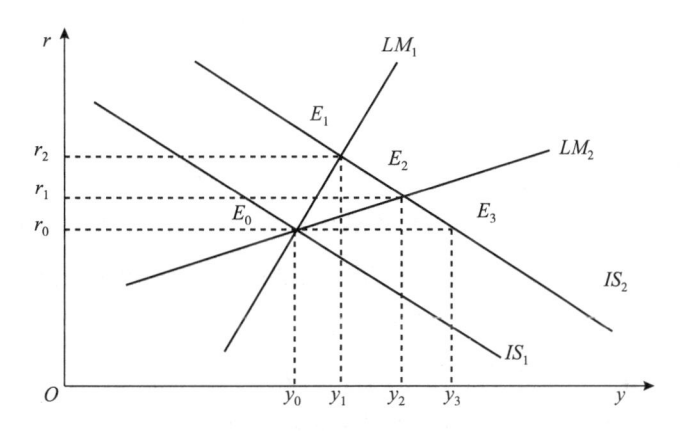

**图 4-2　财政政策效果因 LM 曲线斜率而异**

LM 曲线的斜率影响财政政策的效果是与货币需求的收入弹性和利率弹性相关的。政府增加政府支出，当 LM 曲线斜率较大即曲线较陡峭时，表示货币需求的利率弹性较小，或者说，货币需求对利率不太敏感，意味着一定货币需求的增加需要利率较多的上升。利率上升得越多，对私人投资挤占得就越多，挤出效应越大，导致财政政策效果越小。同时，LM 曲线越陡峭，货币需求的收入弹性越大，一定的国民收入水平提高所引起的货币需求增加越多。在货币供给量不变的情况下，货币需求增加得越多，利率上升得越高；利率上升得越高，私人投资减少得越多，国民收入增加得越少，财政政策的效果越小。相反，LM 曲线斜率较小即 LM 曲线较平坦，表示货币需求的利率弹性较大，说明货币需求对利率较敏感，当政府增加支出，即使通过发行公债向私人部门借入大量的货币，也不会使利率上升许多。利率上升得越少，对私人投资产生的影响越小，挤出效应越小，当政府支出增加时，将会使国民收入增加许多，即财政政策效果较大。同时，LM 曲线越平坦，货币需求的收入弹性越小，在货币供给量不变的情况下，一定的国民收入水平提高所引起的货币需求增加得越少，利率就上升得越少。利率上升得越少，私人投资减少得也越少，挤出效应越小，国民收入增加越多，财政政策的效果越大。

财政政策效果可以用财政政策乘数来表示或计量。财政政策乘数是指在实际货币供给量不变的情况下，政府收支的变化可以使国民收入变动多少。例如，政府增加一美元的购买性支出导致国民收入增加了多少，用公式表示为：

$$\frac{dy}{dg} = \frac{1}{1 - \beta(1-t) + \frac{dk}{h}} \tag{4.1}$$

式（4.1）中，$\beta$ 表示边际消费倾向，$t$ 表示税收函数中的边际税率，$d$ 代表投资需求函数 $i = e - dr$ 中投资的利率弹性，$k$ 和 $h$ 分别表示货币需求函数中货币需求的收入弹性和利率弹性。

从财政政策乘数表达式可以看出，当 $\beta$、$t$、$d$、$k$ 既定时，$h$ 越大，即货币需求的利率弹性越大，LM 曲线越平坦，财政政策乘数就越大，财政政策效果越大。当 $h \to \infty$ 时，LM 曲线成为一条水平线，财政政策效果极大。相反，若 $h$ 越小，财政政策乘数也越小，财政政策效果就越小。同样，若其他参数不变，$d$ 越大，即投资需求的利率弹性越大，IS 曲线越平坦，财政政策乘数越小，即财政政策效果也越小。同时，边际消费倾向 $\beta$、边际税率 $t$ 以及货币需求的收入弹性 $k$ 这些参数的大小，同样会影响财政政策乘数，影响财政政策效果。

需要强调的是，财政政策乘数与我们前面论述的政府支出乘数、政府转移支付乘数以及税收乘数是截然不同的概念。例如，政府购买支出乘数是在没有考虑政府支出对利率影响的前提下（假设政府支出增加而利率不变）分析政府支出的变动对国民收入产生的影响。财政政策乘数则在考虑货币市场均衡后，在政府支出对利率的影响情况下分析政府支出的变化对国民收入变动的影响程度。由于利率的上升会产生挤出效应，因此，普遍说来，财政政策乘数要小于简单的政府购买支出乘数。只有在存在流动性陷阱，即 LM 曲线成为一条水平线这种特殊情况下，财政政策乘数才等于政府购买支出乘数。

通常财政政策效果主要受投资需求的利率弹性和货币需求的利率弹性的影响，但并不意味着其他参数的影响不存在。支出乘数同样也会对政策效果产生影响，因为较大的支出乘数意味着相同的一笔政府支出能带来收入较大的增加，政策效果也较大。

如果此时投资的利率弹性非常大而货币需求的利率弹性又非常小，即 IS 曲线近似于水平线而 LM 曲线接近于垂直线时，即使支出乘数很大也无法使财政政策产生强有力的效果。只有当一项扩张性的财政政策不会使利率上升太高，即不会对投资产生较大的影响时，支出乘数的变化才会影响财政政策从而对总需求产生较大的影响。

## 二、挤出效应

从前面的分析可以知道，挤出效应是指政府支出增加使国民收入水平提高的同时也会引起利率的提高，使得私人部门的消费与投资减少。

挤出效应可能是部分的，也可能是完全的。当私人投资的减少小于政府支出的增加时，挤出效应就是部分的；当私人投资的减少量与政府支出的增加量相等时，挤出效应就是完全的。

当经济达到充分就业时，政府支出增加会导致私人投资以如下方式减少。

由于政府支出增加，产品市场上产出水平达到极大，导致在产品市场上对商品和劳务的购买竞争加剧，物价水平上涨，如果在这时货币的名义供给量不变，实际的货币供给量必然会由于价格的上涨而减少。由于产出水平不变，用于交易需求的货币量（$m_1$）不变，只有使用于投机需求的货币量（$m_2$）减少。结果，债券价格会下跌，利率上升，必然导致私人投资减少。私人投资的减少，必将产生一系列的影响，首先使总需求减少，导致国民收入降低，影响人们的消费水平。这就是说，政府支出的增加挤占了私人的投资和消费。

短期中，由于工人存在货币幻觉或受工资契约的约束，货币工资不能随物价上涨同步增加，企业会由于工人实际工资水平的降低而增加对劳动的需求，因此，短期内就业和产量会增加。但从长期来看，工人会由于物价的上涨要求增加工资，企业也将对劳动的需求稳定在充分就业的水平上，因此，政府支出的增加只能完全地挤占私人的投资和消费，挤出效应是完全的。

当经济处于非充分就业时，政府采取扩张性财政政策，增加政府支出，同样会对私人投资产生挤出效应，但一般说来，这时政府支出的增加对私人投资的挤出效应不会是完全的。原因在于此时的经济社会存在一定的失业，政府扩张性的财政政策能使就业和产出增加一些。政府支出的增加提高了总需求水平，必然使产出水平相应提高，交易需求所需的货币量随之增加，在名义货币供给不变的情况下，货币需求就大于货币供给，利率因此而上升，从而导致私人投资水平不同程度的下降。

政府支出在多大程度上挤占私人投资取决于以下几个因素：

第一,货币需求的收入弹性。货币需求的收入弹性就是货币需求函数 $L = ky - hr$ 中的 $k$。货币需求的收入弹性越大,LM 曲线越陡峭,说明货币需求对产出水平越敏感,一定的国民收入增加所引起的货币需求的增加也大,在货币供给量不变的前提下,货币需求越大,利率上升越高,私人投资和总需求减少得越多,国民收入增加得越少,即挤出效应越大。反之,货币需求的收入弹性越小,LM 曲线越平坦,挤出效应越小。

第二,货币需求的利率弹性。货币需求的利率弹性就是货币需求函数中的 $h$。货币需求的利率弹性越小,LM 曲线越陡峭,说明货币需求对利率越敏感,一定的货币需求增加需要利率上升很多,投资和总需求减少得就多,国民收入也就减少得越多,即挤出效应越大。反之,货币需求的利率弹性越大,LM 曲线越平坦,挤出效应就越小。

第三,投资的利率弹性。投资函数 $i = e - dr$ 中的 $d$ 是投资的利率弹性,它表示投资需求对利率的敏感程度。投资的利率弹性越大,说明投资需求对一定的利率变动越敏感,IS 曲线的斜率就越小,IS 曲线越平坦,一定的利率变动所引起的投资变动也就越大,总需求和国民收入的变动就大,因而挤出效应就越大。反之,投资的利率弹性小,挤出效应也越小。

第四,支出乘数。支出乘数越小,IS 曲线斜率会越大,IS 曲线越陡峭,政府支出所引起的国民收入的增加也越少,但利率提高使投资减少所引起的国民收入的减少也越少,即挤出效应也越小。反之,支出乘数越大,IS 曲线斜率就越小,IS 曲线越平坦,挤出效应也越大。

前两个因素对挤出效应的影响,是通过 LM 曲线的斜率表现出来的;后两个因素对挤出效应的影响,是通过 IS 曲线的斜率表现出来的。在这些影响挤出效应的因素中,支出乘数主要取决于边际消费倾向。一般而言,边际消费倾向是比较稳定的,同时税率也不会轻易变动。货币需求的收入弹性 $k$ 主要取决于人们的支付习惯和制度,一般也认为其比较稳定。因此,挤出效应的大小主要取决于货币需求的利率弹性和投资的利率弹性。

## 第二节 货币政策效果

### 一、货币政策效果的 IS-LM 图形分析

货币供给量变动的政策对总需求进而对国民收入和利率影响的大小,即货币政策的效果同样不仅取决于 IS 曲线的斜率,还取决于 LM 曲线的斜率。

当 LM 曲线的斜率不变时，IS 曲线越平坦即斜率越小，实行一项货币政策改变货币供给量，LM 曲线发生移动对国民收入变动的影响越大，货币政策效果越大。反之，IS 曲线越陡峭即斜率越大，LM 曲线的移动对国民收入变动的影响就越小，货币政策效果越小，如图 4–3 所示。

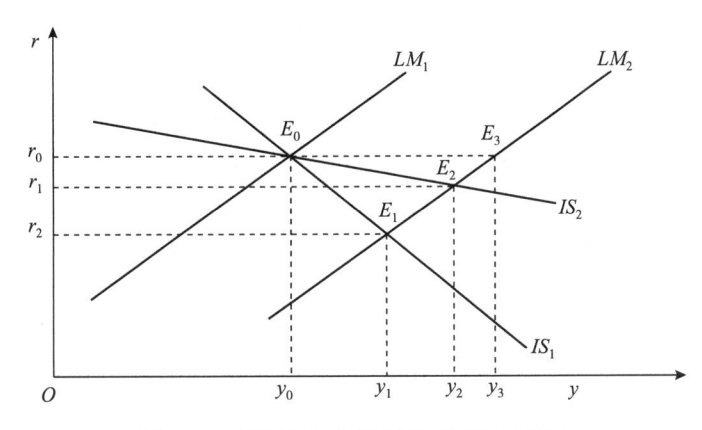

**图 4–3 货币政策效果因 IS 曲线斜率而异**

从图 4–3 中可以发现，两条 LM 曲线的斜率是相同的，IS 曲线的斜率不同。初始时，产品市场和货币市场均衡点为 $E_0$ 点，均衡收入和均衡利率相同，均为 $y_0$ 和 $r_0$。当实行扩张性货币政策，增加同样的货币供给量 $\Delta M$ 时，LM 右移的距离相同，都为 $E_0 E_3$，$E_0 E_3 = y_0 y_3 = \dfrac{\Delta m}{k}$。在这里，$k$ 是货币需求函数 $L = ky - hr$ 中的 $k$，换句话说，右移的距离等于实际货币供给量的增量与货币需求的收入弹性的比率，$y_0 y_3$ 表示利率 $r_0$ 不变时货币供给量的增加能够使国民收入增加的部分。但实际上国民收入不可能增加到 $y_0 y_3$，原因是货币供给量的增加会使利率下降，因为在增加的货币供给量中一部分要用来满足增加的货币投机需求，只有一部分才用来满足增加的货币交易需求，这部分究竟有多大，决定于货币供给量增加时国民收入能增加多少。IS 曲线斜率之所以能够影响货币政策效果，是因为 IS 曲线的斜率主要是由投资的利率弹性决定的。从图 4–3 中可以看出，IS 曲线越陡峭，斜率越大，投资的利率弹性越小，当货币供给量增加使 LM 曲线向右移动而导致利率下降时，投资不会增加许多，国民收入增加越少，即货币政策的效果越小。反之，IS 曲线平坦，表示投资的利率弹性较大，当货币供给量的增加导致利率下降时，投资将增加许多，国民收入水平将有较大幅度的提高，货币政策的效果就大。

IS 曲线的斜率不变时，货币政策效果就取决于 LM 曲线的斜率。LM 曲线斜率越大，即 LM 曲线越陡峭，货币政策使 LM 曲线移动导致的国民收入变动就越大，也就是说货币政策效果越大。反之，LM 曲线斜率越小，即 LM 曲线越平坦，LM 曲线的移动对国民收入产生的影响就越小，即货币政策效果就越小，如图 4-4 所示。

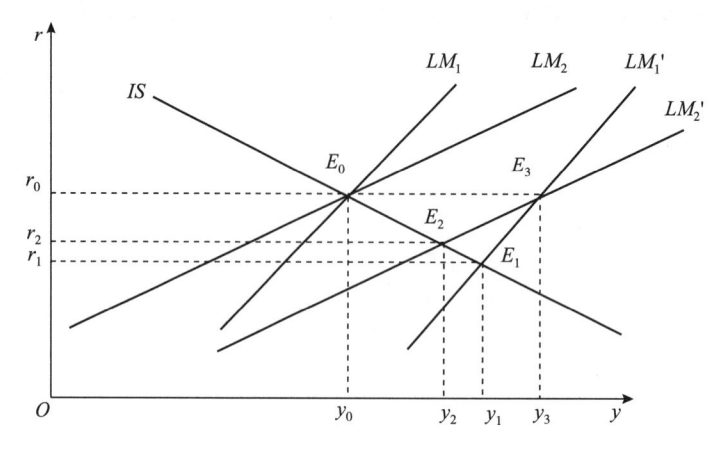

**图 4-4 货币政策效果因 LM 曲线斜率而异**

这种现象出现的原因是什么呢？LM 曲线陡峭，表示货币需求受利率影响较小，货币供给量只要稍有增加就会使利率下降许多，因而货币供给量变动对利率变动的作用较大，使得增加货币供给量的货币政策对投资和国民收入有较大的影响。反之，如果 LM 曲线较平坦，表示货币需求受利率的影响大，利率稍有变动就会使货币需求变动很大，因而货币供给量变动对利率变动影响较小，货币政策对投资和国民收入的影响较小，即货币政策的效果较小。图 4-4 中，$LM_1$ 曲线和 $LM_2$ 曲线的斜率不同，$LM_1$ 曲线的斜率大于 $LM_2$ 曲线的斜率，初始时的均衡点都为 $E_0$ 点，均衡收入 $y_0$、均衡利率 $r_0$ 都相同。若这时增加相同的货币供给量，LM 曲线右移相同的距离 $E_0E_3$，即 $y_0y_3$，由于 LM 曲线的斜率不同，政策效果大不相同，国民收入分别只增加了 $y_0y_1$ 和 $y_0y_2$，且 $y_0y_1 > y_0y_2$。

LM 曲线的斜率对货币政策效果的影响与货币需求的利率弹性有关。图 4-4 中，货币供给量增加相同时，当 LM 曲线斜率较大即 LM 曲线较陡峭时，货币需求的利率弹性就较小，或者说，货币需求对利率不太敏感，意味着货币供给的增加使利率下降得较多，利率从 $r_0$ 下降到 $r_1$，导致投资和国民收入增加得较多。相反，LM 曲线斜率较小即 LM 曲线较平坦，表示货币需求的利率弹性较大，货币供给的增加会使利率下降得较少，利率从 $r_0$ 下降到 $r_2$。总之，在 LM 曲线比较陡峭时，扩张性货币政策能使利率下降得较多，并且利率的下降对投资产生较大的刺激作用，这种货币政策的效果较大。反之，在 LM 曲线比较平坦时，货币政策的效果较小。

货币政策效果也可以用货币政策乘数表示和计量。货币政策乘数是指当 IS 曲线或产品市场均衡不变的情况下，实际货币供给量变化可以使均衡国民收入变动多少。例如，增加 1 美元的货币供给导致了国民收入增加了多少，用公式表示为：

$$\frac{dy}{dm} = \frac{1}{[1-\beta(1-t)]\frac{h}{d}+k} \tag{4.2}$$

从货币政策乘数表达式可以看出，当 $\beta$、$t$、$d$、$k$ 既定时，$h$ 越大，即货币需求的利率弹性越大，LM 曲线越平坦，则货币政策乘数就越小，货币政策效果越小。当 $h\to\infty$ 时，LM 曲线成为一条水平线，货币政策效果为零。相反，$h$ 越小，货币政策乘数越大，货币政策效果越大。同样，若其他参数不变，$d$ 越大，即投资需求的利率弹性越大，投资对利率变化越敏感，IS 曲线越平坦，货币政策乘数就越大，即货币政策效果也越大。同时，边际消费倾向 $\beta$、边际税率 $t$ 以及货币需求的收入弹性 $k$ 这些参数的大小，同样会影响货币政策乘数，影响货币政策效果。

需要强调的是，货币政策乘数与后面要讲述的货币创造乘数是两个截然不同的概念。货币创造乘数指通过商业银行的派生存款机制，准备金或高能货币的变动能带来若干倍存款的最终变动量的关系。两者的含义差异很大。

## 二、凯恩斯主义的极端情况

如上所述，LM 曲线越平坦，或者 IS 曲线越陡峭，财政政策效果就越大，货币政策效果就越小。当 LM 曲线为水平线、IS 曲线为垂直线时，财政政策十分有效，货币政策完全无效，这就是凯恩斯主义的极端情况，如图 4-5 所示。

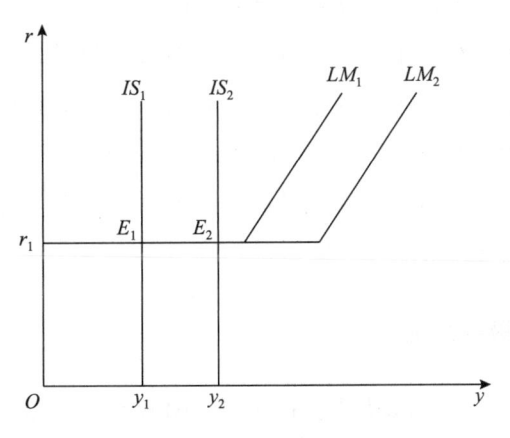

**图 4-5 凯恩斯主义极端**

第一，财政政策完全有效的原因。LM 曲线成为一条水平线，是因为货币需求对利率的弹性变得无穷大，这时向右下方倾斜的货币需求曲线成为一条水平线，由此导出的 LM 曲线也成为水平方向的曲线。在图 4－5 中，LM 曲线的水平区段就是凯恩斯区域。初始的产品市场均衡曲线为 $IS_1$ 曲线、$LM_1$ 曲线，$IS_1$ 曲线与 $LM_1$ 曲线的交点 $E_1$ 表示初始的均衡产出为 $y_1$、均衡利率为 $r_1$。

扩张性的财政政策使 $IS_1$ 曲线向右平移到 $IS_2$ 的位置，$LM_1$ 曲线与 $IS_2$ 曲线相交于 $E_2$ 点，$E_2$ 点表示政府实行扩张性的财政政策后的均衡产出为 $y_2$，但均衡利率仍然是 $r_1$。$y_1 y_2$ 即为扩张性财政政策的产出效果，$y_1 y_2 = \Delta y = k \cdot \Delta g$。

凯恩斯认为，一旦利率水平极低时，持有货币的机会成本将变得很小，极端地讲，为零，公众更愿意持有货币而不会将货币资产转化为有价证券，这时货币投机性需求曲线 $L_2$ 为水平线，如果这时货币供给不变，$L = ky$，我们可以推导出 LM 曲线为水平线，表明国民收入对利率的反应是完全有弹性的。如果此时采取扩张性的财政政策，增加政府支出或减税，会导致总产出增加即收入增加，$L_1$ 也会增加，由于货币供给不变，$L_2$ 必须减少，但由于 $L_2$ 为水平线，$L_2$ 的下降不会使利率上升，由于利率不变，挤出效应为零，政府支出的增加不会挤占私人投资，财政政策就完全有效。

第二，货币政策完全无效的原因。存在流动性陷阱时，在任意给定的较低的利率水平上，当公众持有货币的机会成本非常小以至于可以忽略不计时，公众愿意持有任何数量的货币供给量。这时无论增发多少货币量，都会沉淀在公众的手中，LM 曲线在这时成为水平线，货币供给量的任何变动都不会使水平的 LM 曲线发生上下移动，向右平移的 LM 曲线与垂直 IS 曲线仍然相交于 $E_1$ 点。在这种情况下，无论是增加还是减少货币供给量，都不会对利率和国民收入产生任何影响，货币政策处在凯恩斯区域时，便无力影响利率和国民收入，货币政策完全没有效果。

许多经济学家认为当利率水平极低且大于零时存在流动性陷阱。流动性陷阱理论的重要性在于它说明了货币政策对利率和国民收入不产生影响的条件。凯恩斯主义者据此认为，货币需求的利率弹性非常大（虽然不是无穷大），货币政策对实际产出没有影响，或影响甚微，因此，应该重视财政政策。但是，仍有许多经济学家认为，并没有任何有力的证据证明存在流动性陷阱。

### 三、古典主义的极端情况

当水平的 IS 曲线与垂直的 LM 曲线相交时，财政政策完全无效，货币政策十分有效，这就是古典主义的极端情况，如图 4－6 所示。

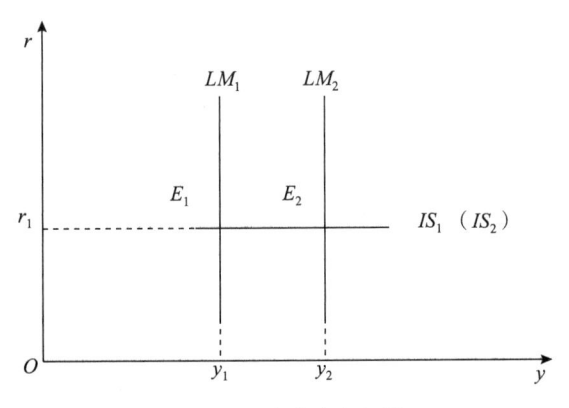

**图 4-6 古典主义极端**

第一，财政政策完全无效的原因。当货币需求对利率的弹性为零时，货币需求曲线成为一条垂直线，由此推导出的 LM 曲线也成为一条垂直线，这时，为什么政府的财政政策完全无效呢？

一方面，垂直的 LM 曲线说明货币需求的利率系数等于零，换句话说，利率已高到如此程度，既使人们持有货币的机会成本或者说损失达到极大，又使人们发现债券价格如此之低，低到只能上涨而不会再下跌的程度。此时，人们会将手中的全部货币拿去购买有价证券，人们为投机性需求所持有的货币量为零。这时，政府如果推行扩张性的财政政策而向私人部门借款（出售公债），由于私人部门的手中没有闲置货币，财政部门只能通过私人部门投资支出的减少来获得货币，而私人部门认为只有投资支出的减少收益不大于借款给政府的收益时，政府才能借到这笔款项。因此，政府的借款利率一定得上升，直到上涨到政府公债产生的收益大于私人投资的预期收益。政府支出增加多少，将使投资支出减少多少。在这种情况下，政府支出对私人投资的挤出效应就是完全的，因此，扩张性的财政政策完全无效。图 4-6 中，扩张性财政政策使水平的 $IS_1$ 曲线向右平移，但仍然与 $LM_1$ 曲线相交于 $E_1$ 点，均衡产出没有任何变化，仍为 $y_1$。

另一方面，水平的 IS 曲线说明投资需求的利率弹性无限大，利率的稍微变动都会使投资大幅度变动。当政府因增加支出或减少税收而向私人部门借钱时，利率稍有上升，私人投资便会大大减少，使挤出效应达到完全的地步。

第二，货币政策的完全有效性。垂直的 LM 曲线表明当货币需求的利率弹性为零，货币需求对利率完全缺乏弹性，人们不会对利率的变动做出任何反应，即人们没有对货币的投机性需求。因此，增加的货币供给会被人们全部用来增加交易性需求，为此，国民收入必须大大增加。另外，水平的 IS 曲线说明投资对利率极为敏感，货币供给的增加使利率的一点点下降都会使投资极大地增加，从而使国民收入极大增加。图 4-6 表明，货币供给量增加，即 $LM_1$ 曲线向右平移到 $LM_2$ 曲线的位置，与水平的 $IS_1$ 曲线相交于 $E_2$ 点，利率没有上升，仍是 $r_1$。同时，均衡收入由 $y_1$ 增加到 $y_2$，$y_1 y_2$ 正好等于货币的增加量，没有产生任何挤出效应，货币量的变动对收入水平有最大的效应。

垂直的 LM 曲线被称为古典主义极端，是因为在古典经济学家看来，货币需求仅同收入有关，与利率的高低没有什么关系。货币需求对利率极不敏感，货币需求的利率弹性几近于零，故 LM 曲线是一条垂直的线。垂直的 LM 曲线意味着货币供给量对国民收入水平的影响非常大，货币政策效应很大。这一观点与古典的货币数量论有关，这一理论的核心是认为人们之所以持有货币，仅仅是因为交易的便利，货币数量决定了价格水平，它仅依赖于名义国民收入，并不取决于利率的高低。

## 第三节　两种政策的混合使用

从前面的分析可以看出，如果一定时期经济处于萧条状态，政府无论采取扩张性货币政策还是扩张性财政政策以及两种政策的搭配，都可以用于扩大总需求，增加国民收入。又由于凯恩斯区域和古典区域都是极端的情况，在实际中很少存在，因此，决策者在制定政策时既可选择财政政策，也可选择货币政策，或将两种政策结合起来使用。

### 一、政策的选择

当均衡的国民收入低于充分就业的国民收入时，决策者可以进行多种政策选择。一是采取扩张性财政政策，使 IS 曲线向右移动，增加总需求和国民收入，但也使利率上升；二是采取扩张性货币政策，使 LM 曲线向右移动，可以增加国民收入水平，但使利率下降；三是同时采取扩张性财政政策和扩张性货币政策，搭配使用这两种政策。

根据 IS-LM 模型的分析可知，扩张性财政政策和扩张性货币政策对均衡的国民收入和利率有不同的影响，见表 4-1。

表4-1 财政政策与货币政策的不同效果

| 政　　策 | 均衡的国民收入 | 均衡利率 |
|---|---|---|
| 扩张性财政政策 | 增加 | 上升 |
| 扩张性货币政策 | 增加 | 下降 |

尽管这两种政策都可以增加总需求，使国民收入增加，但两者有一定的差别。货币政策的实施是通过对利率的影响来影响总需求的，因此，货币政策主要是刺激对利率的变动非常敏感的那些投资支出与消费支出——尤其是住房建设投资。原因是住房建设投资是一种长期投资，利率的变动对其影响最大。扩张性财政政策的不同影响见表4-2。

表4-2 扩张性财政政策的影响

|  | 利率 | 消费 | 私人投资 | 国民收入 |
|---|---|---|---|---|
| 政府购买支出增加 | 上升 | 增加 | 减少 | 增加 |
| 减少所得税 | 上升 | 增加 | 减少 | 增加 |
| 增加转移支付 | 上升 | 增加 | 减少 | 增加 |
| 投资补贴 | 上升 | 增加 | 增加 | 增加 |

采用扩张性财政政策，使IS曲线右移，可以增加产量，但利率也会上升。财政政策如何影响总需求的各组成部分则取决于采取的是何种具体的政策措施。政府购买支出的增加将使总需求与国民收入增加，消费水平也由于国民收入的提高而提高，但由于利率水平的提高会部分地挤占私人投资，私人投资将受到影响。所得税的减少和转移支付的增加，都将使消费水平提高，导致总需求和国民收入增加，但由于利率提高，仍然会影响投资，投资将会因利率上升而减少。只有对投资进行直接补贴，才会使投资增加，尽管利率也会上升，但它是先有投资增加而后才有利率上升。

由此可见，决策者在进行决策时，如果要刺激总需求，就须考虑究竟要刺激总需求的哪一部分。如果要刺激私人投资，最好使用财政政策中的投资补贴政策；要刺激投资中的住房建设，就应采取货币政策；若刺激消费，则可采取增加转移支付和减少所得税的财政政策。当然，要治理萧条，就要分析引起萧条的原因是投资不足还是消费不足。另外，不同政策的选择还会对不同的人群产生不同的影响，社会政治问题也是影响决策的因素。

## 二、财政政策和货币政策的搭配使用

从 $IS-LM$ 模型的分析中可以看出，能使政策效果得以最好发挥的方法是将财政政策和货币政策配合起来使用，如图4-7所示。

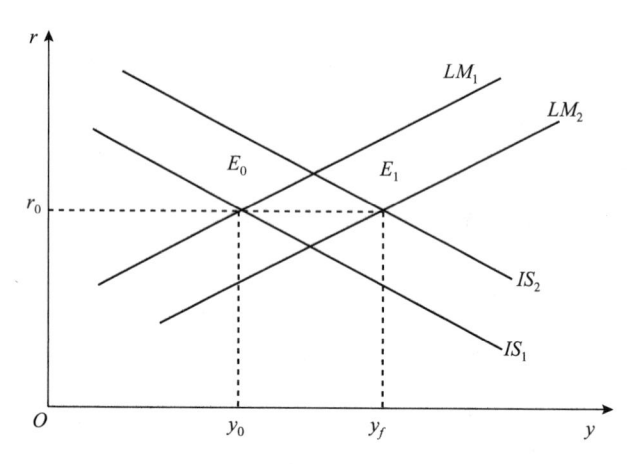

**图4-7 财政政策和货币政策的搭配使用**

在图4-7中，假设经济处于非充分就业的均衡点为 $E_0$ 点，产出水平为 $y_0$，利率为 $r_0$，充分就业的产出水平是 $y_f$。要达到充分就业的产出水平 $y_f$，政府可以有几种不同的政策选择：可采用扩张性财政政策使 $IS$ 曲线右移，也可采用扩张性货币政策使 $LM$ 曲线右移。虽然采用这两种政策都可使产出达到 $y_f$，但会使利率发生较大幅度的变动，即上升或下降，而利率的变动会影响投资，进而影响总需求，使总产出发生变动。现在如果想使产出增加又不使利率发生变动，唯一可行的办法是将扩张性财政政策和扩张性货币政策配合使用。如图4-7所示，为了将产出量从 $y_0$ 提高到 $y_f$，可实行扩张性财政政策，使产出水平上升，但仅使用扩张性财政政策，利率将上升，为了使利率不因为产出的增加而上升，政府可采用相应的货币政策，增加货币的供给量，保持利率水平不变。图4-7中，扩张性财政政策使 $IS_1$ 右移到 $IS_2$，实现新的均衡，新的均衡出现在 $IS_2$ 曲线与 $LM_1$ 曲线的交点，此时的利率高于 $r_0$ 的水平，发生挤出效应，产量也不可能达到 $y_f$。若这时加上"适应性"的货币政策，按利率不上升的要求，增加一定的货币供给量，使 $LM_1$ 曲线右移到 $LM_2$ 曲线的位置，则可保证利率不会上升，私人投资不被挤占，产量便可达到 $y_f$。

不同的财政政策和不同的货币政策可以形成多种组合，某种组合的政策效果有时由于财政政策和货币政策两者的力度不同而无法确定。例如，图4-7中 $IS$ 曲线和 $LM$

曲线移动的幅度相同，因而，产出增加，利率不变；如果 IS 曲线右移的幅度大于 LM 曲线右移的幅度，即财政政策的影响大于货币政策的影响，产出会增加，利率将会上升；反之，IS 曲线右移的幅度小于 LM 曲线右移的幅度，产出仍会增加，但利率会下降。因此，两种政策的搭配使用对利率的影响是不确定的。表 4-3 总结了政策搭配使用的效应。

表 4-3 财政政策和货币政策搭配使用的政策效应

| 政策搭配 | 产出 | 利率 |
| --- | --- | --- |
| 扩张性财政政策和紧缩性货币政策 | 不确定 | 上升 |
| 紧缩性财政政策和紧缩性货币政策 | 减少 | 不确定 |
| 紧缩性财政政策和扩张性货币政策 | 不确定 | 下降 |
| 扩张性财政政策和扩张性货币政策 | 增加 | 不确定 |

如果政府可以有多种政策选择，就要做出权衡取舍，在实现充分就业均衡的同时，兼顾其他政策目标的实现。当经济处于萧条状态但不十分严重时，可采用第一种政策组合，以扩张性财政政策刺激总需求，又以紧缩性货币政策抑制通货膨胀。因为扩张性财政政策尽管会产生挤出效应，但对刺激总需求还是有一定的作用的，而紧缩性货币政策通过减少货币的供给量可以抑制由于货币供给量过多而引起的通货膨胀。

当经济发生严重的通货膨胀时，可采用第二种组合。通过紧缩货币提高利率，从货币供给方面抑制通货膨胀；通过紧缩财政，降低总需求水平，从需求方面抑制通货膨胀，同时防止利率上升过高。

当经济中出现通货膨胀但又不十分严重时，可采用第三种组合，通过紧缩财政压缩总需求，消除财政赤字，但又通过扩张性货币政策降低利率，刺激总需求，以防止财政过度紧缩引起的衰退。

当经济严重萧条时，可采用第四种组合，这样能有力地刺激经济。扩张性财政政策使总需求增加，但提高了利率水平，用扩张性的货币政策可以抑制利率的上升，以克服扩张性财政政策的挤出效应，在保持利率水平不变的情况下，刺激了经济。

IS-LM 模型为财政政策和货币政策的分析与运用提供了一个有用的工具，但这种分析更多地停留在理论上，在实践中运用还需要考虑更多的具体因素。例如，运用扩张性货币政策刺激总需求时，要考虑不同投资者对利率反应的差别。假如投资决策基本是由私人做出的，投资的利率弹性就大，那么这种货币政策的作用就大；相反，如果投资决策基本是由政府做出的,或受到其他政治经济因素的影响,那么投资的利率弹性就小,这时货币政策刺激投资的作用会很小,有时不仅不会起到应有的作用,可能由于货币量的增加而导致通货膨胀的发生。同时,$IS-LM$ 模型分析只是一种短期的静态分析,并没有涉及总供给、价格水平、对外贸易等因素,现实中的经济问题要比理论分析复杂得多。

# 第五章 总需求－总供给模型

## 第一节 总需求函数和总需求曲线

### 一、总需求函数和总需求曲线

总需求是经济社会对产品和劳务的需求总量。总需求由消费需求、投资需求、政府需求和国外需求构成，其中国外需求由国际经济环境决定，而政府需求体现为一个政策变量，因此消费需求和投资需求是决定总需求量的基本因素。

总需求函数是产品市场和货币市场同时达到均衡时的一般价格水平 $P$ 与国民收入 $y$ 之间的关系。总需求函数可以表示为：$y = f(P)$，在其他条件不变的情况下，当一般价格水平 $P$ 提高时，均衡国民收入 $y$ 就减少；当一般价格水平 $P$ 下降时，均衡国民收入 $y$ 就增加，二者的变动方向相反。

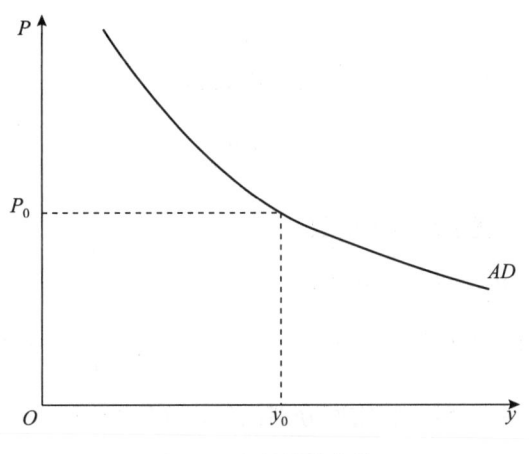

图 5-1 总需求曲线

表示均衡国民收入与一般价格水平呈反方向变动关系的曲线就是总需求曲线。总需求曲线是总需求函数的几何表达形式，图 5-1 中向右下方倾斜的 $AD$ 曲线就是总需求曲线。

## 二、总需求函数和总需求曲线的推导

### 1. 从产品市场与货币市场的均衡推导总需求函数

下面以两部门经济为例说明总需求函数的推导。

IS 曲线方程为：

$$S(y) = I(r) \tag{5.1}$$

LM 曲线方程为：

$$\frac{M}{P} = L_1(y) + L_2(r) \tag{5.2}$$

当产品市场与货币市场同时达到均衡时有：

$$S(y) = I(r) \tag{5.3}$$

$$\frac{M}{P} = L_1(y) + L_2(r) \tag{5.4}$$

在这一模型中有两个方程和 $y$、$r$、$P$ 三个变量，从中可以解得作为价格水平函数的均衡国民收入 $y$：

$$y = f(P) \tag{5.5}$$

同时还可以解得作为价格水平函数的均衡利息率 $r$：

$$r = r(P) \tag{5.6}$$

其中的 $y = f(P)$ 就是总需求函数。

下面我们试举一例进一步加以说明：

设名义货币供给 $M = 150$ 亿元，实际货币需求函数：$\frac{M}{P} = 0.2y - 4r$，$I(r) = 120 - 3r$，$S(r) = -100 + 0.5y$，将它们分别代入式 (5.3) 和式 (5.4)，从中可以求出 $y$ 的解式，得到：

$$y = \frac{173}{P} + 338.5 \tag{5.7}$$

式（5.7）就是总需求函数，从式（5.7）中可以看出 y 与 P 的反向变动关系。

**2. 由简单收入决定模型推导总需求曲线**

图 5-2（a）表示简单收入决定模型，$AE_0$ 表示价格为 $P_0$ 时的总支出曲线，$AE_0$ 与 45°线的交点 $E_0$ 决定的产量为均衡产出 $y_0$。图 5-2（b）表示价格水平与均衡产出关系模型，纵轴表示一般价格水平 P，横轴表示总产出 y。当总支出曲线为 $AE_0$ 时，价格水平为 $P_0$，产出为 $y_0$，由此可以在（b）图上找到相应点 $A(P_0, y_0)$。当价格水平从 $P_0$ 下降到 $P_1$ 时，总支出从 $AE_0$ 上升到 $AE_1$，总支出曲线上移。

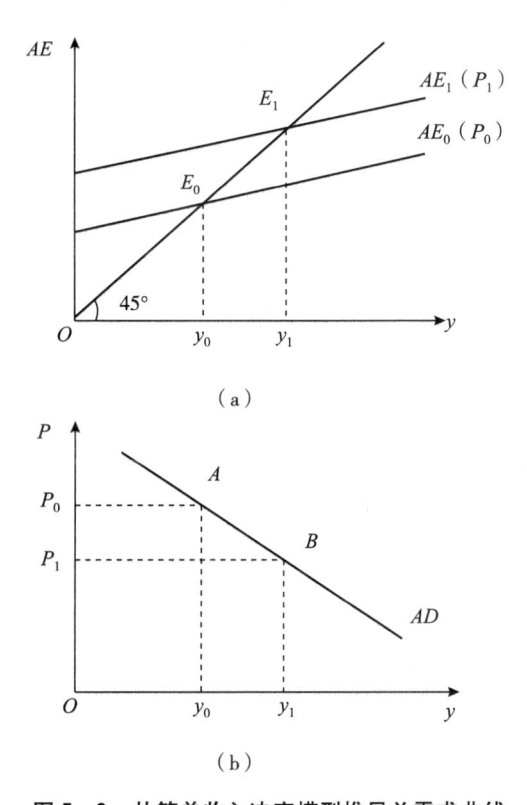

**图 5-2 从简单收入决定模型推导总需求曲线**

一般价格水平从 $P_0$ 下降到 $P_1$ 导致总支出曲线上移的原因是价格水平下降会引起总支出的增加。这源于以下三个方面。首先，价格水平下降可以使个人消费增加，从而导致消费曲线向上移动。这意味着当价格下降时，人们持有的货币以及以货币固定价值的资产的实际价值升高，人们会变得较为富有。这种效应称为实际余额效应，即以实物计算的财富增加会使消费支出增加。其次，价格水平的降低可以通过利率的变化导致资本品投资增加。在货币供给不变的条件下，价格水平的降低会使交易动机的货币需求减少、利率下降，进而导致投资水平提高。这种价格水平变动引起利率同方向变动，同时投资和产出水平反方向变动的情况，称为利率效应。最后，价格水平的降低会使出口产品更具有国际市场竞争力，因此出口会增加。

总之，在价格水平下降时，消费、投资和出口的增加将导致总支出水平的提高，进而使总支出曲线从 $AE_0$ 线向上移动到 $AE_1$ 的位置。$AE_1$ 线与 45°线的交点 $E_1$ 决定了更高的均衡产量 $y_1$，在图 5-2（b）上可以找到相应点 $B$（$P_1$，$y_1$）。将 $A$ 点与 $B$ 点连接即可得到总需求曲线 $AD$，$AD$ 线表示在每一特定价格水平下的总需求水平。总需求曲线向右下倾斜表示一般价格水平与总需求的反向变动关系。

**3. 由 IS-LM 模型推导总需求曲线**

图 5-3（a）是一个 IS-LM 模型。IS 曲线的位置取决于财政政策，一般不随价格变化而变动。LM 曲线的位置取决于名义货币量 $M$ 和既定的价格水平 $P$，假设名义货币量 $M$ 为常量，LM 曲线的位置就由价格水平 $P$ 的变动来决定。当价格为 $P_1$ 时，$LM$（$P_1$）与 IS 曲线相交于 $E_1$ 点，此时的均衡国民收入为 $y_1$，在图 5-3（b）中可以找到与 $P_1$ 和 $y_1$ 相对应的点 $A$（$P_1$，$y_1$）。

价格水平从 $P_1$ 降到 $P_2$，由于货币供应量 $M$ 不变，较低的价格水平使货币需求下降，货币市场的非均衡状态将导致利率下降，从而使投资增加，进一步促使产出增加，LM 曲线将向右移动到 $LM$（$P_2$）的位置，它与 IS 曲线的新交点为 $E_2$，此时的均衡国民收入为 $y_2$，在图 5-3（b）图中可以得到与 $P_2$ 和 $y_2$ 相对应的另一个点 $B$（$P_2$，$y_2$）。随着 $P$ 的变化，LM 曲线和 IS 曲线会存在许多交点，每个交点都对应一个特定的 $y$ 值，诸多 $P$ 和 $y$ 的组合点，构成图 5-3（b）图中的一系列点，再将这些点连在一起，就得到总需求曲线 $AD$。

**4. 关于总需求曲线的两点说明**

对于总需求曲线 $AD$ 还有以下两点需要说明。

第一，图 5-2 表现的是总支出曲线与价格水平的关系，图 5-3 表现的是产品市场和货币市场共同均衡时所确定的国民收入与价格水平之间的关系，为什么可以把这种关系称为总需求呢？这是因为在产品市场均衡中，决定均衡国民收入的是总支出，即总购买，均衡国民收入在量上等于总支出（总购买）。产品市场和货币市场的共同均衡包含产品市场均衡在内，其中已经包含了总支出（总购买）决定并等于均衡国民收入的内容，所以产品和货币市场共同均衡时与价格水平相对应的均衡国民收入自然是由总支出（总购买）所决定并等于总支出（总购买）的量。因此，总支出（总购买）就是总需求，由此推出的 $AD$ 线就可以称为总需求曲线。

第二，总需求曲线与单个商品的需求曲线在形式上是相同的，都表现了产量和价

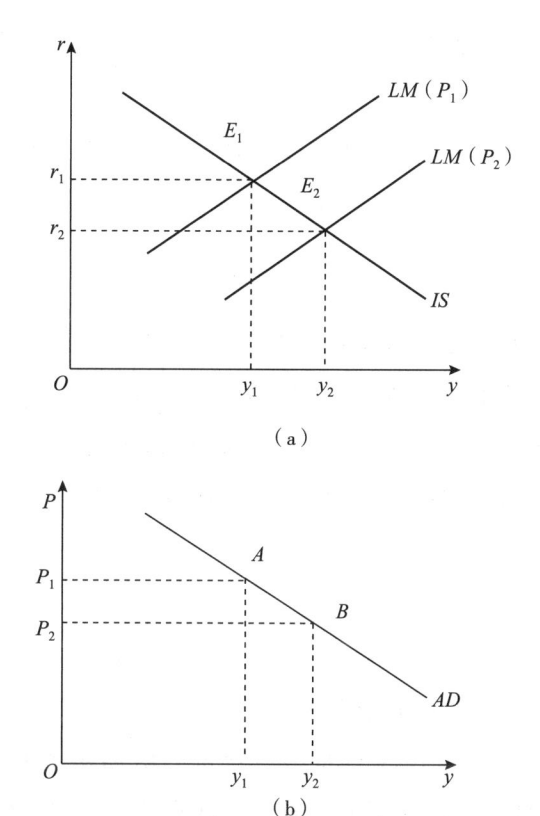

图 5-3 从 $IS-LM$ 模型推导总需求曲线

格的关系，并且都是一条向右下方倾斜的曲线。但是两者在本质上是不同的，两者除了所包含的经济内容不同之外，曲线向下倾斜的原因也不同。单个商品需求曲线向下倾斜的原因在于替代效应和收入效应，而总需求曲线向下倾斜的原因在于利率效应，即当价格水平上升时，实际货币供给减少，导致利息率上升，投资支出减少，投资支出的减少又会导致均衡国民收入减少。可见，不能从向右下方倾斜的单个商品需求曲线直接推出向右下方倾斜的总需求曲线。

## 第二节 总供给函数和总供给曲线

### 一、总生产函数与潜在产量

#### 1. 总生产函数

总供给是经济社会的总产出，总供给主要由劳动力、生产性资本存量和技术状态所决定。总生产函数又称宏观生产函数，是指整个国民经济的生产函数，它表示总投入与总产出之间的关系。

假设一个经济社会在既定的技术水平下使用劳动和资本两种要素进行生产，那么总生产函数可以表示为：

$$y = f(N, K) \tag{5.8}$$

式（5.8）中，$y$ 为总产出，$N$ 为社会就业量，$K$ 为社会资本存量。总生产函数表明，一个经济社会的产出取决于整个社会的就业量和资本存量。资本存量是由过去各年投资决定的，新增投资量在短期内相对资本存量的影响非常有限，因此可以把资本存量看作一个不变的常量，用 $\bar{K}$ 表示经济社会现有的资本存量。这样总生产函数又可以表示为：

$$y = f(N, \bar{K}) \tag{5.9}$$

式（5.9）表示总产量与就业量之间的关系，总产量随就业量的变化而变化，是就业量的函数。其性质如下：①总产量随就业量的增加而增加，二者同方向变化；②在"边际报酬递减规律"的作用下，随着总就业量的增加，总产出以递减的比率增加。

因此，总生产函数的特征可以分成三个阶段来描述（如图5-4所示）。在图5-4（a）中，横轴表示总产量，纵轴表示就业量，$y = f(N, \bar{K})$ 曲线是总生产函数曲线。在第一阶段，即 $0 < N < N_1$ 的阶段，总产量随就业量增加而增加，且增加率不变，所以总生产函数曲线是向上倾斜的直线。在第二阶段，即 $N_1 < N < N_2$ 阶段，总产量随就业量增加而增加，但增加率越来越小，所以总生产函数曲线是相对 $N$ 轴向右下凹的曲线。在第三阶段，即 $N > N_2$ 阶段，因为劳动的边际生产力 $MP$ 为零，国民收入不随就业量增加而增加，所以生产函数曲线是垂直于横轴的直线。在图5-4（b）中，横轴表示劳动的边际产品 $MP$，纵轴表示就业量，$MP$ 曲线是劳动的边际产品曲线。在第一阶段，即 $0 < N < N_1$ 阶段，$MP$ 是常数，所以劳动的边际产品曲线是垂直于横轴的直线。第二阶段，即 $N_1 < N < N_2$ 阶段，劳动的边际产品是递减的，所以劳动的边际产品曲线是倾斜的。第三阶段，即 $N > N_2$ 阶段，劳动的边际产品等于零，所以，劳动的边际产品曲线与纵轴重合。具体用式子表示为：

第一阶段：$0 < N < N_1$，有 $\dfrac{dY}{dN} > 0$，$\dfrac{d^2Y}{dN^2} = 0$。在此阶段，总产量随就业量增加而增

加，并且增长率不变，$\frac{dY}{dN}$ 为劳动的边际产品，用 MP 表示，在此阶段 MP 为正值，并且不变。

第二阶段：$N_1 < N < N_2$，有 $\frac{dY}{dN} > 0$，$\frac{d^2Y}{dN^2} < 0$。在此阶段，总产量随就业量增加而增加，但增长率越来越小，劳动的边际生产力 MP 虽然为正值，但在变小，即劳动边际生产力呈现出递减的趋势。

第三阶段：$N > N_2$，有 $\frac{dY}{dN} = 0$。在此阶段，总产量不随就业量增加而增加，劳动的边际生产力 MP 为零。

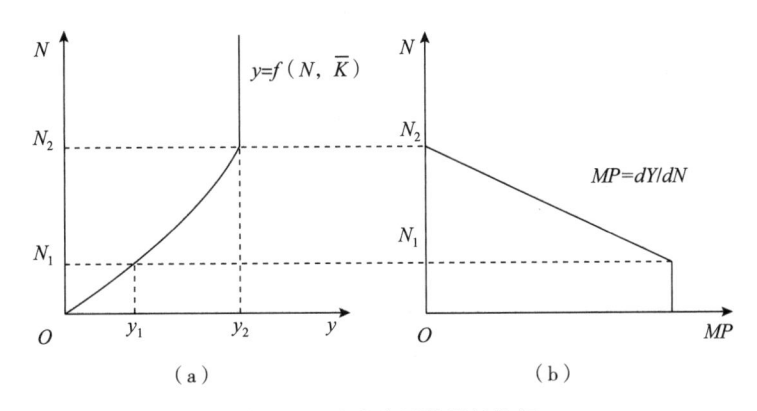

图 5-4 总生产函数及其特征

**2. 潜在产量**

潜在产量又称充分就业的产量，是在现有资本和技术条件下，经济社会的潜在就业量所能生产的产量。用总生产函数表示为：

$$y^* = f(N^*, \overline{K}) \tag{5.10}$$

式（5.10）中，$N^*$ 为潜在就业量，$y^*$ 为潜在产量。

潜在就业量或充分就业量是指一个社会在现有激励条件下所有愿意工作的人都参加生产活动时所达到的就业量。当就业量等于潜在就业量时，失业率等于经济摩擦和自愿不工作等原因造成的自然失业率。当就业量低于潜在就业量时，失业率高于自然失业率。当社会生产量在充分就业的条件下达到了其潜在产量时，标志着该经济社会的经济资源得到了充分的利用。当然，经济社会的潜在就业量会随着人口的增长而增长。

## 二、劳动市场均衡

总生产函数说明总产量（总供给）是劳动就业量的函数，而劳动就业量是由劳动市场均衡决定的，所以需要进一步研究劳动市场均衡。为了简化分析，下面以完全竞争的劳动市场为例加以说明。

**1. 社会劳动需求曲线。**

厂商对劳动的需求取决于厂商利润的最大化条件，社会对劳动的需求就是全体厂商对劳动的需求，因此，社会对劳动的需求也取决于利润最大化条件，而厂商的利润则取决于收入和成本的比较。假设名义国民收入构成厂商的总体收入，名义国民收入为 $Py$，其中，$P$ 是价格水平，$y$ 是实际国民收入。生产函数中假设仅有劳动量这一个变量，所以，厂商的总成本为货币工资率与劳动量的乘积。货币工资率是单位劳动的货币工资，用 $W$ 表示，如果总成本为 $WN$，则利润为 $\pi = Py - WN$，利润对劳动量的一阶偏导，得到：$\frac{\partial \pi}{\partial N} = P\frac{\partial Y}{\partial N} - W$。令 $\frac{\partial \pi}{\partial N} = P\frac{\partial Y}{\partial N} - W = 0$，最大利润条件为：

$$\frac{\partial Y}{\partial N} = \frac{W}{P} \tag{5.11}$$

由此可以得出利润最大化条件是：劳动的边际产量等于实际工资率。这一条件决定了劳动的需求，图 5-5 可以更直观地反映出最大利润条件。

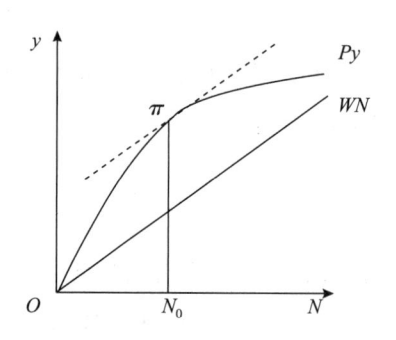

**图 5-5 利润最大化的就业量**

式（5.11）表明劳动需求量是实际工资率的函数，劳动需求量与实际工资率之间的关系为：

$$Nd = Nd\left(\frac{W}{P}\right) \tag{5.12}$$

$Nd$ 与 $\dfrac{W}{P}$ 呈反向变动关系。$\dfrac{W}{P}$ 越低，劳动需求量越大；$\dfrac{W}{P}$ 越高，劳动需求量越小。

图 5-6 是劳动需求函数的几何表达形式。当实际工资为 $(W/P)_0$ 时，劳动的需求量为 $N_0$；当实际工资从 $(W/P)_0$ 下降到 $(W/P)_1$ 时，劳动需求量由 $N_0$ 增加到了 $N_1$ 的水平。

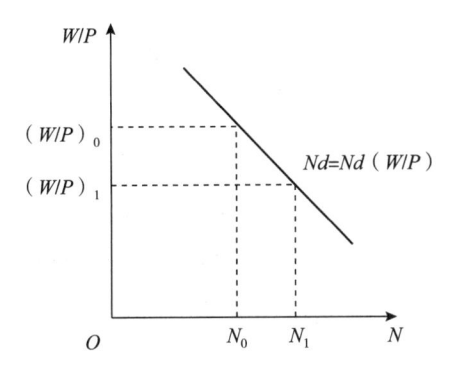

**图 5-6 社会劳动需求曲线**

### 2. 社会劳动供给曲线

社会劳动供给也是实际工资率的函数，社会劳动供给函数可表示为：

$$Ns = Ns\left(\dfrac{W}{P}\right) \qquad (5.13)$$

劳动供给是实际工资的增函数。实际工资越低，劳动供给量越小；实际工资越高，劳动供给量越大。这源于人们对劳动感到厌恶和不快，只有较多的报酬，才能诱使人们提供更多的劳动，实际工资率越高，人们愿意提供的劳动量越多，反之则越少。

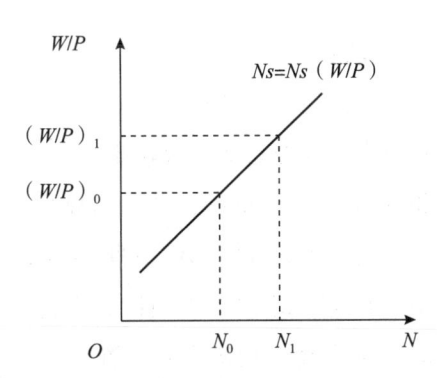

**图 5-7 社会劳动供给曲线**

图 5-7 是社会劳动供给的几何表达，当实际工资为 $(W/P)_0$ 时，劳动供给量为 $N_0$；当实际工资从 $(W/P)_0$ 上升到 $(W/P)_1$ 时，劳动供给量从 $N_0$ 增加到 $N_1$。

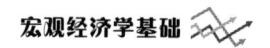

### 3. 劳动市场均衡

劳动市场均衡由劳动需求和劳动供给两种相反的力量共同决定。如图 5-8 所示，劳动市场的均衡就业量 $N_0$ 和均衡实际工资率 $(W/P)_0$ 由劳动需求曲线和劳动供给曲线的交点来决定，劳动市场的均衡条件为：

$$Ns\left(\frac{W}{P}\right) = Nd\left(\frac{W}{P}\right) \tag{5.14}$$

图 5-8 展示了劳动市场均衡的形成过程。如果劳动市场上的实际工资率高于 $(W/P)_0$ 达到 $(W/P)_1$ 的水平，此时劳动供给量为 $N_2$，而劳动需求量为 $N_1$，出现劳动市场供过于求的现象，这会促使实际工资率向下调整，直到劳动市场达到供求相等时为止。如果实际工资率低于 $(W/P)_0$，则会出现劳动市场供不应求的现象，实际工资率会向上调整，直至达到均衡状态为止。

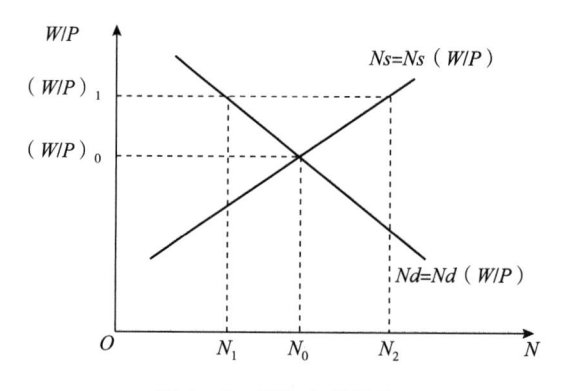

**图 5-8 劳动市场均衡**

### 4. 关于劳动市场的进一步说明

关于劳动市场的均衡，还应注意以下几点。

第一，就业量不可能超过潜在就业量或充分就业量。

第二，如果工资和价格是完全可调整的，劳动市场可以在充分就业时达到均衡，此时的总产出等于潜在产量。这是古典经济学模型假设的状况。

第三，如果货币工资率具有向下调整的"刚性"，在价格水平 $P$ 不变的条件下，实际工资率不能下降，当实际工资率高于均衡实际工资率时，就会出现非自愿失业，例如当劳动市场的实际工资率达到 $(W/P)_1$ 时，会出现 $N_1N_2$ 的非自愿失业。这是凯恩斯宏观经济模型假设的情况。

### 三、总供给函数和总供给曲线

总生产函数说明实际国民收入是就业量的函数，劳动市场的均衡说明就业量由利润最大化条件和实际工资率决定，下面将结合以上两方面来讨论由劳动市场均衡决定的国民收入，同时说明总供给的特征。

总供给模型由总生产函数式（5.9）和最大利润条件式（5.11）组成，即：

$$\begin{cases} Y = f(N, \bar{K}) \\ \dfrac{\partial Y}{\partial N} = \dfrac{W}{P} \end{cases} \quad (N < N_f, N_f 为充分就业量)$$

如果将 $W$ 看作常数，有 $y$、$N$、$P$ 三个变量，从两个方程中可推出劳动市场均衡时的国民收入与价格水平之间的关系为：

$$y = f(P) \tag{5.15}$$

此外，从方程中还可以推出就业量与价格水平之间的关系：

$$N = f(P) \tag{5.16}$$

式（5.15）$y = f(P)$ 就是总供给函数，它表示国民产品（收入）与价格水平之间的函数关系，国民产品（收入）是价格水平的函数。

根据总生产函数的性质和劳动市场的均衡可以将总供给函数分成三个阶段（如图 5-4 所示）。

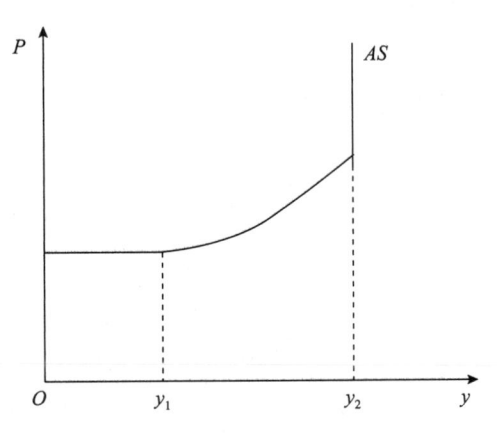

**图 5-9 总供给曲线**

第一阶段，$0 < N < N_1$，$0 < y < y_1$。在这一阶段，劳动的边际生产率 $MP$ 为常数，实际工资率也为常数。在货币工资率一定的条件下，价格水平不变，总供给曲线在图

5-9中呈现为水平线，该段曲线也被称为凯恩斯萧条模型的总供给曲线。凯恩斯认为，在严重的经济萧条状态下，社会中存在着大量闲置的劳动力和资本设备。在资源没有得到充分利用、社会上存在大量失业者时，厂商可以在既定工资水平下得到所需要的任何数量的劳动力。如果仅考虑劳动力成本因素，平均生产成本不会随产量的增加而增加，价格水平也不会随产量的增加而提高，厂商可以在既定价格下供给任何数量的产品，所以，当整个社会的生产量或国民收入增长时，价格水平和货币工资率可以保持大致不变，总供给曲线是一段与横轴平行的线。

凯恩斯的这种理论以西方国家 1929—1933 年的大萧条时期为背景，这一区间又被称为凯恩斯区间。

第二阶段，$N_1 < N < N_2$，$y_1 < y < y_2$。在这一阶段，国民产品（收入）与价格水平成正向相关，在图形上表现为向右上方倾斜的曲线，表明价格水平上升，将导致国民产品（收入）增加，价格水平下降会导致国民产品（收入）减少。因为在货币工资率一定的条件下，价格水平上升，实际工资率下降，劳动需求量增加，使国民产品（收入）增加。这一阶段被称为中间区间，同时也被视为总供给曲线的正常状态。

第三阶段，$N = N_2$，$y = y_2$。在这一阶段，由于就业量不能超过 $N_2$，所以价格水平的上升不会增加劳动市场的就业量，所以也不会增加国民产品（收入），也就是说总供给不能超过 $y_2$ 的水平，总供给曲线变为在 $y_2$ 的水平上垂直于横轴的直线。

古典经济学假设工资和价格是完全可伸缩的量，通过工资和价格的调整，劳动市场可以在充分就业水平上达到均衡，总产出达到潜在产量。这时即使价格水平上升，产量也无法增加，因此这时的总供给曲线是在充分就业条件下垂直于横轴的直线，表示价格无论怎么提高，供给总水平仍然等于 $y_2$。这一阶段又被称为古典区间。

图 5-10 是总供给曲线 AS 的几何方法推导。图 5-10（a）表示总生产函数曲线，（b）是劳动市场均衡图。在（c）图中，横轴是实际工资率，纵轴是价格水平，曲线 W 表示在特定的货币工资率下，实际工资率与价格水平之间的函数关系，又可称为货币工资率曲线。货币工资率 W 等于实际工资率 w 与价格水平 P 的乘积，即 $W = w \cdot P$，每一个货币工资率对应一条货币工资曲线，货币工资率越高，曲线离原点越远。当国民收入为 $y_1$ 时，就业量为 $N_1$，实际工资率为 $w_1$，这时的价格水平为 $P_1$。由此可以确定与国民收入 $y_1$ 对应的价格水平 $P_1$，在图 5-10（d）中 $y_1$ 与 $P_1$ 构成点 A。

当 $0 < N < N_1$ 时，劳动的边际产品量 MP 为定值，劳动需求曲线是垂直线。在这个区间实际工资率不变，为 $w_1$，价格水平也不变；在相对应的 $0 < y < y_1$ 区间里，价格水平都是 $P_1$，在图（d）中 AS 线是一段高度为 $P_1$ 的水平线 $P_1 A$。

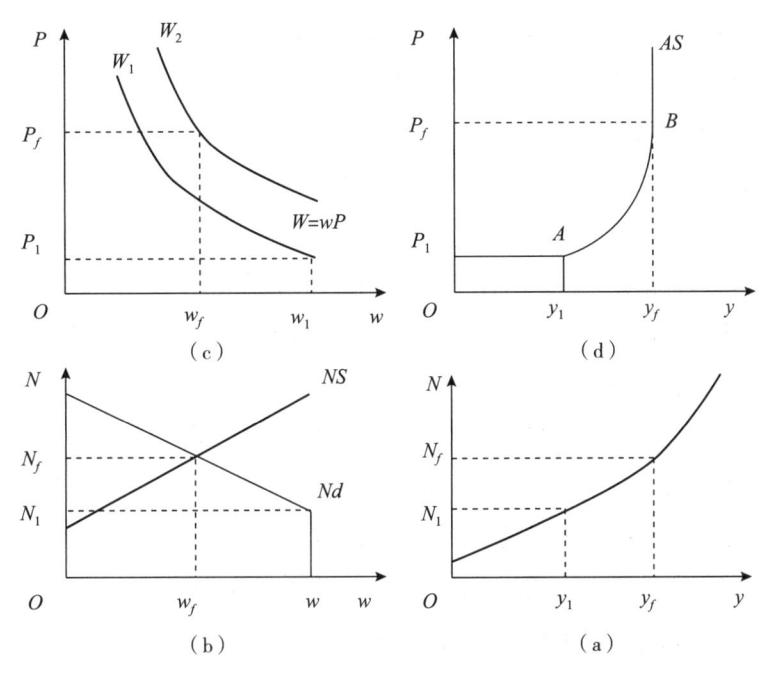

图 5-10 总供给曲线的推导

当 $N = N_f$ 时，国民收入为 $y_f$，实际工资率为 $w_f$，价格水平为 $P_f$，在图 5-10（d）中 $y_f$ 与 $P_f$ 构成点 $B$。在 $B$ 点之上的价格水平高于 $P_f$，这时劳动已达到充分就业，劳动供给无法增加，但此时的劳动需求增加了，货币工资率 $W_1$ 会上升到 $W_2$，从而使劳动供求相等，而实际工资率仍为 $w_f$，就业量仍为 $N_f$，国民收入仍保持在 $y_f$ 的水平上。因此 $B$ 点以上的 $AS$ 线是一段垂直线。

当 $N_1 < N < N_f$ 时，如果价格水平从 $P_1$ 向上升，将导致实际工资率下降，劳动需求增加，就业量也会增加，从而使国民收入增加，此时价格水平 $P$ 与国民收入 $y$ 是同方向变动关系，因此在 $A$ 点与 $B$ 点之间，$AS$ 线是向上倾斜的曲线。

将上述三段线连接起来，便构成了总供给曲线 $AS$。

# 第三节 总需求与总供给的均衡模型

## 一、总需求与总供给均衡

总需求与总供给的均衡是产品市场、货币市场和劳动市场的共同均衡，可以进一步说明价格水平和国民收入水平的决定。

前面已经解释了总需求函数和曲线与总供给函数和曲线，总需求曲线和总供给曲线结合起来，就可以构成总需求与总供给模型，即 AD – AS 模型。在图 5 – 11 中，AD 曲线是由总需求函数决定的总需求曲线，AS 曲线是由总供给函数决定的总供给曲线，AD 与 AS 的交点 E 为均衡点，$y_e$ 为均衡国民收入，$P_e$ 为均衡价格水平。

这里应当明确，总供求的均衡是通过市场的内在机制自动实现的。当价格水平高于 $P_e$ 例如为 $P_1$ 时，总需求会由 $y_e$ 减少到 $y_1$，总供给却由 $y_e$ 增加到 $y_2$，总供给大于总需求会造成价格水平下降，直到 $P_e$ 为止。如果价格水平低于 $P_e$，总需求会大于总供给，价格水平会上升，直到均衡时为止。

古典经济学认为，在市场机制的作用下，总供求会自动均衡于充分就业的国民收入水平。凯恩斯主义经济学则认为，在市场机制的自发作用下，总供求虽然能自动达成均衡，但却不一定刚好为充分就业的国民收入水平，当均衡点低于潜在产量 $y_f$ 的水平时，经济便处在失业状态。例如在图 5 – 11 中的均衡国民收入 $y_e$ 就是小于潜在产量 $y_f$ 的均衡国民收入，此时经济中有非自愿失业存在。

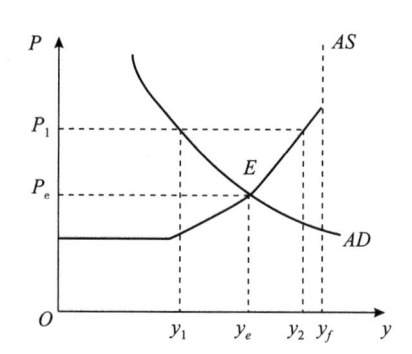

**图 5 – 11　总需求与总供给的均衡**

## 二、总需求与总供给均衡的变动

从图 5 – 11 可知，总供求均衡点决定均衡的国民收入和均衡的价格水平。均衡点的位置取决于 AD 线和 AS 线的位置，AD 线和 AS 线位置的任何移动都将导致均衡点的变动，而价格水平以外的其他因素所引起的总供求的变动都会引起 AD 线或 AS 线的移动，从而导致均衡国民收入的变动。

总需求曲线移动的主要因素有以下几个。

第一，自发投资支出的变化。自发投资支出的增加会引起总需求曲线向右移动，引起国民收入增加和价格水平上升；投资支出减少会引起总需求曲线向左移动，引起国民收入减少和价格水平下降。

第二，自发储蓄的变化。自发储蓄的增加会引起 AD 线向左移动，自发储蓄的减少引起 AD 线向右移动。自发储蓄变化对国民收入变化的影响，在方向上与自发投资变化的作用相反。

第三，货币供给的变化。在国民收入未达到充分就业国民收入区间时（中间区间），货币供给增加会引起总需求曲线 AD 向右移动，货币供给减少会引起总需求曲线 AD 向左移动。由此可见，在中间区间，货币供给与国民收入正向相关，货币供给增加导致国民收入增加，货币供给减少则导致国民收入减少。

总供给曲线移动的主要因素有以下几个。

第一，货币工资率的变化。在未达到充分就业的产量之前，货币工资率提高会使总供给曲线向左移动，从而使均衡点向上移动，国民收入减少，价格水平上升。反之则相反。

第二，技术进步的影响。其他条件不变，技术进步意味着劳动生产率提高，劳动的边际产品量增加，从而增加劳动需求。这意味着技术进步会使 AS 线向右移动，使国民收入增加，价格水平下降。

第三，劳动供给的变化。劳动供给增加会降低劳动边际产品，从而使总供给曲线向右移动，国民收入增加，价格水平下降。反之则相反。

## 第四节　总需求曲线与总供给曲线移动的效应

### 一、总需求曲线移动的效应

假设总供给曲线 AS 不变，总需求曲线 AD 移动的效应根据总供给曲线的三个区间的特性不同而不同。

#### 1. 凯恩斯情形

在总供给曲线的凯恩斯区间，AS 线是价格水平不变条件下的水平线。如果初始均衡点位于 $E_1$ 点，那么任何可以使 AD 线移动的因素，都不能影响价格水平，但却能影响国民收入。例如当总需求曲线从 $AD_1$ 移动到 $AD_2$ 时，达到新均衡点 $E_2$，国民收入从 $y_1$ 增加到 $y_2$，但价格水平不变，仍保持在 $P_1$ 的水平上，如图 5-12 所示。

#### 2. 古典情形

在古典情形下，总供给曲线 AS 是在充分就业的国民收入水平上的垂直于横轴的线，

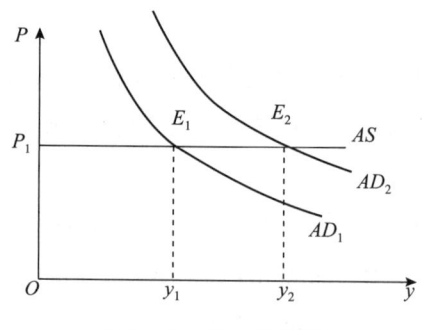

图 5-12 凯恩斯情形

表明无论价格水平如何变动,总供给量都为 $y_f$,因此古典情形与凯恩斯情形完全不同。

自主投资支出增加、储蓄减少、消费增加都会导致 AD 线向右移动,如图 5-13 所示。最初均衡点为 $E_1$ 点,当总需求曲线从 $AD_1$ 向右移动到 $AD_2$ 时,在 $P_1$ 价格水平上的总需求增加了,但厂商不可能获得新增劳动力来增加产量,即产品供给对新增的需求无法做出反应。

由于厂商试图在供不应求的劳动市场上雇佣更多的工人,这抬高了工资和生产成本,因此,他们必须提高产品价格。同时,对产品需求的增加会导致更高的价格,但产量却不能增加。随着价格水平的提高,总需求沿着 $AD_2$ 线从 $E_3$ 开始减少,直至达到新的均衡点 $E_2$ 为止。在 $E_2$ 点,均衡价格水平为 $P_2$,均衡国民收入不变,仍为 $y_f$。

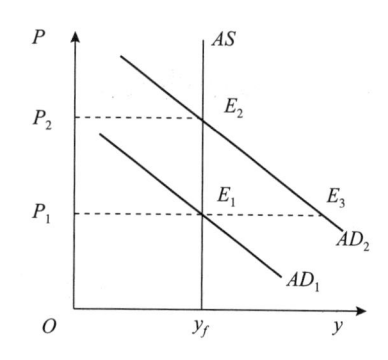

图 5-13 古典情形下的总支出增加

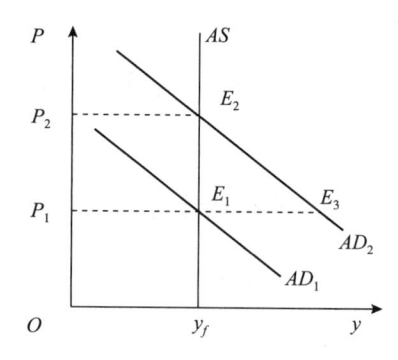

图 5-14 古典情形下的货币扩张

图 5-14 是古典情形下名义货币扩张(货币总供给增加)的效应。图中的 $E_1$ 点为初始充分就业均衡点,$AD_1$ 与 AS 在此点相交。假设名义货币存量增加,相应地,总需求曲线 $AD_1$ 向右移动到 $AD_2$。假如价格固定,经济均衡点会移动至 $E_3$,但在产量固定不变的条件下,总需求的增加导致了对产品的超额需求,厂商们对劳动力需求的竞争推动工资和成本的上涨,价格也随之上涨,直到产品的超额需求消失为止。此时,经

济在 AS 曲线与新的总需求曲线 $AD_2$ 相交的 $E_2$ 点达到新的均衡。可见，只有当总需求再次与充分就业的供给量相等的时候，价格上升的压力才会消失。

在经济均衡从 $E_1$ 点移动到 $E_2$ 点的过程中，没有产量的变化，而只有价格水平的变化，价格与名义货币量以同一比例上升。从图 5-14 中可以发现，作为对名义货币增加的反应，AD 曲线会以与货币增加比例相同的比例向上移动一段距离。因此，在 $E_2$ 点，实际货币存量 $M/P$ 恢复到其初始水平。在 $E_2$ 点，名义货币和价格水平都以同一比例变动，均衡产量则维持不变。由此得到古典模型的一个重要结论：在古典供给条件下，名义货币的增加将促使价格水平同比例上升，但利率和实际产出维持不变。这种货币存量变动只导致价格水平的变化而实际产量与就业量不变的情况，被称为货币中性。

### 3. 一般情形

在一般情形下，总供给曲线是向右上方倾斜的曲线，总需求的变动引起国民收入与价格水平的同方向变动，如图 5-15 所示。

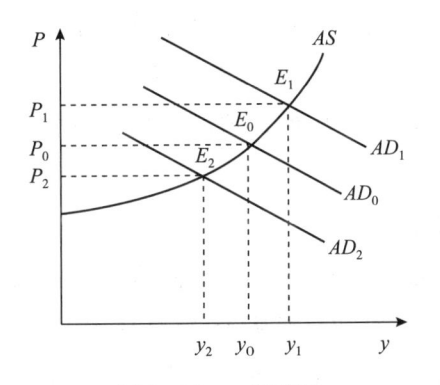

**图 5-15 一般情形**

在图 5-15 中，AS 与 $AD_0$ 相交于 $E_0$ 点，国民收入为 $y_0$，价格水平为 $P_0$。当总需求增加，$AD_0$ 右移到 $AD_1$ 与 AS 相交于 $E_1$，决定了新的国民收入为 $y_1$，价格水平为 $P_1$，这表明总需求增加使国民收入由 $y_0$ 增加到 $y_1$，使价格水平由 $P_0$ 上升为 $P_1$。相反，当总需求减少，AD 线从 $AD_0$ 左移到 $AD_2$ 与 AS 相交于 $E_2$，决定了国民收入为 $y_2$，价格水平为 $P_2$，这表明总需求减少使国民收入由 $y_0$ 减少为 $y_2$，使价格水平由 $P_0$ 下降为 $P_2$。

这里需要注意的是，正常情形下的 AS 曲线各部分的弹性是不同的。在总供给曲线平坦、弹性较大的部分，经济中存在着大量过剩的生产能力，如果总需求曲线从 $AD_1$ 移动到 $AD_2$，这时产量较大幅度的变化只伴随着价格较小幅度的变化，见图 5-16（a）。另一方面，在总供给曲线较陡峭、弹性较小的部分，经济产量接近于其潜在生产能力，如果总需求曲线从 $AD_3$ 移动到 $AD_4$，产量变化很小，而价格却变动很大，见图 5-16（b）。

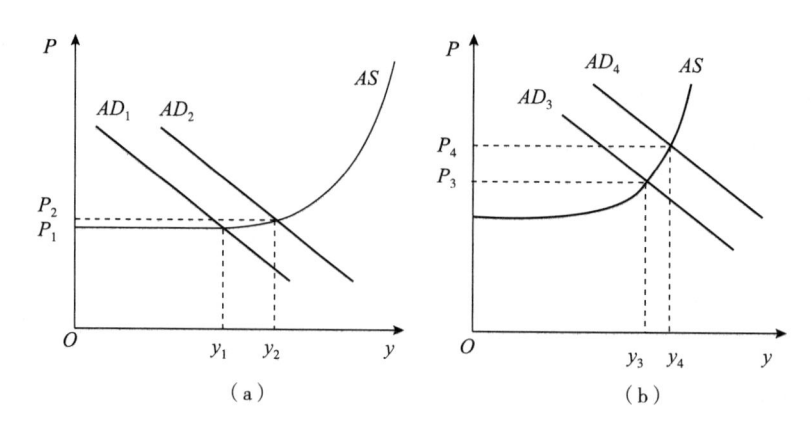

图 5-16 一般情形下总需求曲线移动的不同效应

## 二、总供给曲线移动的效应

**1. 总供给曲线向右移动**

由前文分析可知，技术进步、劳动供给的增加等因素都可以使 AS 线移动，图 5-17 表明了 AS 线右移的效应。假设由于技术进步，总供给曲线发生了向右的移动，从 $AS_0$ 移到 $AS_1$，新均衡点为 $E_1$，这时，均衡价格水平下降，均衡国民收入增加。

**2. 总供给曲线向左移动**

当进口投入品（如石油）价格上涨时，厂商的生产成本普遍提高，此时 AS 曲线会向左移动。如图 5-18 所示，总供给线从 $AS_0$ 提高到 $AS_1$ 的位置，表明厂商在每一价格水平上愿意生产的产量都下降了。AS 线的左移使均衡价格水平上升，均衡国民收入却下降。

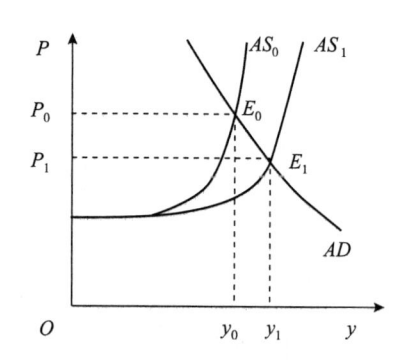

图 5-17 总供给曲线右移的效应

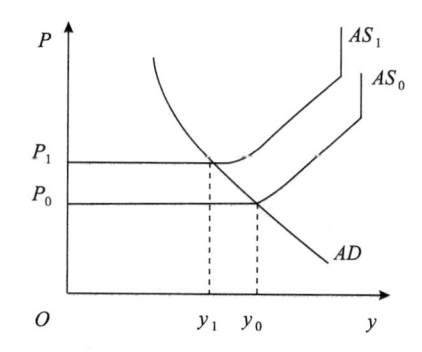

图 5-18 总供给曲线左移的效应

## 第五节　凯恩斯主义对经济波动的解释

$AD-AS$ 模型是解释宏观经济波动的重要理论工具。凯恩斯主义经济学称向右上方倾斜的总供给曲线为短期总供给曲线，称垂直于横轴的总供给曲线为长期总供给曲线，基于此，针对宏观经济波动的解释如下。

### 一、短期均衡的决定

在短期内，国民收入和价格水平的决定有两种情况，如图 5-19 所示。

第一种情况是 $E$ 点所示情况。图中的 $AD$ 是总需求曲线，$ASs$ 是短期总供给曲线，总需求曲线和短期总供给曲线的交点 $E$ 决定的产量或收入为 $y$，价格水平为 $P$，二者都处于很低的水平，这种情况表示经济处于萧条状态。

第二种情况是 $E'$ 点所示情况。当总需求增加，总需求曲线从 $AD$ 向右移动到 $AD'$ 时，短期总供给曲线 $ASs$ 和新的总需求曲线 $AD'$ 的交点 $E'$ 决定的产量或收入为 $y'$，价格水平为 $P'$，二者都处于很高的水平，这种情况表示经济处于高涨状态。

假如石油价格上涨或工资水平普遍提高等原因使总供给曲线向左移动，但总需求曲线不变，就会发生经济停滞和通货膨胀（价格水平上涨）同时出现的情况，也就是通常所说的滞胀局面。如图 5-20 所示，$AD$ 是总需求曲线，$ASs$ 是短期总供给曲线，两者的交点 $E$ 决定的产量或收入为 $y$，价格水平为 $P$。由于出现供给冲击，短期总供给曲线向左移动到 $ASs'$，总需求曲线和新的短期总供给曲线 $ASs'$ 的交点 $E'$ 决定的产量或收入为 $y'$，价格水平为 $P'$，这个产量低于原来的产量，而价格水平却高于原来的价格水平，这种情况表示经济处于滞胀状态，即经济停滞和通货膨胀结合在一起的状态。上述的萧条状态、高涨状态和滞胀状态都是短期存在的状态。

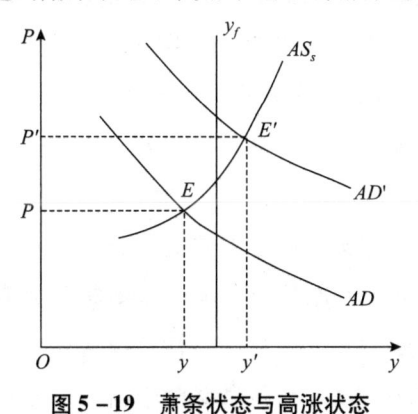

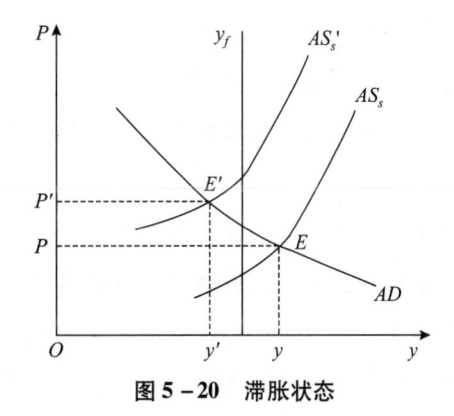

图 5-19　萧条状态与高涨状态

图 5-20　滞胀状态

## 二、长期均衡的决定

在长期内,一切价格都能够自由地涨落,经济具有达到充分就业的趋势,所以总供给曲线表现为垂直于横轴的线。

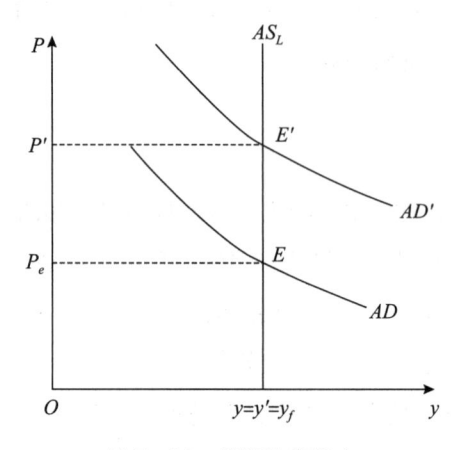

图5-21 长期均衡状态

图5-21中的$AS_L$是长期总供给曲线,它和潜在产量线完全重合,总需求曲线$AD$和长期总供给曲线$AS_L$的交点$E$决定的产量为$y$,价格水平为$Pe$。当总需求增加使总需求曲线$AD$向右移动到$AD'$的位置时,总需求曲线$AD'$和长期总供给曲线$AS_L$的交点$E'$决定的产量为$y'$,价格水平为$P'$。由于$y=y'=y_f$,所以,在长期中,总需求的增加只提高了价格水平,而不会改变产量或收入。

综上所述,凯恩斯主义认为总供给-总需求模型可以用来解释萧条状态、高涨状态和滞胀状态的短期收入和价格水平的决定,也可以用来解释充分就业状态的长期收入和价格水平的决定。在政策主张上,凯恩斯主义认为,虽然经济在长期内可以处在充分就业的均衡状态,但在短期内,萧条和过度繁荣乃至滞胀状态是不可避免的,这些情况仍然可以给社会带来经济损失,因此有必要推行反周期经济政策,以熨平萧条和过度繁荣所带来的经济波动,使经济趋近于持续稳定的充分就业状态。

本章在分析中提及古典经济学与凯恩斯主义经济学的许多不同之处,二者的区别如下。

第一,在假设前提方面。古典经济学与凯恩斯主义经济学主要有三方面区别。一是在工资理论上,凯恩斯主义假设货币工资具有向下的刚性;古典学派则假设货币工资具有完全弹性。二是在货币需求理论上,凯恩斯主义假设有交易性货币需求、谨慎性货币需求和投机性货币需求,货币需求取决于国民收入和利息率两个因素;古典学派则假设只有交易性货币需求，货币需求仅取决于国民收入一个因素。三是在消费和储蓄理论上，凯恩斯主义假设国民收入中消费、储蓄两部分的比例是由国民收入决定的；古典学派则假设这一比例是由利息率决定的。由于凯恩斯主义和古典学派都假设投资由利息率决定，所以凯恩斯主义认为储蓄和投资是由 $r$ 和 $y$ 两个因素决定的，而古典学派则认为，两者都是由 $r$ 这一个因素决定的。

第二，在国民收入、价格水平和利息率决定方面。凯恩斯主义认为三者相互联系，由产品市场、货币市场、劳动市场三个市场的共同均衡决定。古典学派则认为，国民收入是由劳动市场均衡决定的，而利息率是由资本市场均衡决定的。

第三，在结论方面。凯恩斯主义认为在没有政府作用的经济系统中，仅靠市场机制的作用，国民收入均衡可能低于充分就业均衡，因而不能保证充分就业，非自愿失业是一种可以在均衡状态下存在的经济现象。古典学派则认为，在没有政府作用的经济系统中，仅靠市场机制就可以使国民收入达到充分就业均衡的状态，因而不会存在非自愿失业现象。

# 第六章 开放条件下的宏观经济分析

## 第一节 国际收支与汇率

当一国的公众购买外国的商品、服务或金融资产时,该国国民收入的一部分流往国外;相反,当一国的商品、服务或金融资产被外国人购买时,交易伙伴国的国民收入就流向本国。要理解开放经济的宏观经济模型,首先要了解反映国民收入国际流动状况的国际收支平衡表。同时,无论是去国外旅游还是购买外国的商品、服务或金融资产,都需要用本国货币去兑换交易对方所指定国家的货币,因此,要了解开放经济的运行机制,必须了解外汇市场和汇率的作用。

### 一、国际收支平衡表

**1. 国际收支**

国际收支是一定时期内一国与他国之间经济交易的系统记录。一国国际经济交易的内容包括商品劳务与商品劳务之间的交换,金融资产与商品劳务的交换以及金融资产与金融资产等的交换。狭义的国际收支是指一国在一定时期内同其他国家为清算到期的债权债务所发生的外汇收支的总和。因此,国际收支也可以表示一国在一定时期内,从国外收进的全部货币资金和向国外支付的全部货币资金的对比关系。一国国际收支的状况集中反映在一国的国际收支平衡表中。

**2. 国际收支平衡表**

国际收支平衡表是在一定时期内(通常为一年)一国与他国间所发生的国际收支按项目分类统计的一览表,它集中反映了该国国际收支的具体构成和总体面貌。

国际收支平衡表按照现代会计学复式簿记原理编制,即以借贷为符号,以"有借必有贷,借贷必相等"为原则来记录每笔国际经济交易。其记账规则是:引起本国外汇收入的项目记入贷方,记为" + "(通常省略);引起本国外汇支出的项目记入借方,记为" - "。

国际收支平衡表由以下几个账户组成：

①经常项目账户。该账户记录商品与劳务的交易以及转移支付。表6-1列出了经常账户所记录的交易内容。

②资本和金融项目账户。该账户记录国际资本流动或一国资本的输入、输出情况。资本和金融账户记录的内容，如表6-2。

③净差错与遗漏项目。在实际国际收支平衡表中借贷并不总是相等的，其原因包括统计中的重复计算和漏算、走私或资本外逃等因素造成的借贷差额，净差错与遗漏账户专门记录这个借贷余额。

④储备与相关项目。该项目是平衡项目，如果上述项目总差额为"-"，则该项目记"+"，表示储备资产减少或官方对外负债增加；如果上述项目总差额为"+"，则该项目记"-"，表示储备资产增加或官方对外负债减少。这个项目借贷记录的符号与其他项目的记录符号相反，其目的是为了达到国际收支平衡表借贷关系的最终平衡。

表6-1 经常项目账户项目表

|  | 贷方 | 借方 |
| --- | --- | --- |
| 商品 | 一般商品出口 | 一般商品进口 |
|  | 加工品出口 | 加工品进口 |
|  | 商品修理 | 商品修理 |
|  | 运输工具在港口获得的商品 | 运输工具在港口获得的商品 |
|  | 非货币黄金 | 非货币黄金 |
| 服务 | 运输 | 运输 |
|  | 旅游 | 旅游 |
|  | 通信服务 | 通信服务 |
|  | 建筑服务 | 建筑服务 |
|  | 保险服务 | 保险服务 |
|  | 金融服务 | 金融服务 |
|  | 计算机和信息服务 | 计算机和信息服务 |
|  | 专有权利使用费和特许费 | 专有权利使用费和特许费 |
|  | 其他商业服务 | 其他商业服务 |
|  | 个人文化和娱乐服务 | 个人文化和娱乐服务 |
|  | 政府服务 | 政府服务 |

续表

|  | 贷方 | 借方 |
|---|---|---|
| 收入 | 雇员补偿<br>直接投资收入<br>　股息和红利<br>　再投资收益和未分配利润<br>　债务收入（利息）<br>证券投资收入<br>　股票<br>　债券和票据<br>　货币市场工具和金融衍生品<br>其他投资收入 | 雇员补偿<br>直接投资收入<br>　股息和红利<br>　再投资收益和未分配利润<br>　债务收入（利息）<br>证券投资收入<br>　股票<br>　债券和票据<br>　货币市场工具和金融衍生品<br>其他投资收入 |
| 经常转移 | 政府<br>其他部门<br>　工人汇款<br>　其他经常转移 | 政府<br>其他部门<br>　工人汇款<br>　其他经常转移 |

资料来源：IMF，Balance of Payments Statistics yearbook，1998.

### 表 6–2　资本与金融账户项目表

| | | | 贷方 | 借方 |
|---|---|---|---|---|
| 资本项目 | 资本转移 | 政府 | 债务豁免<br>其他资本转移 | 债务豁免<br>其他资本转移 |
| | | 其他部门 | 移民转移<br>债务豁免<br>其他资本转移 | 移民转移<br>债务豁免<br>其他资本转移 |
| 金融项目 | 直接投资 | 股权资本 | 对附属企业的债权<br>对附属企业的债务 | 对附属企业的债权<br>对附属企业的债务 |
| | | 再投资收益 | | |
| | | 其他资本 | 对附属企业的债权<br>对附属企业的债务 | 对附属企业的债权<br>对附属企业的债务 |
| | 证券投资 | 股票 | 货币当局<br>政府<br>银行<br>其他部门 | 货币当局<br>政府<br>银行<br>其他部门 |

续表

| | | | 贷方 | 借方 |
|---|---|---|---|---|
| 金融项目 | 证券投资 | 债务凭证 | 债券和票据<br>货币市场工具<br>金融衍生品 | 债券和票据<br>货币市场工具<br>金融衍生品 |
| | 其他投资 | 贸易信用 | 政府<br>其他部门 | 政府<br>其他部门 |
| | | 贷款 | 货币当局<br>政府<br>银行<br>其他部门 | 货币当局<br>政府<br>银行<br>其他部门 |
| | | 货币和存款 | 货币当局<br>政府<br>银行<br>其他部门 | 货币当局<br>政府<br>银行<br>其他部门 |

资料来源：IMF, Balance of Payments Statistics yearbook, 1998.

### 3. 国际收支的平衡

按照复式簿记原理进行编制的国际收支平衡表本身的借贷总是相等的，因此判断国际收支平衡与否不能以国际收支平衡表中的最终平衡关系为依据，而是要以国际收支平衡表中的经常账户和资本金融账户的借贷关系平衡与否为依据。经常账户和资本金融账户出现借方金额与贷方金额不相等，表明该国的国际收支不平衡。经常账户的借贷关系不相等时，当借方金额大于贷方金额，余额为"－"时，称为有国际收支逆差或贸易逆差，当借方金额小于贷方金额，余额为"＋"时，称为有国际收支顺差或贸易顺差。表6-3是某国某年度国际收支平衡表，从表中可知，该国该年的经常项目余额为正数，有贸易顺差29718万美元，资本和金融项目余额也为正数，有顺差22957万美元，两项合计为52675万美元，减去错误和遗漏项目的16818万美元，该国有国际收支顺差35857万美元，相应地，储备资产项目增加35857万美元，但要记为－35857万美元。

表 6-3　某国某年度国际收支平衡简表

| 分类 | 金额/万美元 |
| --- | --- |
| 1. 经常项目 | 29718 |
| ①商品：出口（F.O.B） | 182670 |
| 　　　　进口（F.O.B） | -136448 |
| 　　　　差额 | 46222 |
| ②服务：贷方 | 24581 |
| 　　　　借方 | -30306 |
| 　　　　余额［①+②］ | 40497 |
| ③收入：贷方 | 3174 |
| 　　　　借方 | -19097 |
| 　　　　余额［①+②+③］ | 24574 |
| ④经常转移：贷方 | 5477 |
| 　　　　　　借方 | -333 |
| 2. 资本项目 | -21 |
| 　资本项目：贷方 | — |
| 　　　　　　借方 | -21 |
| 总计：［1+2］ | 29697 |
| 3. 金融项目 | 22978 |
| ①对外直接投资 | -2563 |
| 　引进外国直接投资 | 44236 |
| ②证券投资：资产 | -899 |
| 　　　　　　负债 | 7703 |
| ③其他投资：资产 | -33929 |
| 　　　　　　负债 | 8430 |
| 总计：［1+2+3］ | 52675 |
| 4. 错误和遗漏净额 | 16818 |
| 总计：［1+2+3+4］ | 35857 |
| 5. 储备及有关项目 | -35857 |
| 　储备资产 | -35857 |
| 　使用基金信用和贷款 | — |
| 　特殊融资 | — |

资料来源：IMF, Balance of Payments Statistics yearbook, 1998.

**4. 开放经济中的内外均衡**

在封闭经济中的国民经济均衡分析只考虑国内充分就业与价格稳定问题，一旦实现了充分就业和物价稳定，也就实现了宏观经济管理的目标。但在开放经济中，国民经济的均衡不仅要考虑对内均衡，而且要考虑对外均衡。在这里，对外均衡是指国际收支均衡。因此，如何同时实现对内均衡和对外均衡是开放条件下的宏观经济分析所要解决的问题。

### 二、汇率与汇率制度

**1. 汇率**

汇率是国家（或地区）之间不同货币的兑换比率。汇率通常有两种表示方法：一是直接标价法，它以外币作为标准单位，以一定数额的本币表示交换单位外币的比率。例如，在我国香港外汇市场上，某日的外汇汇率标价为 1 美元兑换 7.7550 港元。二是间接标价法，它以本国货币为标准单位。在国际外汇市场上，欧元、英镑、澳元等均为间接标价法。例如，在德国外汇市场上，某日的外汇汇率标价为 1 欧元兑 0.9705 美元。

在直接标价法下，汇率直观地表现为交换一个单位的外币所需支付的本币数量，因此汇率又常常被称为外币的价格。汇率上升意味着外币升值，本币贬值，即外币变得更贵，汇率市场上外汇牌价中的数字变大；汇率下降则意味着外币贬值，本币升值，即外币变得更便宜，汇率市场上外汇牌价中的数字变小。在本章分析中所指的汇率都是以直接标价法表示的汇率。

**2. 汇率制度**

汇率制度是一国货币当局对本国货币与外币交换时汇率确定方法的规定，规定的内容不同，汇率制度就不同。世界上的汇率制度主要有两大类，一种是固定汇率制度，另一种是浮动汇率制度。

固定汇率制是两国货币比价基本固定，汇率的波动被控制在一定幅度之内。为了维持固定汇率，一国货币当局必须经常运用贴现政策工具调控市场汇率，或者动用黄金外汇储备平抑市场汇率的波动。当这些办法仍不能平衡汇率的波动时，货币当局也可以实行外汇管制乃至宣布货币法定贬值或升值，重新调整本币与他国货币的比价关系。

浮动汇率制是货币当局不规定汇率波动的幅度，外汇市场根据市场供求状况的变化自发决定汇率，政府不承诺维持固定汇率，对外汇市场一般也不进行干预。

### 3. 汇率的决定

汇率的决定根据各国汇率制度的不同而有所差异。

①浮动汇率制下的汇率决定。在自由浮动汇率制下，汇率由外汇市场的供求关系决定。在外汇市场上存在着外汇供给和外汇需求两种力量。人们基于购买外国商品、在国外进行投资和投机活动或出于保值等动机而对外汇有需求。一方面外汇需求随着外汇汇率的上升而减少，随着外汇汇率的下降而增加，因此外汇的需求曲线向右下方倾斜，如图6-1的$D$线。另一方面，出口商人、从国外抽回投资的经营者以及外汇市场上的投机者等构成外汇市场的供给，外汇的供给与外汇汇率同方向变动。在图6-1中，供给曲线$S$是向右上方倾斜的。在供求两种相反力量的相互作用下，汇率最终在$D$线与$S$线的交点处$E$达到均衡，此时的汇率$e_0$是市场均衡汇率，外汇交易量$Q_0$是市场均衡交易量。

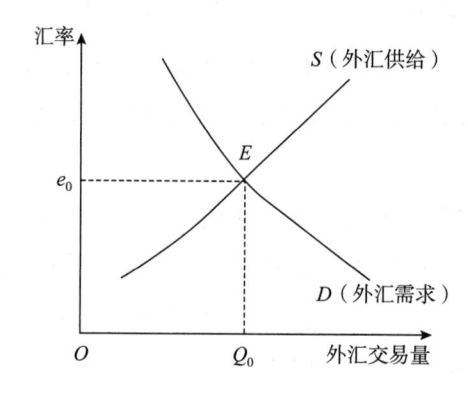

**图6-1 汇率的决定**

在同一汇率水平下，一方面外汇需求的增加会引起需求曲线向右移动，如进口增加或对外投资增加，$D$线从$D_0$移至$D_1$的位置，如图6-2所示。另一方面，在同一汇率水平下，外汇供给的增加会使供给曲线向右移动，如出口能力增加或吸引外资能力增加使$S$线从$S_0$移动到$S_1$的位置。需求曲线和供给曲线的移动改变均衡汇率的水平，形成新的均衡点。

②固定汇率制下的汇率决定。在固定汇率制下，本国货币与外国货币之间的交换比率由一国的货币当局决定。但是一国货币当局在决定本国货币与外国货币的交换比率时也不能随心所欲，而要有一定的依据，即要有一个平价或基准价。实行固定汇率制国家的政府在实际决定汇率时要考虑的因素很多，如本国经济实力、出口能力、吸引外资能力等，从理论上说，汇率决定的依据主要是购买力平价。

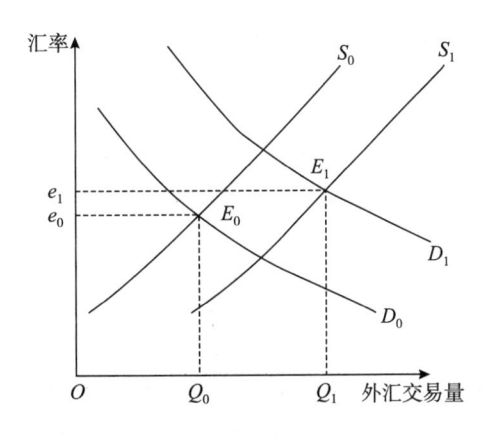

图 6-2 均衡汇率的变动

购买力平价理论认为,本国人需要外国货币是因为外国货币在其发行国有购买力,外国人需要本国货币是因为本国货币在本国有购买力。人们按一定比率用本币购买外币,也就是购进了外币的购买力,因此两国货币之间的兑换率要由两国货币的实际购买力决定。因为货币的购买力是一般物价水平的倒数,所以两国货币的汇率就可以由两国一般物价水平之比来决定,即:

$$e = \frac{\sum P_A}{\sum P_B} \tag{6.1}$$

式中,$\sum P_A$ 代表 A 国一般物价水平;$\sum P_B$ 代表 B 国一般物价水平;$e$ 代表汇率,表示 1 单位 B 国货币以 A 国货币表示的价格。

购买力平价理论的理论依据是一价定律。一价定律指假设各国间贸易费用和关税为零,在完全自由贸易条件下,国际上的商品套购活动会使各国商品价格趋于一致,这时尽管各国的商品标价不同,但仅是按照汇率把以一国货币标价的商品价格折算成以另一国货币标价的价格而已。

两国汇率的变化程度取决于各自货币购买力的变化程度,假定起初的汇率为 $e_0$,如果 A 国的价格总水平变化率为 $P_a$,B 国的价格总水平变化率为 $P_b$,则汇率变化为:

$$e_1 = e_0 \times \frac{P_a}{P_b} \tag{6.2}$$

由式(6.2)可知,一国的价格总水平上升,该国的外汇汇率就会上升,本国货币就会贬值;外国的价格总水平上升,该国的外汇汇率就会下降,本国货币就会升值。

换句话说，通货膨胀率高的国家，其货币会贬值；通货膨胀率低的国家，其货币会升值。

从购买力平价理论还可以得出实际汇率的概念。实际汇率是以同一种货币衡量的国外与国内价格总水平的比率。实际汇率公式如下：

$$E = \frac{e \times P_f}{P} \tag{6.3}$$

式（6.3）中，$E$ 为实际汇率，$e$ 为名义汇率，$P_f$ 为国外价格总水平，$P$ 为国内价格总水平。实际汇率反映了国内价格与国外价格总水平的相对比值。其他条件不变，$E$ 值上升（本币贬值）意味着国外商品相对于国内商品变得更贵，这时国内商品在国际市场上更具有竞争力；反之，$E$ 值下降（本币升值）意味着国内商品相对于国外商品变得更贵，国内商品在国际市场上的竞争力下降。需要注意的是，由于购买力平价理论的假设条件是现实经济中难以满足的条件，因此它对于解释汇率的中短期波动显得无能为力，购买力平价理论基本上用于解释汇率长期变动趋势。

### 三、汇率变动的效应与 J 曲线

**1. 马歇尔－勒纳条件**

汇率变动会对一国的国际收支状况发生影响。一般说来，外汇汇率上浮（本币贬值）有利于出口，不利于进口；有利于劳务输出，不利于劳务输入；有利于资本流入，不利于资本流出，因此有利于改善国际收支状况。外汇汇率下降（本币升值）情况则相反，一般会恶化国际收支状况。如果不考虑资本流动等其他因素，假设外汇供求只由贸易收支决定，那么一国贸易收支的状况就代表一国的国际收支状况。以本币表示的经常项目差额即贸易收支余额可以表示为：

$$CA = PX - eP_f M \tag{6.4}$$

式中，$CA$ 表示贸易差额，$P$ 表示国内价格总水平，$X$ 表示本国出口量，$e$ 表示汇率，$P_f$ 表示外国价格总水平，$M$ 表示本国的进口量。

汇率变动会改变本国出口商品和从外国进口商品的价格，进而影响进出口贸易数量，从而使贸易差额 $CA$ 得以调整。假设国外价格不变，本币贬值时，以本币表示的进口商品价格将上升，以本币表示的出口商品的价格虽然形式上不变，但换算成外币后，出口价格将下降。所以本币贬值的直接影响是出口商品价格下降，进口商品价格上升。

一般而言，出口商品价格下降会增加出口量，进口商品价格上升会减少进口量，但是进出口商品量增减的幅度会由于不同商品的需求弹性不同而不同。如果出口商品的需求弹性大于1，出口商品数量的增长幅度大于出口商品降价幅度，贸易收支就能够改善；如果出口商品的需求弹性小于1，出口商品数量的增长幅度小于出口商品降价幅度，贸易收支就不能改善；如果出口商品的需求弹性等于零（需求曲线垂直于横轴），那么不管价格如何下降，出口量都不能增加，出口商品降价反而会减少外汇收入，国际收支状况进一步恶化。

当进口商品的需求弹性大于1时，进口商品数量减少的幅度大于进口商品价格上涨的幅度，进口支出将减少，从而有利于贸易收支的改善；当进口商品的需求弹性小于1时，进口商品数量减少的幅度小于进口商品价格上涨的幅度，进口支出将增加，从而不利于贸易收支改善。

综合进出口商品两方面需求弹性的情况，可以得到一国货币贬值改善一国国际收支状况的马歇尔－勒纳条件：

$$|\eta_x + \eta_m| > 1 \tag{6.5}$$

式中，$\eta_x$ 为出口商品需求价格弹性，$\eta_m$ 为进口商品需求价格弹性。由于 $\eta_x$、$\eta_m$ 都为负值，因此取绝对值形式。马歇尔－勒纳条件实际上是在国内外商品价格水平不变、进出口商品供给弹性无穷大的前提下，一国货币贬值能够改变国际贸易状况，从而改善国际收支状况的条件。

**2. J 曲线**

用货币贬值的方法改善国际收支状况具有时滞效应。货币贬值的时滞效应是指当一国的货币当局采取本币贬值的措施时，相关实际部门贸易量的调整不会同步进行，调整需要一个过程。在贬值的初期，出口商品价格降低，但出口商品数量由于认识的时滞、决策的时滞、生产的时滞和交货的时滞等原因，不能立即同步增加，因此，出口收入会因价格下降而减少，表现为 $\Delta CA$ 曲线先下降，如图6-3所示。经过一段时间后，在图6-3中是 $t_0$ 的时间，汇率贬值引起的出口商品价格降低使出口量大幅度上升，国际收支状况才会逐步改善，在图6-3中表现为 $\Delta CA$ 曲线反转向上。反映由本币贬值引起的国际收支状况变化的 $\Delta CA$ 曲线，在形状上类似英文字母 J，故被称为 J 曲线。

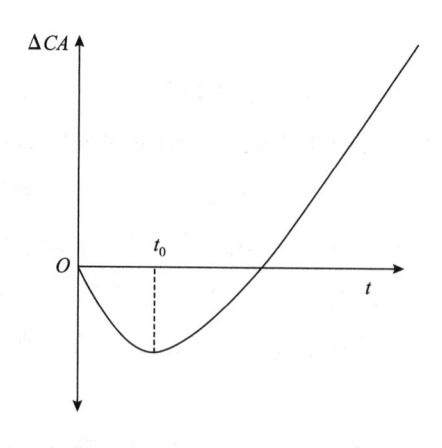

图 6-3 时滞效应——J 曲线

## 第二节 国际收支均衡曲线——BP 曲线

### 一、BP 曲线的推导

国际收支平衡是指经常项目收支差额与资本金融项目收支差额之和为零。若以 BP 表示国际收支差额，则有：

$$BP = (X - M) + (AM - AX) \quad (6.6)$$

其中 $X$ 表示出口额，$M$ 表示进口额，$AM$ 表示金融资产流入，$AX$ 表示金融资产流出。$X - M$ 为净出口，$AM - AX$ 为净资本流入，而 $AX - AM$ 则为净资本流出。若以 $nx$ 表示净出口，$F$ 表示净资本流出，式（6.6）可表示为：

$$BP = nx - F \quad (6.7)$$

当国际收支平衡时 $BP = 0$，此时：

$$nx = F \quad (6.8)$$

从式（6.7）可以看出一个国家或地区的经常项目账户的逆差，可以用净资本流入来抵消，经常项目账户的顺差，可以用向外输出资本、增加净资本流出来加以平衡。

为了推导国际收支均衡线（BP 曲线），首先要明确净出口函数和净资本流出函数。

**1. 净出口函数**

影响净出口的因素很多，其中最重要的因素是国民收入水平和汇率。一般而言，出口不直接受本国国民收入的影响，而是受外国国民收入的影响，进口则要受本国国民收入的影响。当本国国民收入提高时，消费者用于购买本国产品和进口产品的支出都会增加，净出口会下降；本国国民收入下降时，情况则相反。因此，净出口与国民收入呈反向变动关系，其函数关系为：

$$nx = q - my + n\frac{ePF}{P} \tag{6.9}$$

式（6.9）中，$q$、$m$、$n$ 均为参数，$m$ 为边际进口倾向。如图 6-4 所示，以国民收入为横轴，净出口曲线是一条向右下方倾斜的曲线。该曲线表明，国民收入水平越高，净出口量越小，反之则相反。

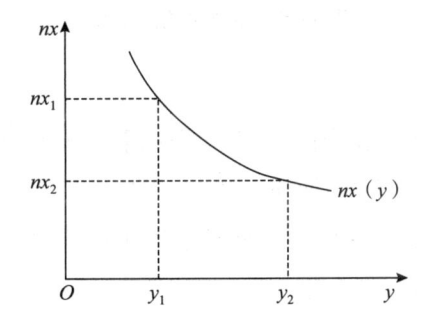

图 6-4 净出口曲线

**2. 净资本流出函数**

对于更高资本回报率的追求是国际资本流动的根本动力，资本总是从利率较低的地方向利率较高的地方流动。因此利率是影响资本流入和流出的主要因素。如果本国利率高于国外利率，外国资本就会流入本国，净资本流出下降；如果本国利率低于国外利率，本国资本就会流出，净资本流出上升。因此净资本流出是本国利率 $r$ 与国外利率 $r_w$ 之差的函数，其函数关系为：

$$F = \delta(r_w - r) \tag{6.10}$$

式（6.10）中，$\delta > 0$，是一个常数，国外利率 $r_w$ 是一个外生变量，假定 $r_w$ 不变，$F$ 与本国利率 $r$ 呈反向变动关系。本国利率越高，资本净流出越少；本国利率越低，资本净流出越多。

在图 6-5 中，纵坐标表示本国利率水平 $r$，横坐标表示净资本流出 $F$，$F$ 线向右下方倾斜反映了 $F$ 与 $r$ 的反向变动关系。当国内利率为 $r_1$ 时，净资本流出为 $F_1$；当利率上升到 $r_2$ 时，净资本流出减少到 $F_2$。

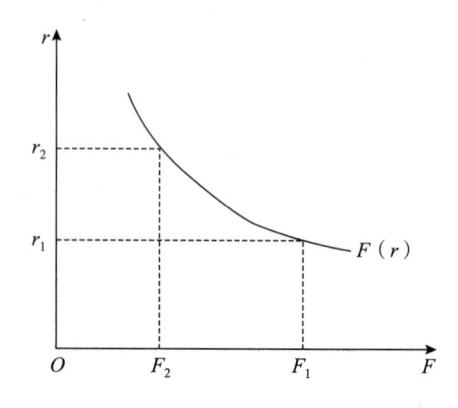

**图 6-5 净资本流出曲线**

### 3. BP 曲线的推导

BP 曲线是国际收支平衡线，国际收支差额函数为 $BP = nx - F$，当国际收支平衡时，$BP = 0$，因此当国际收支平衡时：$nx = F$。

将已知的净出口函数式（6.9）和净资本流出函数式（6.10）代入 $nx = F$ 中，得到：

$$q - my + n\frac{ePF}{P} = \delta(r_w - r) \tag{6.11}$$

整理为：

$$r = \frac{m}{\delta}y + r_w - \frac{n}{\delta}\frac{ePF}{P} - \frac{q}{\delta} \tag{6.12}$$

式（6.12）表示国际收支均衡函数。假如国外利率 $r_w$ 给定，汇率 $e$ 不变，国内外价格总水平 $P$ 和 $PF$ 不变，且 $n$、$m$、$\delta$、$q$ 等参数给定，那么国际收支均衡函数就表现了国际收支均衡时国民收入 $y$ 和利率 $r$ 的关系，即 $y$ 与 $r$ 同方向变动。

国际收支均衡函数的几何表达就是国际收支均衡曲线——BP 曲线。BP 曲线上的各点均为国际收支均衡点。BP 曲线的斜率为正，曲线向右上方倾斜，如图 6-6 所示。

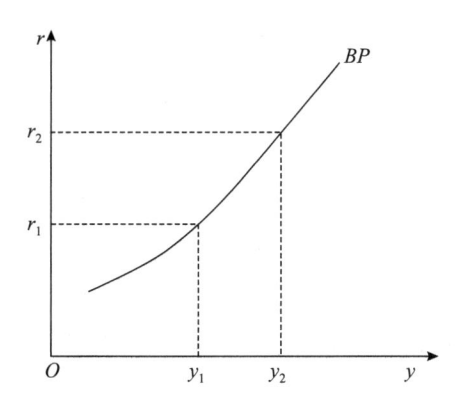

图 6-6 国际收支均衡曲线

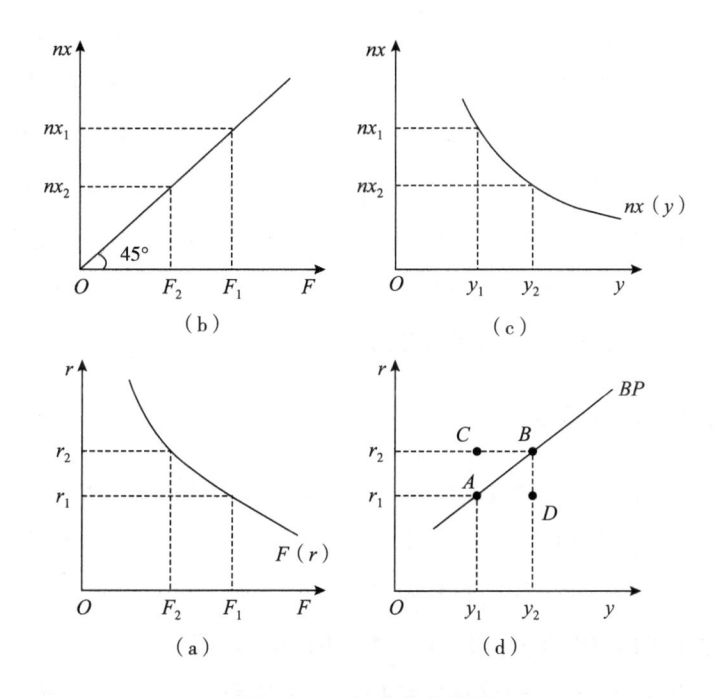

图 6-7 *BP* 曲线的推导

*BP* 曲线的几何推导如图 6-7 所示。在图 6-7 中，（a）图为净资本流出曲线 $F$，（b）图是一条 45°转换线，是 $nx$ 与 $F$ 相等时各点的连线，（c）图为净出口曲线。在（a）图中，当利率为 $r_1$ 时，净资本流出量为 $F_1$，国际收支均衡的净出口量为 $nx_1$，在（c）图中对应的国民收入为 $y_1$，对应在（d）图中可得到 $r_1$ 和 $y_1$ 的组合点 $A$。当 $r_1$ 上升到 $r_2$ 时，净资本流出量下降到 $F_2$，国际收支均衡的净出口量为 $nx_2$，在（c）图中对应的国民收入为 $y_2$，则在（d）图中有 $r_2$ 和 $y_2$ 的另一个组合点 $B$，连接 $A$、$B$ 两点就可以得到国际收支均衡线——*BP* 曲线。

BP 曲线上的每一个点都代表一个能使国际收支平衡的利率与国民收入的组合，在 BP 曲线以外的任何一点，都表示国际收支处于不平衡状态，即存在着国际收支逆差或顺差。例如在图 6-7 (d) 中的 C 点和 D 点。C 点与 B 点相比利率水平相同，但其国民收入水平较低，仅为 $y_1$，相应的净出口额为 $nx_1$，而与 $r_2$ 相对应的净资本流出为 $F_2$，$nx_1 > F_2$，表示存在国际收支顺差。D 点与 B 点相比国民收入相同而利率水平较低，仅为 $r_1$，这时的净资本流出为 $F_1$，而净出口为 $nx_2$，$nx_2 < F_1$，表示存在着国际收支逆差。一般而言，所有在 BP 线左方的点均表示 $nx > F$，存在国际收支顺差；所有在 BP 线右方的点均表示 $nx < F$，存在国际收支逆差。

从 BP 曲线可以得出，如果要保持国际收支均衡，利率 r 与国民收入 y 一定要同方向变动。假设起始的均衡点在 A 点，此时国际收支平衡，如果国内利率提高，例如从 $r_1$ 提高到 $r_2$，这会吸引更多的国外资本流入，国际收支出现盈余，此时只有通过减少净出口才能抵消资本净流入的增加，而净出口又取决于实际国民收入，只有在实际国民收入提高时才能增加进口，经常项目出现逆差，进而抵消资本和金融项目的盈余，国际收支恢复平衡。同样，利率下降所引起的资本和金融项目的逆差必须由实际国民收入下降所引起的经常项目顺差来抵消，才能保持国际收支平衡。由此可见，要保持国际收支平衡，利率与国民收入必须同方向变动。

## 二、BP 曲线的特殊形态

BP 曲线的形状存在着两种极端情况。一种是垂直于横轴的 BP 曲线，如图 6-8 (a)。在完全没有资本流动的情况下，利率变化对国际收支没有直接影响，即当资本流动对利率无弹性时，BP 线斜率趋于无穷大，表示为某一收入水平上垂直于横轴的直线。另一种则是水平的 BP 曲线，如图 6-8 (b) 所示。资本完全自由流动的情况下，资本流动对于利率变动具有完全弹性。任何高于国外利率水平的国内利率都会导致巨额资本流入，使国际收支处于顺差；任何低于国外利率水平的国内利率都会导致巨额资本流出，使国际收支处于逆差。这时 BP 曲线斜率为零，是一条水平线，利率为国际均衡利率 $r_w$。

## 三、影响 BP 曲线移动的因素

凡是能影响汇率变动的因素都会使 BP 曲线移动。从图 6-7BP 曲线的推导中可以看出，当其他条件不变而净出口 nx 增加时，nx 曲线向右移，使 BP 曲线向右移；净出口减少则会使 BP 曲线向左移动。在影响 nx 变动的众多因素中，汇率是一个基本影响因素。从净出口函数 $nx = q - my + n\dfrac{ePF}{P}$ 中可以发现，汇率 $e$ 上升（本币贬值）会使 $nx$ 增加，汇率 $e$ 下降（本币升值）会使 $nx$ 减少。可见汇率下降会使 $BP$ 线向左移，汇率上升会使 $BP$ 线向右移。具体而言，影响 $BP$ 曲线移动的因素有以下几个。

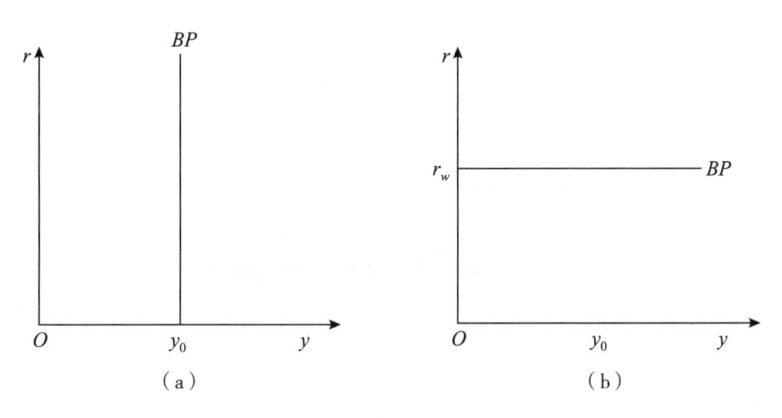

**图 6-8　$BP$ 曲线的特殊形态**

**1. 国际收支状况**

当一个国家的国际收支出现较大数额的逆差时，会增加对外币的需求，对外币需求的增加通过外汇市场供求关系的变化导致外汇汇率上升，$BP$ 线向右移动；反之，当顺差很大时，外汇汇率会下降，外汇汇率的下调又会使国际收支均衡线向左移动。所以一国国际收支的状况会对汇率产生影响，从而影响 $BP$ 曲线移动。

**2. 利率变化**

国内利率的变化会对汇率产生影响，进而使 $BP$ 曲线移动。在图 6-9 中，假设最初外部均衡在 $BP$ 曲线的 $A$ 点，由于外部已经达到均衡状态，所以有均衡汇率 $e_1$ 与点 $A$ ($y^*$, $r_1$) 相对应。如果利率由 $r_1$ 下降到 $r_2$，导致金融资产流出增加而流入减少，资本和金融项目出现逆差。如果 $y^*$ 保持不变，则经常项目余额不变，此时总的国际收支会出现逆差。相应的外汇市场中，本国货币的供给大于需求，本币将贬值，外汇汇率上升，$BP$ 线向右移动。当 $BP$ 曲线从 $BP_1$ 移动到 $BP_2$ 时，新的均衡汇率为 $e_2$。如果国内利率上升，将会出现相反的情况。

**3. 价格水平变动**

价格水平的变动会影响汇率，然后通过汇率的变动进一步影响 $BP$ 曲线。假定在总产量不变的条件下，一国的货币供给量增加一倍，则该国的价格水平也将提高一倍。价格水平的提高意味着该国货币的购买力下降，如果这时其他国家的价格水平不变，根据购买力平价理论，一国外汇汇率为本国的价格水平与外国价格水平之比，即：

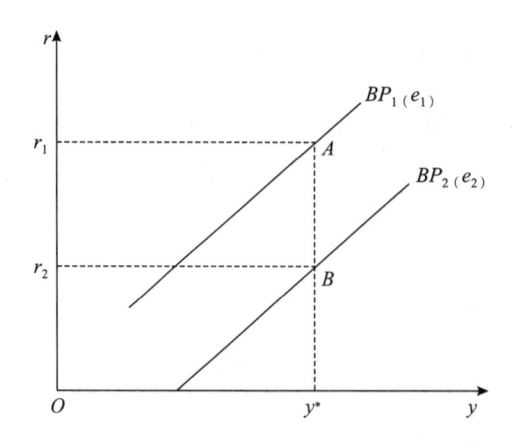

图 6-9 利率变化对 BP 曲线的影响

$$e = \frac{P}{PF} \tag{6.13}$$

由式（6.13）可知，一国的外汇汇率同本国价格水平成正比，同外国的价格水平成反比。根据以上分析可得出：一国的价格水平上升导致该国的外汇汇率上升，从而引起 BP 曲线向右移动；反之，一国的价格水平下降，外汇汇率将下降，从而引起 BP 曲线向左移动。

## 第三节 IS-LM-BP 模型

### 一、开放经济中的 IS 曲线

本书的第二章介绍了 IS-LM 模型，其中的 IS 曲线描述了当产品市场达到均衡时，国民收入 $y$ 和利率 $r$ 的关系，IS 曲线上的各个点是收支均衡的国民收入 $y$ 和利率 $r$ 的组合。

在开放经济中，即在四部门经济中，国民收入的恒等式变为：

$$y = C + I + G + nx \tag{6.14}$$

式（6.14）中，$nx$ 为净出口。在开放经济条件下，支出行为方程中除了消费函数和投资函数外，还包括净出口函数。将净出口函数（6.9）代入国民收入恒等式中，得到：

$$y = C + I + G + \left(q - my + n\frac{ePF}{P}\right) \quad (6.15)$$

由式（6.15）可知，净出口的变动会改变 IS 曲线的位置。假设其他条件不变，净出口的增加会使 IS 曲线向右移动，净出口的减少会使 IS 曲线向左移动。因此在其他条件不变时，外汇汇率提高会使 IS 曲线向右移动，外汇汇率下降会使 IS 曲线向左移动。

## 二、IS–LM–BP 模型

将 BP 曲线引入 IS–LM 模型，即在产品市场和货币市场均衡条件下加入国际收支均衡的条件，得到开放条件下的宏观经济模型，这一模型被称为 IS–LM–BP 模型。IS–LM–BP 模型中的经济均衡同时满足：

产品市场均衡条件：$I(r) + G + nx = S + T$

货币市场均衡条件：$\dfrac{M}{P} = L_1(y) + L_2(r)$

劳动市场均衡条件：$f(N) = \dfrac{W}{P}$，$W = \overline{W}$

国际收支均衡条件：$nx = F(r)$

以上四个条件共同决定 $y$、$r$ 和 $e$ 的水平。在纵坐标表示利率、横坐标表示国民收入的坐标系中，IS–LM–BP 模型可以用三条曲线，即 IS 曲线、LM 曲线和 BP 曲线来表示，如图 6–10 所示。开放经济的均衡要求商品市场、货币市场和国际收支同时达到均衡，而当 IS 曲线、LM 曲线和 BP 曲线恰好交于一点时，便会有唯一的利率 $r_0$、实际国民收入 $y_0$ 和汇率 $e_0$ 组合，使产品市场均衡、货币市场均衡及国际收支均衡同时实现。这个交点是唯一的三重均衡点。在图 6–10 中，IS 曲线、LM 曲线和 BP 曲线相交于 E 点，表示经济同时达到了内外均衡。IS 曲线与 LM 曲线的交点所对应的状态为内部均衡或国内均衡，BP 曲线上的每一点都是国际收支平衡点或外部均衡点，BP 曲线在 E 点穿过 IS 曲线与 LM 曲线的交点，表示国内均衡和国外均衡同时得以实现。

## 三、资本完全不流动情况下的 IS–LM–BP 模型

在资本完全不能流动的情况下，国内利率 $r$ 对国际收支没有直接影响，国际收支均衡曲线是一条位于某个收入水平上垂直于横轴的直线。在资本完全不流动的情况下，运用 IS–LM–BP 模型可以分析以下几种情况：

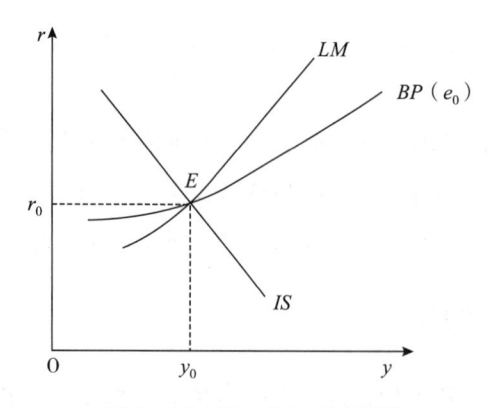

图 6-10　IS-LM-BP 模型

**1. 充分就业的均衡**

如图 6-11 所示，IS、LM、BP 线相交于 E 点，不但实现了内外同时均衡，而且 BP 线对应的国民收入水平正是充分就业的国民收入水平，这是一种完全理想的状态。

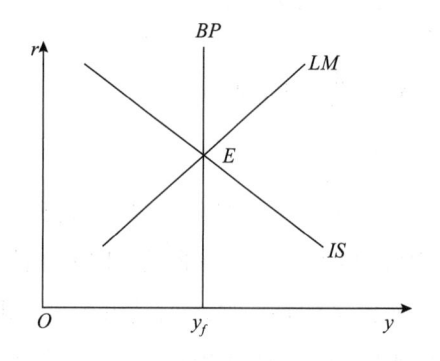

图 6-11　充分就业的内外均衡

**2. 非充分就业的均衡**

如图 6-12 所示，IS、LM、BP 线相交于 E 点，但 BP 线对应的产出水平小于充分就业产出水平 $y_f$，因此为非充分就业的均衡。政府要达到充分就业的均衡目标，要运用财政政策和货币政策使 IS、LM 曲线移动到充分就业水平，同时还要运用汇率政策使 BP 线移动到充分就业水平。

**3. 国际收支不均衡状态**

图 6-13 中，IS、LM 线在 $y_f$ 的水平上达到了内部均衡，但是 BP 曲线位于内部均衡点 E 的左边，表明存在着国际收支逆差，因此是存在国际收支逆差的均衡。由于资本不能流动，利率政策对改善国际收支没有直接影响，此时只有采取本币贬值的政策抑制进口、刺激出口，才能改善国际收支状况。当本币贬值使 BP 线向右移动到 $y_f$ 的位置时，才可以实现国际收支均衡，并达到内部和外部的同时均衡。

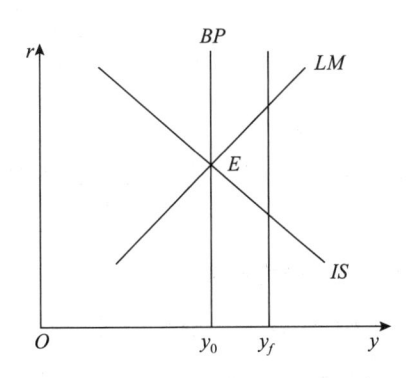

图 6-12 非充分就业的内外均衡

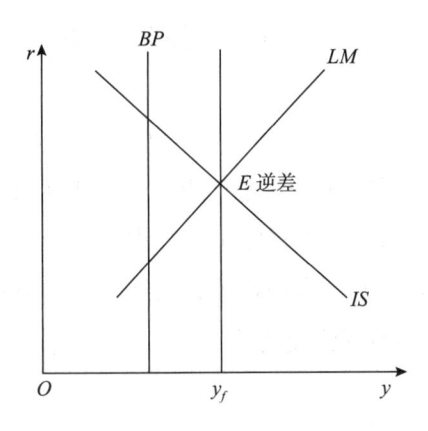

图 6-13 国际收支不均衡

### 四、资本完全流动情况下的 $IS-LM-BP$ 模型

$BP$ 曲线在资本完全自由流动条件下是一条对应国外利率水平 $r_w$ 的水平线（如图6-8所示）。在水平线以上的点表示存在国际收支顺差，在水平线以下的点表示存在国际收支逆差。如果国外利率 $r_w$ 既定，在资本完全流动的前提下，当国内利率高于国外水平时，资本会无限地流入国内，导致资本金融账户顺差和国际总收支顺差。反之，当国内利率低于国外水平时，资本又会无限向外流出，导致国际收支逆差。

在净资本流出函数 $F=\delta(r_w-r)$ 中，$\delta$ 是一个决定 $BP$ 曲线斜率的重要参数。$\delta$ 值反映了国家间资本流动的难易程度。$\delta$ 值越大，国际资本流动越容易，国内与国外极小的利率差都会引起大量的资本流动；$\delta$ 值越小，国际资本流动越困难。一国若有一个较小的 $\delta$ 值，表示该国的金融市场还不太成熟，资本流动受一定的限制。在这种条件下，即使国内利率与国外利率差别很大，也不会造成大量资本流动。如果资本可以完全自由流动，即 $\delta \to \infty$，那么 BP 曲线方程 $r = \dfrac{m}{\delta}y + r_w - \dfrac{n}{\delta}\dfrac{ePF}{P} - \dfrac{q}{\delta}$ 就简化为 $r = r_w$，此时 BP 曲线表现为一条对应国外利率 $r_w$ 的水平线。

需要指出的是，在不同的汇率制度下，资本完全流动时的 IS-LM-BP 均衡状况会有所不同。

**1. 固定汇率制下资本完全流动的均衡模型**

在资本完全流动条件下，BP 曲线为一条水平线，国内外极小的利率差也会引起巨大的资本流动，这就意味着只有国内利率水平等于国外利率即 $r = r_w$，该国才能实现国际收支平衡，在任何其他的利率水平上，由于存在资本的剧烈流动，都无法实现国际收支平衡。因此，在资本完全流动条件下，一国的货币当局无法实行独立的货币政策。

在图 6-14 中，假定一国的货币当局从 $A_1$ 点开始实行货币扩张政策，使得 $LM_1$ 曲线向右移动到 $LM_2$，此时内部均衡点移到 $A_2$ 点，但在 $A_2$ 点上会发生大规模的国际收支逆差，因而存在本币贬值压力。为了稳定汇率，中央银行必须干预外汇市场，即在外汇市场上出售外国货币，同时回收本国货币，其结果是本国货币供给减少，使 $LM_2$ 曲线向左移动，直到在 $A_1$ 点的均衡恢复为止。

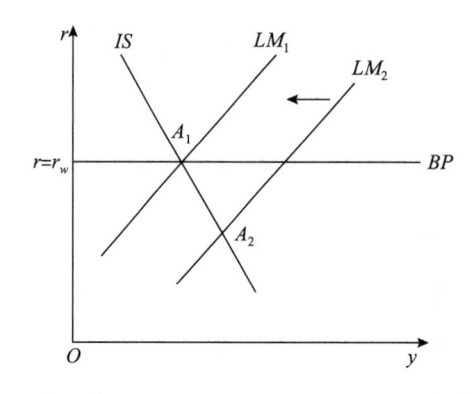

**图 6-14 固定汇率制下资本完全流动的货币政策效应**

反之，一国货币当局任何紧缩货币的政策都将导致大规模的国际收支盈余和本币升值的压力，迫使中央银行抛出本币，收回外币，以保持汇率稳定。本国货币供给量增加，这抵消了最初的货币紧缩的政策效应，而均衡利率仍然保持在 $r = r_w$ 的水平。总之，在固定汇率制和资本完全流动条件下，一国无法实行独立的货币政策，也不可能偏离世界市场通行的利率水平。任何独立执行货币政策的企图都将引起资本的大量流入或流出，并迫使货币当局增加或减少货币供给，使利率回到世界市场通行的水平，经济恢复到原来的均衡状态。

**2. 浮动汇率制下资本完全流动的均衡模型**

在汇率完全自由浮动的情况下，一国的货币当局不干预外汇市场，汇率根据供求情况进行调整，实现外汇市场均衡。下面以出口需求变化为例考察资本完全自由流动时均衡状态的形成。

在图 6-15 中，初始均衡点为 $A_1$ 点，出口需求的增加使 $IS_1$ 线向右移动到 $IS_2$，此时新的内部均衡点为 $A_2$ 点。但在 $A_2$ 点，本国的利率超过了国外水平，国外资本开始流入国内，导致国际收支顺差，本国货币升值。本币升值意味着本国商品的国际竞争力下降，即进口商品的价格下降，本国出口商品变得相对昂贵。市场对本国商品需求的减少和对进口商品需求的上升会使净出口额下降，从而使 $IS$ 曲线 $IS_2$ 向左移动。只要本国的利率水平仍高于国际利率水平 $r_w$，本币就将一直保持升值的趋势，直到 $IS$ 曲线移动到最初的均衡位置 $IS_1$ 时为止。所以，在浮动汇率和资本完全流动条件下，出口增加不影响均衡产出。

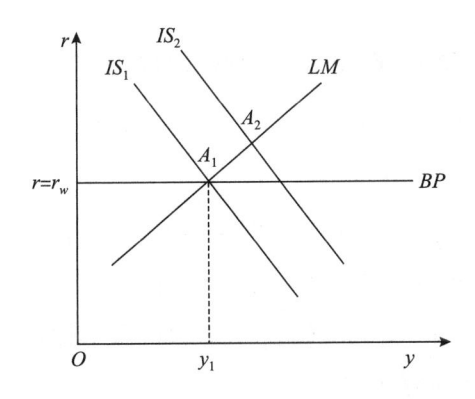

**图 6-15 浮动汇率制和资本完全流动时出口需求变动效应**

## 第四节 开放条件下的宏观经济政策

在开放经济中，经济的理想状态是国内经济实现充分就业均衡，国际经济实现国际收支均衡，即内部与外部的同时均衡。所以，一国宏观经济政策有两大目标：一是在内部实现充分就业、物价稳定和经济增长；二是在对外经济中保持国际收支平衡。

### 一、开放条件下的宏观经济均衡与不均衡

开放条件下的宏观经济均衡是指国内经济与国际收支同时达到充分就业均衡。如图 6-16 所示，$y_f$ 为充分就业的收入水平，$r_0$ 为均衡利率，IS 曲线和 LM 曲线的交点位于充分就业收入水平 $y_f$，实现了充分就业的国内均衡。由于 BP 曲线正好通过 IS 曲线和 LM 曲线的交点，因而国际收支也处于平衡状态，这是开放条件下理想的宏观经济均衡。

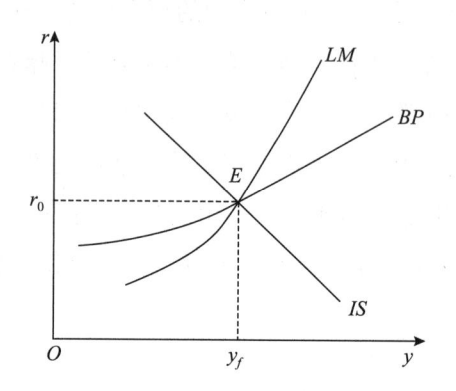

**图 6-16　开放条件下理想的宏观经济均衡**

在现实经济中，理想的均衡状态很少出现。开放条件下经常出现的宏观经济不均衡主要有以下几种情况。

①国内经济和国际收支都不均衡。在图 6-17 中，除了 E 点以及 BP 线上各点，其他的点都是国内经济和国际收支都不均衡点，例如 A 点。

②国内外经济均衡，但不是充分就业的理想均衡。例如，在图 6-17 中 E 点就是非充分就业的国内外经济均衡点。

③国内经济为非充分就业均衡，国际收支不均衡。例如，在图 6-17 中，当国际收支均衡曲线为 $BP_1$，国内均衡点为 E 时，存在国际收支顺差。

④国内经济充分就业均衡，国际收支不均衡。当 IS 和 LM 曲线的交点落在 $y_f$ 线上而 BP 线不经过这一交点时，就是国内经济充分就业均衡，但国际收支非均衡的状况。

以上的各种不均衡情况均需要进行宏观经济调控，以使经济达到理想的均衡状态。本章主要讨论对国际收支非均衡的调整。

对国际收支非均衡的宏观经济调控主要有直接行政干预和间接调控两类。直接行政干预主要包括：外汇管制、多重汇率、关税及非关税壁垒、数量限制乃至国家外

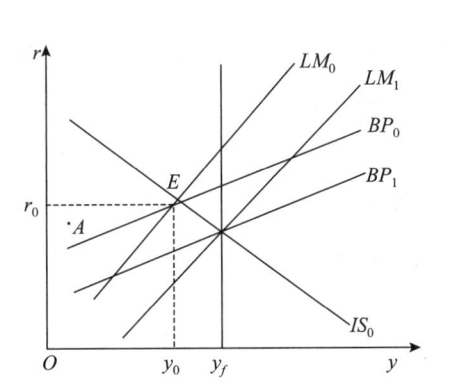

图 6-17 国内外均衡与不均衡

贸垄断等手段。这些方法可以严格控制进出口数量和资本流出入数量，因此很容易实现国际收支平衡。但以上手段的运用是以牺牲自由贸易和国际经济合作所可能带来的利益为代价的，同时也不符合市场经济运行的基本规则，因此其越来越受到限制。现今的各国政府调节国际收支主要运用间接调控的经济手段，既包括运用财政政策、货币政策和汇率政策的政策工具进行调控，也包括各国之间经常进行政策措施的协调配合。下面将进一步分析在不同情况下各种政策工具运用的不同效果。

### 二、开放经济的财政政策效应

在净资本流出函数 $F = \delta(r_w - r)$ 中，$\delta$ 决定 BP 曲线的斜率。当 $\delta$ 值较小时，BP 曲线较陡峭，其经济含义是较小的 $\delta$ 值对应较低的资本流动性，即资本流动量变化对利率变化不敏感；当 $\delta$ 值较大时，BP 曲线较平缓，对应较高的资本流动性；当 $\delta \to \infty$ 时，资本具有完全流动性，对应 BP 线为水平线；当 $\delta = 0$ 时，资本完全不具有流动性，对应 BP 线为垂直线。基于此，各种调控政策效果因 BP 曲线斜率的不同而有所差异。

**1. 固定汇率制下的财政政策**

图 6-18（a）描述了在固定汇率制下 LM 曲线比 BP 曲线更陡时，政府实行扩张性财政政策的效果。图中 A 点为最初的经济均衡点，伴随着政府实行扩张性的财政政策，IS 曲线从 $IS_0$ 向右移动到 $IS_1$，从而形成新的内部均衡点 B。由于 B 点位于 BP 曲线上方，此时存在国际收支顺差。这种情况说明，尽管收入的提高会引起经常账户收支的恶化，但国内利率上升又会使更多的外国资本流入，最终导致国际收支出现盈余。

当 BP 曲线比 LM 曲线更陡时，财政扩张政策的效果正好相反。在图 6-18（b）

中，*BP* 线是一条比 *LM* 线更陡的线。当政府实行扩张性的财政政策时，*IS* 线从 $IS_0$ 向右移至 $IS_1$，内部均衡从 *A* 点移动到 *B* 点，由于 *B* 点位于 *BP* 线右下方，此时存在国际收支逆差。这种情况说明国民收入增长导致进口增加和出口减少，净出口下降，尽管利率的上升会导致资本流入增加，但资本流入的增加幅度不足以弥补经常账户收支的恶化，最终会导致国际收支出现逆差。

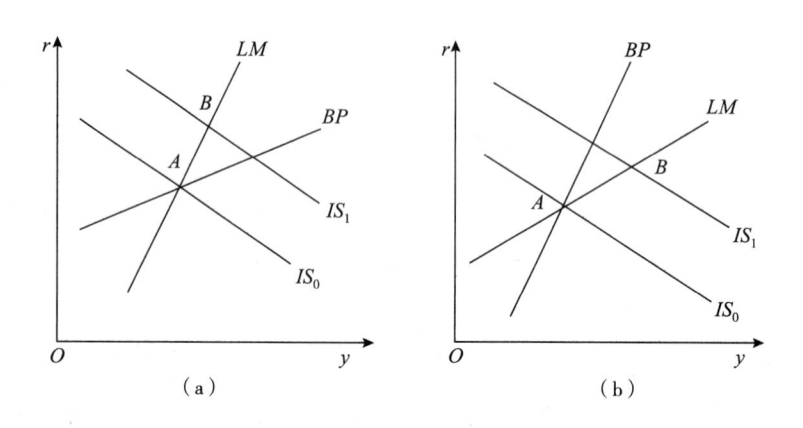

**图 6-18　固定汇率制下的财政政策效应**

### 2. 浮动汇率制下的财政政策

在浮动汇率制下，一国货币当局不会通过行政干预来稳定汇率，汇率由外汇市场供求自发决定。在图 6-19 中，假设 *LM* 线比 *BP* 线陡，当政府扩张性的财政政策使 *IS* 曲线从 $IS_0$ 向右移动到 $IS_1$ 时，内部经济在 *B* 点达到新均衡，此时国际收支处于顺差状态。因此，在外汇市场上，外汇供给大于外汇需求，本币将升值而外汇汇率下降。当汇率从 $e_0$ 降为 $e_1$ 时，*BP* 线从 $BP(e_0)$ 向左移动到 $BP(e_1)$。与此同时，汇率下降使净出口减少，*IS* 曲线又会向左移动，因此经济均衡点不会在 *B* 稳定下来，而是在汇率下调的作用下反向调整，最终在 *C* 点达到均衡。可见当 *LM* 线比 *BP* 线陡时，财政扩张政策的效果比在封闭经济条件下的效果要小一些。

相反，当 *BP* 曲线比 *LM* 曲线陡时，与封闭经济的情形相比，扩张性财政政策对实际收入的影响将会被放大而不是被抑制。如图 6-20 所示，当政府扩张性财政政策使 *IS* 曲线向右移动到 $IS_1$ 时，新的内部均衡点 *B* 位于 $BP(e_0)$ 曲线的右下方，国际收支处于逆差状态，外汇市场上外汇需求大于外汇供给。在浮动汇率制下，这意味着本币币值将向下调整而外汇汇率提高，*BP* 线向右移动。伴随着汇率提高、净出口增加，*IS* 曲线进一步向右移动到 $IS_2$，经济最终在 *C* 点达到均衡，超出在封闭经济情形下国民收入的相应水平。

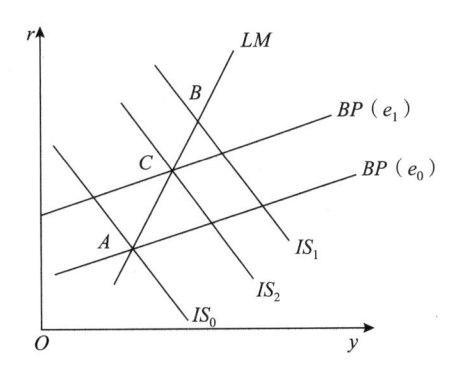

图 6-19 浮动汇率下的财政扩张效应之一

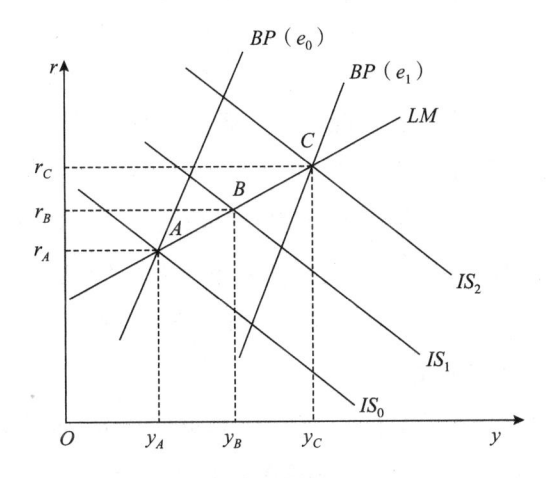

图 6-20 浮动汇率制下的财政扩张效应之二

由此可见，在浮动汇率制下，开放经济的扩张性财政政策效应有时低于封闭经济的财政政策效应，有时则高于封闭经济的财政政策效应，其结果依赖于 $LM$ 曲线与 $BP$ 曲线斜率的对比。

### 三、开放经济的货币政策效应

货币政策主要影响 $LM$ 曲线的移动，这里分别考察固定汇率制和浮动汇率制两种情况。

#### 1. 固定汇率制下的货币政策

在固定汇率制下，$BP$ 曲线的位置不发生变化。假定经济均衡最初处于图 6-21 所示的 $A$ 点，这时的经济处于内部和外部同时均衡状态。如果政府实施扩张性的货币政策使 $LM$ 曲线向右移动，经济的内部均衡点移动到 $B$ 点，而 $B$ 点位于 $BP$ 曲线的右下方，此时存在国际收支逆差。如果要保持汇率稳定，货币当局必须动用其外汇储备。

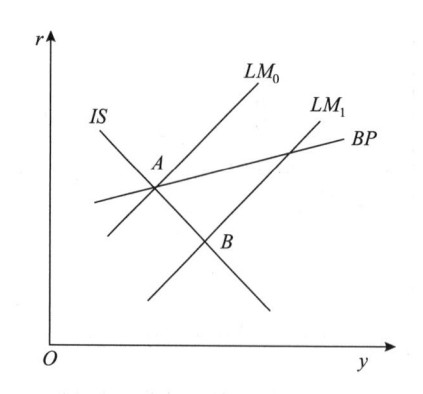

图 6-21 固定汇率制下的货币扩张效应

由于这时的逆差一部分源于利率下降导致资本流出，一部分源于国民收入水平提高导致净出口减少。因此，在这种情况下，内部均衡和外部均衡之间存在着不可调和的矛盾，扩张性的货币政策虽然提高了收入水平，但导致了国际收支的逆差。

一般而言，固定汇率制下货币扩张的效果同 BP 曲线与 LM 曲线斜率的对比没有直接联系，无论 BP 曲线的斜率大于 LM 曲线还是小于 LM 曲线，扩张性的货币政策总会导致国际收支逆差的产生。相反，紧缩性的货币政策则会导致国际收支顺差的产生。

**2. 浮动汇率制下的货币政策**

这里仍然以扩张性的货币政策为例。假定 LM 曲线比 BP 曲线陡峭，货币扩张的效应如图 6-22 所示。最初经济在 A 点达到内部和外部同时均衡，如果货币从 $M_0$ 扩张到 $M_1$，LM 曲线从 $LM_0$ 向右移动到 $LM_1$，并与 IS 曲线相交于 B 点。在 B 点，经济虽然实现内部均衡，但 B 点在 BP 曲线的右下方，这意味着存在国际收支逆差。国际收支逆差推动汇率调整，即本国货币贬值，外汇汇率上升。随着汇率从 $e_0$ 上升到 $e_1$，IS 曲线会

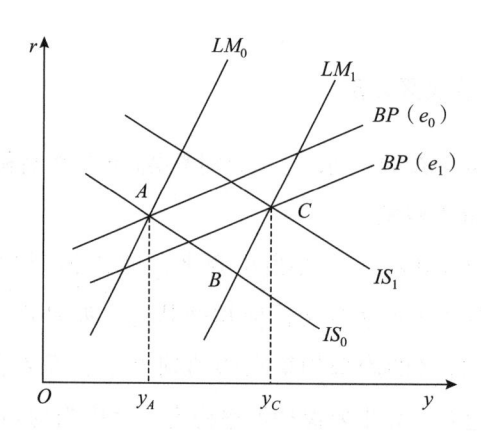

图 6-22 浮动汇率制下的货币扩张效应

向右移动，最终在 C 点达到新的均衡。由此可见，在浮动汇率制下，货币扩张政策的效果是使汇率和国民收入水平提高，且其效果要大于封闭经济条件下的情况，但其对利率水平的影响则不明确。

假如 BP 曲线比 LM 曲线陡，货币扩张政策的作用方向是一样的，但引起国民收入变化的程度要小一些。

从以上的分析可以看出，在不同汇率制度下，宏观经济政策的效果差异极大，因此在开放经济中宏观经济政策的运用比封闭经济更为复杂。

### 四、内部均衡与外部均衡的政策选择

西方各国政府在第二次世界大战之后相当长的一段时间里，仅仅使用调整总需求的经济政策来干预经济，也即通过财政政策和货币政策来实现需求管理，其结果是逐渐形成了一个宏观经济政策的两难困境，即仅仅使用总需求政策不可能既改善国内需求水平，又改善国际收支状况。

图 6-23 表明了在固定汇率制下，政府在宏观经济管理中的两难困境。图 6-23（a）为政府采用扩张性货币政策的经济效果。由图可知，扩张的货币政策会导致 LM 曲线右移，结果在新的均衡点上国民收入因总需求上升而增加，而利率下降又促使资本外流和总支出增加，最终导致国际收支逆差，新的均衡点 $E_1$ 处于 BP 曲线右下方。图 6-23（b）则反映了扩张性财政政策的影响，扩张性财政政策导致总支出和国民收入增加，而贸易收支恶化，最终也出现国际收支逆差，新均衡点 $E_1$ 处于 BP 曲线右方。紧缩性经济政策的影响刚好相反。

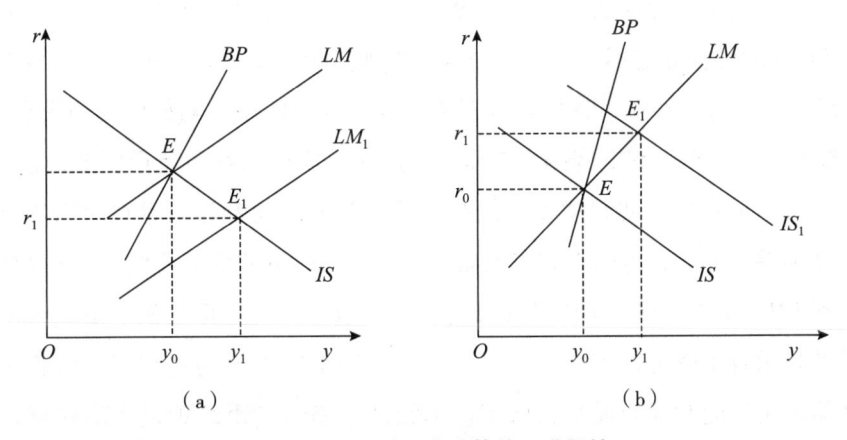

**图 6-23　宏观经济政策的两难困境**

综上所述，在国内经济处于高失业的状态时，若采取扩张性货币政策和财政政策

刺激总需求并增加就业，会导致国际收支逆差。如果此时的国际收支刚好处于盈余状态，扩张性政策将使国际收支趋于平衡，但如果国际收支已经出现了逆差，那么扩张性政策就将进一步恶化国际收支状况。而当国内经济处于高通货膨胀状态时，采取紧缩性政策抑制总需求增长会缓解通胀压力，同时会导致国际收支顺差。如果最初的国际收支为逆差，那么紧缩性政策刚好有利于国际收支的调整，但如果国际收支已经是顺差，则紧缩性政策将进一步恶化国际收支的不平衡状态。由于仅靠总需求政策一种工具不可能令人满意地同时达到内外平衡两个经济目标，所以，必须针对不同的经济目标选择适当的政策工具。

蒙代尔和弗莱明在对需求政策两难困境进行深入研究时发现，货币政策和财政政策对国内平衡和国外平衡有相对不同的影响，其主要差异在于，较松的货币政策趋向于降低利率，而较松的财政政策则趋向于提高利率。这种差异意味着确实有两种政策工具可供选择，将其搭配使用可以解决总需求政策解决不了的问题。蒙代尔和弗莱明在分析的基础上得到了一种分配法则，即根据财政政策和货币政策的不同作用，将稳定国内经济的任务分配给财政政策，使内经济在没有过度通货膨胀的情况下达到充分就业，而将稳定国际收支的任务分配给货币政策。

具体的政策搭配方法是：当高失业与国际收支逆差同时存在时，配合使用扩张性的财政政策和紧缩性的货币政策；在高通胀与国际收支顺差共存的情况下，可以采取紧缩性的财政政策和扩张性的货币政策相配合的方法；如果通货紧缩和国际收支顺差并存，那么扩张性的财政政策和扩张性的货币政策并用效果会更好。

下面以具体情况为例进一步说明宏观经济政策的选择和搭配。

①固定汇率制下国际收支逆差的调整。前面的分析表明，在固定汇率制下由于汇率不变、BP 线的位置固定不变，因此经常会出现国际收支顺差或逆差。当国内均衡点位于 BP 线右下方时，存在着国际收支逆差。在图 6-24 中，初始国内均衡点为 A 点，位于 BP 线右下方，有汇率下降的潜在压力，此时政府可以宣布货币贬值，使 BP 线向下移到经过 A 点的位置来调整逆差。但在通常情况下，政府并不愿意使用货币贬值的手段来平衡逆差，那么，可以考虑采取紧缩性的货币政策减少货币供给，使 LM 曲线由 $LM_0$ 移动到 $LM_1$，$LM_1$、$IS_0$、BP 三条曲线交于 B 点，实现三重均衡。由此可见，单纯运用紧缩性货币政策就可以消除国际收支逆差。如果国内最初存在着通货膨胀，紧缩性货币政策还可以同时降低通货膨胀率。单纯的紧缩性货币政策最大的缺点是导致总产量或实际国民收入下降，如果国内经济已处于衰退状态，单纯的紧缩性货币政策就会在消除国际收支逆差的同时加深国内的经济衰退。在这种情况下可以考虑采取扩张

性的财政政策来配合紧缩性的货币政策。因为当同时采取紧缩性货币政策和扩张性财政政策时,一方面 LM 曲线会向左移,例如移动到 $LM_2$ 的位置;另一方面 IS 曲线会向右移,当移动到 $IS_1$ 的位置时,三重均衡将在 C 点实现,这时国际收支逆差会被消除,经济衰退也会由于总产量的增加而得到克服。

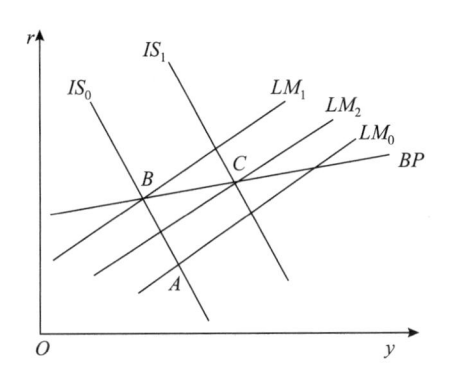

图 6-24 固定汇率制下国际收支逆差的调整

②固定汇率制下国际收支顺差的调整。在图 6-25 中,$IS_0$ 线与 $LM_0$ 线的交点 A 最初位于 BP 曲线的左上方,存在国际收支顺差。假定政府不希望本币升值,同时迫于贸易伙伴国的压力又必须消除国际收支顺差,以帮助其贸易伙伴国纠正国际收支逆差。在这种情况下可以采取扩张性的货币政策来增加货币供给,使 LM 曲线向右移动到 $LM_1$ 的位置,在 B 点实现三重均衡。

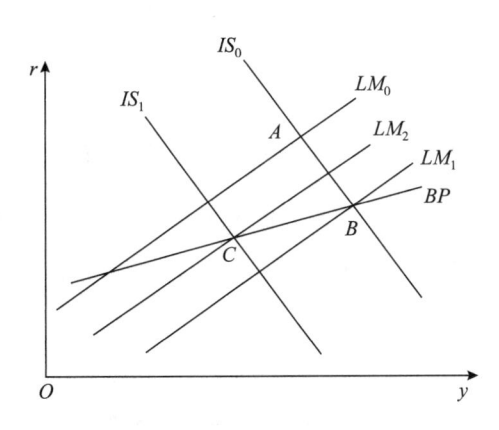

图 6-25 固定汇率制下国际收支顺差的调整

如果经济恰好处于衰退状态,单纯采用扩张性货币政策就是最佳选择,既可以克服经济衰退,又可以在本币不升值的情况下消除国际收支顺差,改善与伙伴国的经济关系。如果国内正处在严重通货膨胀状态,单纯采取扩张性货币政策就会因增大总需求而加剧通货膨胀。此时，政府可以采用紧缩性财政政策来弥补单纯扩张性货币政策的不足。紧缩性的财政政策会在 LM 曲线向右移的同时使 IS 曲线向左移动到 $IS_1$，其结果是 $IS_1$、$LM_2$ 和 BP 线在 C 点实现三重均衡，这既消除了国际收支顺差，又没有加剧通货膨胀。

③浮动汇率制下国际收支顺差的调整。在图 6－26 中，初始国内经济均衡点 A 点位于 $BP_0$ 线左上方，存在国际收支顺差，在外汇市场存在外汇过剩供给。对外输出的商品、劳务、实物资产和金融资产所获得的外汇量，超过从国外购买的商品、劳务、实物资产和金融资产所需支付的外汇量，因而造成了外汇过剩供给。在浮动汇率制下，外汇的过剩供给将导致本币升值，外汇汇率下降，本国商品相对于外国商品更加昂贵，净出口就会减少。一方面，净出口的减少会使 IS 曲线向左移动；另一方面，汇率下降会使 BP 曲线向左移动，当 IS 曲线从 $IS_0$ 移动到 $IS_1$ 而 BP 曲线从 $BP_0$ 移动到 $BP_1$ 时，$IS_1$、LM 和 $BP_1$ 相交于 B 点，同时实现了内部均衡和外部均衡。

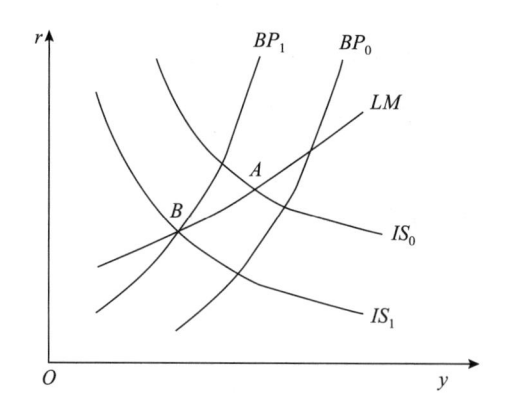

图 6－26 浮动汇率制下国际收支顺差的调整

这里应该指出的是，国际收支顺差的调整是在市场机制的作用下，通过 BP 曲线和 IS 曲线的移动实现的。在浮动汇率制下，中央银行不必为平衡国际收支而改变本国货币供给量，因此 LM 曲线不会发生移动。

④浮动汇率制下国际收支逆差及失业的调整。在图 6－27 中，国内经济均衡点的初始位置是 $IS_0$ 与 $LM_0$ 的交点 A，该均衡点位于 $BP_0$ 曲线右下方，所以是一种存在国际收支逆差的外部不均衡状态。同时 A 点又位于 $y_f$ 的左边，说明这又是一个低于充分就业的均衡，国内经济中存在失业问题。

在浮动汇率制下，国际收支逆差会使本币贬值，外汇汇率升值，BP 线向右移动，同时外汇汇率升值又使净出口额增加，IS 曲线向右移动。由于在浮动汇率制下货币政策的效果要比在固定汇率制下明显,政府可以采用扩张性货币政策使 LM 曲线向右移动。最后当 $IS_1$、$LM_1$ 和 $BP_1$ 在 B 点上相交时,就可以实现国际收支和国内经济在充分就业水平上的同时均衡。

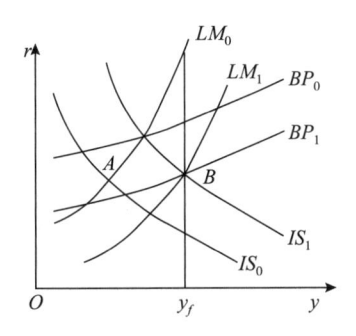

**图 6-27 浮动汇率制下国际收支均衡与充分就业均衡的调整**

在浮动汇率制下实行财政政策的效应则更加复杂,任何一种财政政策都有可能产生双重的作用。例如,当政府采用扩张性财政政策解决国内失业和外部均衡问题时,一方面国内总需求会扩大,国民收入水平上升,进口增加,贸易出现逆差,本国货币贬值;另一方面,国内总需求上升,市场利率提高,又会引起国外资本流入使本国货币出现升值压力。本币两种变化趋势,很难判断哪一种会占优势。因此,在浮动汇率制下,运用货币政策和汇率政策来达到对内和对外的同时均衡比使用财政政策更能得到理想的结果。

# 第七章 通货膨胀与失业

## 第一节 通货膨胀理论

### 一、通货膨胀的类型

**1. 通货膨胀的含义和衡量**

通货膨胀是一般价格水平普遍和持续的上涨。一般价格水平是指物价总水平，而不是个别商品的物价水平。衡量通货膨胀状况的经济指标是通货膨胀率，通货膨胀率是一般价格水平的上涨率。一般价格水平持续上涨才是通货膨胀。衡量价格水平的经济指标是物价指数。物价指数是表示若干种商品价格水平的指数，它一般分为消费物价指数、批发物价指数和国内生产总值（或国民生产总值）折算指数。通过基期和现期的物价指数，就可以计算出通货膨胀率，其方法是用现期物价指数与基期物价指数的差额，除以基期物价指数。

**2. 通货膨胀的类型**

通货膨胀具有不同的类型。依据不同的划分标准，通货膨胀的类型区分也不相同。

①依据通货膨胀率的高低划分。依据通货膨胀率的高低，通货膨胀分为温和的通货膨胀、急剧的通货膨胀和恶性的通货膨胀。

温和的通货膨胀是价格上涨缓慢的通货膨胀，通常是指通货膨胀率为个位数（1%~9%）的通货膨胀。当然，温和的通货膨胀也有程度上的区别，例如，通货膨胀率为1%的通货膨胀和通货膨胀率为9%的通货膨胀都属于温和的通货膨胀，但二者程度差别很大。

急剧的通货膨胀是价格急速上涨的通货膨胀，通常是指通货膨胀率为两位数至三位数（10%~999%）的通货膨胀。急剧的通货膨胀具有更明显的程度上的区别，例如，通货膨胀率为10%的急剧的通货膨胀与通货膨胀率为999%的急剧的通货膨胀，在急剧的程度上是不同的。

恶性的通货膨胀是价格上涨失去控制的通货膨胀，通常是指通货膨胀率为四位数以上（1000%至无穷大）的通货膨胀。

②依据对价格影响的差别划分。依据对不同商品价格影响的差别，可以把通货膨胀划分为平衡通货膨胀和非平衡通货膨胀。

平衡通货膨胀是指所有商品的价格上涨速率相同的通货膨胀，非平衡通货膨胀是指不同的商品的价格上涨速率不相同的通货膨胀。

③依据对通货膨胀的预料程度划分。依据对通货膨胀的预料程度，把通货膨胀划分为预期的通货膨胀和非预期的通货膨胀。

预期的通货膨胀是指商品价格上涨速率在人们预料之中的通货膨胀，非预期的通货膨胀是指商品价格上涨速率不在人们预料之中的通货膨胀。

一般而言，平衡的通货膨胀是可预期的通货膨胀，而非平衡的通货膨胀是非预期的通货膨胀，所以，依据通货膨胀的结构和预期划分的通货膨胀分为平衡的、可预期的通货膨胀和不平衡的、非预期的通货膨胀。平衡的、可预期的通货膨胀条件下的通货膨胀率预期，将被纳入经济交易的价格谈判，形成通货膨胀的惯性。

## 二、通货膨胀的形成原因

形成通货膨胀的原因是多方面的。宏观经济主体及其行为、微观经济主体及其行为，都会从货币供给量、需求、供给、经济结构等方面造成通货膨胀。

**1. 货币供给的增加造成通货膨胀**

把通货膨胀与货币供给联系起来的经济理论是以货币数量论为理论依据。货币数量论用交易方程作为分析工具，提出了商品价格决定于货币供给量的理论。

货币数量论者提出的交易方程表示为：

$$MV = PY \tag{7.1}$$

式（7.1）中的 $M$、$V$、$P$、$Y$ 分别表示货币的供给量、货币的流通速度、商品价格水平和实际国民收入。等式的左边，是经济中的总支出；等式的右边，是名义收入。货币数量论认为，在式中，货币流通速度 $V$ 和实际国民收入 $Y$ 在短期内都是常数，因此，物价水平 $P$ 随着货币供给量的变动而变动。当货币供给量增加时，物价水平就上升，形成通货膨胀。

货币数量论中的传统货币数量论和现代货币数量论在通货膨胀的原因方面，具有相同的观点，但是，两者也有明显的区别，即传统货币数量论认为货币供给量的变动只影响物价的变动，而现代货币数量论则认为货币供给量的变动会影响总产出或国民收入的变动。

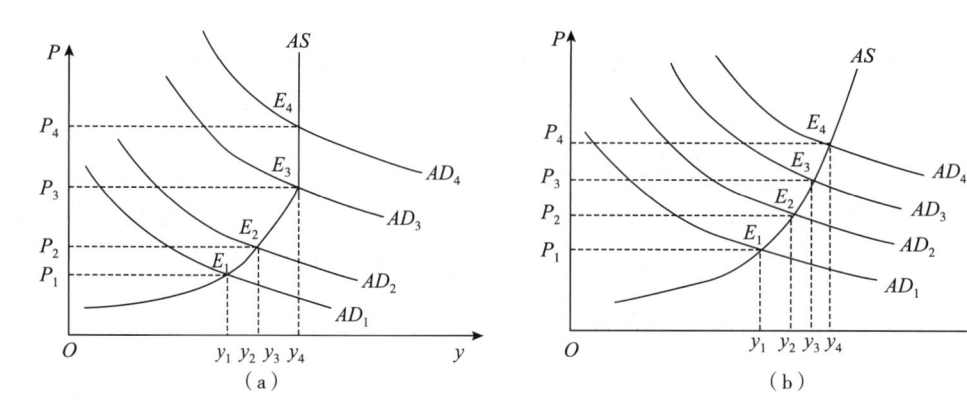

**2. 需求拉动的通货膨胀**

需求拉动的通货膨胀也称为超额需求通货膨胀，是指总需求增加引起的一般价格水平普遍和持续的上涨。

需求拉动的通货膨胀理论有两种：一种是凯恩斯提出的充分就业时的需求拉动的通货膨胀理论；另一种是鲍莫尔提出的非充分就业时的需求拉动的通货膨胀理论。

凯恩斯认为，当经济中实现了充分就业时，如果实际总需求大于实现了充分就业的总需求，其差额就构成了通货膨胀缺口，导致通货膨胀，如图7-1（a）所示。当总需求不断增加、总需求曲线 $AD_1$ 不断右移至 $AD_2$、$AD_3$ 时，价格水平就相应由 $P_1$ 上升到 $P_2$、$P_3$，同时，收入量也由 $y_1$ 不断增加到 $y_2$、$y_3$——这一段的价格上涨是瓶颈式通货膨胀。当总需求 $AD_3$ 继续增加至 $AD_4$ 时，由于总供给已经达到充分就业水平，即 $AS$ 曲线呈现垂直形状，总需求的增加不会使收入 $y_3$ 再增加，故在总供给或收入不变的情况下，价格由 $P_3$ 上升到 $P_4$——这段价格上涨就是需求拉动的通货膨胀。

图7-1 需求拉动的通货膨胀

鲍莫尔认为，不仅在实现了充分就业的条件下会出现通货膨胀，而且在没有实现充分就业的条件下也会出现通货膨胀。未实现充分就业时，总需求增加所引起的通货膨胀率的高低取决于总供给曲线的斜率。总供给曲线的斜率越大，总需求增加所引起的产出就越小，引起的物价上涨的幅度就越大，通货膨胀越严重，如图7-1（b）所示。总供给曲线 $AS$ 一定，总需求 $AD$ 不断增加，当从 $AD_1$ 上升到 $AD_2$ 时，国民收入从 $y_1$ 增加到 $y_2$，当从 $AD_2$ 上升到 $AD_3$ 时，国民收入从 $y_2$ 上升到 $y_3$，当从 $AD_3$ 上升到 $AD_4$

时,国民收入从 $y_3$ 增加到 $y_4$,增加得越来越慢,而价格相应地从 $P_1$ 上升到 $P_2$,从 $P_2$ 上升到 $P_3$,从 $P_3$ 上升到 $P_4$,上升得越来越快。可以看到,当总供给曲线越来越接近潜在产出时,需求增加推动国民收入增长的作用在下降,而推动物价上涨的作用则在上升。总之,当总供给曲线一定时,连续增加总需求,就会在推动国民收入增长的同时,推动物价水平的上涨。这样,当过多的货币支出追逐较少的商品时,就会发生需求拉动的通货膨胀。

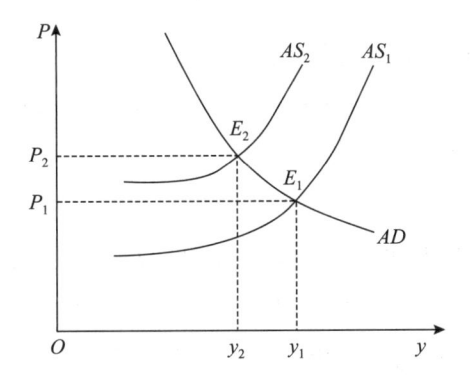

**3. 成本推动的通货膨胀**

成本推动的通货膨胀也称成本通货膨胀或供给通货膨胀,是指总供给减少引起的一般价格水平普遍和持续的上涨。当总需求曲线一定时,总供给曲线因成本提高而向左移动,于是在国民产出降低的同时,物价却上涨了,如图 7-2 所示。

**图 7-2 成本推动的通货膨胀**

总需求曲线 $AD$ 一定,当总供给减少即总供给曲线由 $AS_1$ 向左移动到 $AS_2$ 时,国民收入由 $y_1$ 减少到 $y_2$,价格则由 $P_1$ 上升到 $P_2$。

成本推动的通货膨胀原因有工资成本增长、利润增长和进口原料成本增长,与此对应,有三种成本推动的通货膨胀的理论:第一种是工资成本推动通货膨胀理论;第二种是利润推动通货膨胀理论;第三种是原料成本推动通货膨胀理论。

工资成本推动的通货膨胀是指工资上涨引起的物价的普遍上涨。工资成本推动通货膨胀的理论认为,工会组织对增加工资的要求是引起成本推动的通货膨胀的原因。在工会组织的要求下,劳动市场成为不完全竞争的生产要素市场,企业在许多工会会员失业的情况下,仍然支付高工资。由于工资决定中攀比原则的存在,没有工会的企业也支付高工资,而低工资无法留住企业所需要的工人。于是,工资成本就会普遍上涨,导致物价普遍上涨,出现通货膨胀。

利润推动的通货膨胀是指具有垄断地位的企业为实现更多的利润而提高价格所引起的一般价格水平的普遍上涨。利润推动的通货膨胀的理论认为，垄断企业作为产品供给方，不是市场价格的接受者，而是价格的操纵者，操纵价格是一种能够得到高额利润的垄断价格，操纵价格大量存在会引起物价的普遍上涨，引发通货膨胀。

原料成本推动的通货膨胀是指进口原料的价格提高引起的物价的普遍上涨。原料成本推动的通货膨胀的理论认为，一国从外国进口的商品作为生产原料进入本国市场，当这种进口商品的价格上涨后，本国的生产成本会上升，推动本国物价上涨，引发通货膨胀。

**4. 混合通货膨胀**

混合通货膨胀是指由需求拉动和成本推动共同作用所引发的通货膨胀。如上所述，需求具有拉动通货膨胀的作用，成本具有推动通货膨胀的作用。但是，通货膨胀很少单独由需求拉动决定，或只是由成本推动决定，而是由需求拉动和成本推动这两种因素共同决定，如图7-3所示。

从图7-3中可以看出，由总供给曲线$AS_1$与总需求曲线$AD_1$决定的均衡价格为$P_1$，当总需求曲线移动到$AD_2$时，均衡价格是$P_2$，$P_2$大于$P_1$，说明总需求增加拉动了价格的上涨。当总需求曲线上升到$AD_2$后，由于成本上升使总供给减少，总供给曲线由$AS_1$向左移动到$AS_2$。$AS_2$与$AD_2$决定的均衡价格是$P_3$，$P_3$大于$P_2$，表明价格在成本推动下再次上升。实际价格运动过程中，需求拉动价格提高与成本推动价格提高往往是相互联系的。需求拉动价格提高后，生产要素价格的提高决定了成本提高，决定了等量成本形成了比较低的产品供给，从而导致总供给曲线的左移，导致成本推动的通货膨胀；成本提高后形成的比较低的总供给，使需求增加，较少的货币追逐更少的商品，强化了提高价格的作用。

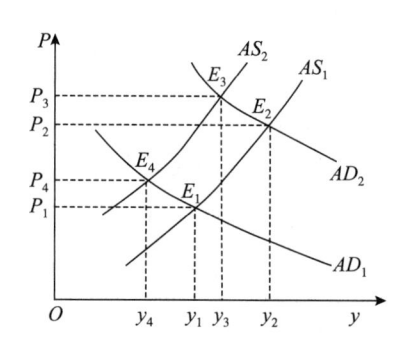

图7-3 混合通货膨胀

**5. 结构性通货膨胀**

结构性通货膨胀是指经济结构的非均衡状况所引起的一般价格水平普遍和持续的上涨。结构性通货膨胀理论认为，在没有需求拉动和成本推动的条件下，只是经济结构的失衡也可以引发通货膨胀。在现实经济中，通常工业部门是劳动生产率不断提高的先进部门，而服务业则属于劳动生产率相对较低的保守部门。劳动生产率高的生产部门提高了货币工资后，劳动生产率低的生产部门的货币工资也在公平原则下提高，否则劳动生产率低的生产部门的工人就感到不公平。当劳动生产率低的生产部门的货币工资也提高以后，劳动生产率低的生产部门提供的产品（或服务）的价格也必然提高。这样，整个社会工资增长率高于劳动生产率的增长率，引发了一般物价水平持续和普遍的上涨，出现通货膨胀。

### 三、通货膨胀螺旋

通货膨胀螺旋是指通货膨胀的连续性。通货膨胀螺旋是由通货膨胀预期和惯性决定的。在现代经济中，人们根据市场上的价格信息进行交易谈判，以契约形式决定产品和生产要素的价格。在通货膨胀的条件下，人们总是根据现有的通货膨胀率预期未来的通货膨胀率，并根据这种对未来通货膨胀率的预期改变产品和生产要素的价格。这种经济现象的持续造成通货膨胀的连续性，形成通货膨胀螺旋。

经济学家萨缪尔森认为，通货膨胀螺旋的具体形式，是由实际失业率与自然失业率的相对关系决定的。当实际失业率小于自然实业率时，通货膨胀螺旋具有上升的趋势；当实际失业率大于自然失业率时，通货膨胀螺旋具有下降的趋势。斯蒂格利茨认为，通货膨胀不是价格水平的一次性改变，而是价格水平的持续上升。他认为通货膨胀螺旋的基本特性是它的自我维持性。

### 四、通货膨胀的经济效应

通货膨胀的经济效应是指通货膨胀对收入分配、就业、产出等经济变量的影响。

**1. 通货膨胀的收入分配效应**

在市场经济中，产品价格和生产要素价格执行着收入分配的功能。通货膨胀这种普遍的物价上涨具有收入分配效应。①通货膨胀使政府获得常说的通货膨胀税收。政府发行货币，使用刚发行的货币采购商品，货币进入流通领域，价格水平提高，政府使用新发行的货币购买价格未被推高前的商品，使得政府收入增加，即为通货膨胀税。通货膨胀税不同于其他税种，是一种隐蔽的税收。如果政府用这种通货膨胀税收去投资,且与私人投资形成互补性,那么,通货膨胀的收入分配效应就对经济增长有一定的正面影响。②在分配上不利于低收入者,有利于高收入者。低收入者收入来源相对单一,其实际收入因通货膨胀而减少或增长缓慢,是通货膨胀的受害者。高收入者一般有多种资产形式和非工资收入,可以利用通货膨胀造成的人们购买行为的预期调整变化将通货膨胀的损失转嫁出去。③调整债权人与债务人之间的分配关系。由于利息率调整的灵敏性低于商品价格,所以,在通货膨胀条件下,债务人可以用贬值的货币偿还债务,而债权人则只能以贬值的货币实现债权。实际利息率等于名义利息率与通货膨胀率的差额,如果通货膨胀率超过了名义利息率,债权人实现的实际利息将是负值。

**2. 通货膨胀的就业效应**

在通货膨胀条件下,人们的购买行为提前使需求增加;物价上涨推动供给上升,从而刺激厂商增加投资、增加产出。对生产要素的需求是一种引致需求,产品市场需求和供给的增加,推动着劳动需求的增加,从而增加就业。

**3. 通货膨胀的产出效应**

通货膨胀对产出的影响是通过影响总需求和总供给实现的。简单国民收入决定理论只分析了在价格不变的条件下商品市场上收入与支出的关系。在价格一定时,收入和支出的关系决定了国民收入的产出量。在前文的 $LM-IS$ 模型分析中,在简单国民收入决定理论的基础上,增加了货币市场的均衡分析,但关于国民收入的分析仍然是以价格不变为前提的。在前文的 $AD-AS$ 模型分析中,说明了在国民收入随 $AD$ 与 $AS$ 变动的同时,价格也相应发生了变动。上述分析方法是静态分析和比较静态分析。本部分将从动态角度进行分析,即总需求是动态总需求,总供给是动态总供给,而总需求与总供给的关系也是动态的总需求与动态的总供给的关系。

(1) 动态总需求曲线

动态总需求曲线是在通货膨胀率与国民收入平面中反映通货膨胀率与总需求之间关系的几何线。此处用 $DAD$ 表示动态总需求曲线,因为动态总需求既与产品市场的均衡有联系,又与货币市场的均衡有联系,所以仍然可以从 $LM-IS$ 模型分析中求得。

假设需求函数是线性函数,产品市场的均衡条件可以表述为:

$$y = a(\bar{A} - br) \tag{7.2}$$

式 (7.2) 中, $a$ 为乘数, $\bar{A}$ 为自发支出(包括了家庭消费、投资和政府支出在内的自发性支出），$br$ 为非自发支出或引致支出，是由利率决定的支出。自发支出和非自发支出的代数和与乘数的乘积，就是国民收入的量。

在货币市场上，实际的货币需求量等于实际的货币供给量，即 $L = m$，又因为 $L = L_1 + L_2 = L_1(y) + L_2(r) = ky - hr$，$m = \dfrac{M}{P}$，所以，$ky - hr = \dfrac{M}{P}$，经整理，可得货币市场均衡条件：

$$r = \frac{1}{h}\left(ky - \frac{M}{P}\right) \tag{7.3}$$

式（7.3）其实也就是式（2.17）。把式（7.2）代入式（7.3），得到产品市场和货币市场同时实现均衡的产出（即实际的国民收入）水平如下：

$$y = a\left[\overline{A} - \frac{b}{h}\left(ky - \frac{M}{P}\right)\right] \tag{7.4}$$

将式（7.4）展开，忽略其中的 $\dfrac{b}{h}ky$ 值，整理，式（7.4）可改写为：

$$y = r\left(\overline{A} + \frac{b}{h}\frac{M}{p}\right) \tag{7.5}$$

式（7.5）表明，总需求 $y$ 由自发支出和实际货币余额决定。

$$\begin{aligned}y_{t+1} - y_t &= r\left[\overline{A}_{t+1} + \left(\frac{b}{h}\frac{M}{P}\right)_{t+1}\right] - r\left[\overline{A}_t + \left(\frac{b}{h}\frac{M}{P}\right)_t\right] \\ &= r\left\{(\overline{A}_{t+1} - \overline{A}_t) + \frac{b}{h}\left[\left(\frac{M}{P}\right)_{t+1} - \left(\frac{M}{P}\right)_t\right]\right\}\end{aligned} \tag{7.6}$$

式（7.6）表明，产出的变动取决于前后期的产出差额，即取决于前后期的自发支出的差额与前后期的实际货币余额的差额。对式（7.6）进行简化后可得：

$$\Delta y = r\Delta \overline{A} + r\frac{b}{h}\Delta\left(\frac{M}{P}\right) \tag{7.7}$$

通过对式（7.5）取差分，并把实际货币额 $\dfrac{M}{P}$ 的变化率 $\Delta\left(\dfrac{M}{P}\right)$ 用货币增长率与通货膨胀率的差来表示，得到下式：

$$\Delta y = r\Delta\overline{A} + \Phi(m - \pi) \tag{7.8}$$

式 (7.8) 中，$\Phi$ 是大于零的参数，$\Phi(m-\pi)$ 表示实际货币余额的变化，其中的 $m = \dfrac{\Delta M}{M}$。这个式子表明，若货币供给增长快于价格增长，实际货币余额就增多，反之就减少。把 $\Delta y = y_{t+1} - y_t$ 代入式 (7.8)，就有：

$$y_{t+1} - y_t = r\Delta \overline{A} + \Phi(m - \pi) \tag{7.9}$$

整理式 (7.9)，求得关于通货膨胀率的线性函数为：

$$\pi = \frac{r}{\Phi}\Delta \overline{A} + m - \frac{1}{\Phi}(y_{t+1} - y_t) \tag{7.10}$$

用 $\sigma A$ 代替 $\dfrac{r}{\Phi}\Delta \overline{A}$，就有：

$$\pi = \sigma A + m - \frac{1}{\Phi}(y_{t+1} - y_t) \tag{7.11}$$

式 (7.11) 中，$\sigma$ 表示大于零的参数，$A$ 表示自发的总支出的变化。取通货膨胀率为纵轴，产出为横轴，在这个平面中把式 (7.10) 表现出来，就是图 7-4 中的动态总需求曲线。

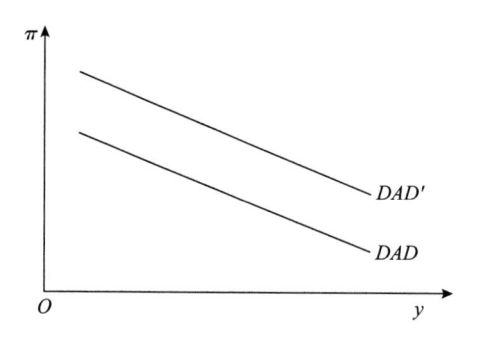

图 7-4 动态总需求曲线

从图 7-4 中可以发现，动态总需求曲线是向右下方倾斜的曲线，表明总需求与通货膨胀率之间存在着反向变化关系。由式 (7.8) 和式 (7.10) 可知，总需求曲线的位置取决于多种因素，如上下期的产出水平、自发总支出变化和货币增长率等。当其他条件一定时，动态总需求曲线随货币增长率的提高而向右方移动，如图中从 DAD 移动

到 $DAD'$。

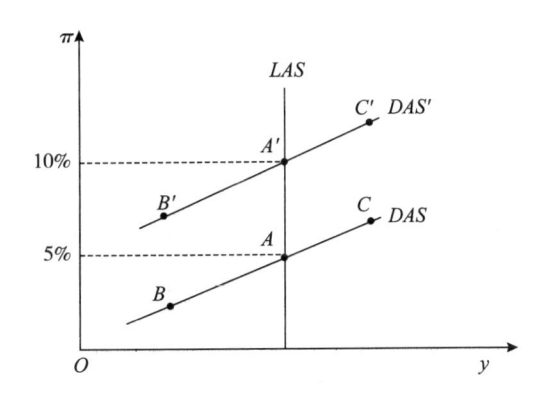

(2) 动态总供给曲线

动态总供给曲线是在通货膨胀率与国民收入平面中反映通货膨胀率与总供给之间关系的几何线。动态总供给曲线分为短期总供给曲线和长期总供给曲线。

短期总供给曲线的位置与实际通货膨胀率、预期通货膨胀率、潜在产出和实际产出相关联。当实际通货膨胀率小于预期通货膨胀率时，实际产出小于潜在产出；当实际通货膨胀率大于预期通货膨胀率时，实际产出大于潜在产出；当实际通货膨胀率等于预期通货膨胀率时，实际产出等于潜在产出。这样的数量关系用下式表示：

$$\pi_t = \pi^e + \lambda(y_{t-1} - y^*) \tag{7.12}$$

式 (7.12) 中，$\pi_t$ 为 $t$ 时期实际通货膨胀率，$\pi^e$ 为预期通货膨胀率，$\lambda = \dfrac{h}{y^*}$，$\lambda$ 与 $h$ 为常数，$y_{t-1}$ 为 $t-1$ 时期实际产出，$y^*$ 为潜在产出。

**图 7-5　动态总供给曲线**

图 7-5 中的短期总供给曲线 $DAS$ 和 $DAS'$ 表示的预期通货膨胀率不同，$DAS$ 的预期通货膨胀率是 5%，$DAS'$ 的预期通货膨胀率是 10%，但同一条动态总供给曲线表示的预期通货膨胀率是相同的。$DAS$ 曲线上的 $A$ 点表示的预期通货膨胀率等于实际通货膨胀率，$B$ 点的预期通货膨胀率大于实际通货膨胀率，$C$ 点的预期通货膨胀率小于实际通货膨胀率。同样，在 $DAS'$ 曲线上，$A'$ 点的预期通货膨胀率等于实际通货膨胀率，$B'$ 点的预期通货膨胀率大于实际通货膨胀率，$C'$ 点的预期通货膨胀率小于实际通货膨胀率。过 $A$ 点和 $A'$ 点的连线，构成动态总供给曲线 $LAS$，在这条线上，预期通货膨胀率等于实际通货膨胀率，实际产出量等于潜在产出量。这表明，在短期中，实际产出量受到通

货膨胀的影响,因为人们在短期中的通货膨胀率预期往往与实际通货膨胀率有差别,但是在长期中,人们对通货膨胀率的预期越来越接近实际通货膨胀率,使通货膨胀率对产出的影响趋向零。

(3) 通货膨胀与产出

动态总需求曲线和总供给曲线可用来揭示通货膨胀率和产出的决定,如图 7-6 所示。

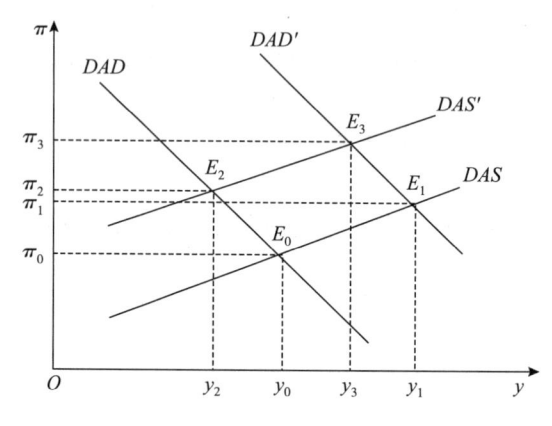

图 7-6 通货膨胀和产量

图 7-6 中动态总需求曲线 DAD 与动态总供给曲线 DAS 相交于 $E_0$ 点,在 $E_0$ 点,通货膨胀率和产出分别为 $\pi_0$ 和 $y_0$。当总需求曲线和总供给曲线的位置一定时,实际通货膨胀率和实际产出也是一定的;当总需求曲线和总供给曲线变动时,实际通货膨胀率和实际产出也相应发生变动。在短期中,只存在总需求曲线或总供给曲线的一种曲线变动,这种变动决定了实际通货膨胀率和实际产出的变动。在长期中,总需求曲线和总供给曲线都变动,这种变动可以综合性地决定实际通货膨胀率和实际产出,如图 7-6 中的 $E_1$ 点,通货膨胀率和产出都提高了。

假设在短期中只有总需求曲线变动。这时,总需求曲线向右移动,实际通货膨胀率和产出提高,如图中 DAD 移动到 DAD'后均衡点从 $E_0$ 点移到 $E_1$ 点,此时的通货膨胀率 $\pi_1$ 高于 $\pi_0$,$y_1$ 产出高于 $y_0$。总需求曲线的移动与货币增长率相关,如果通货膨胀率上升的幅度小于货币增长率,说明增长的货币有一部分被产出吸收。假设产出没有增长,那么新增货币在原来通货膨胀率的基础上,全部用来提高通货膨胀率。而产出增长后,新增货币中有一部分用来使新增产出实现价格,而只有一部分用来提高通货膨胀率。

假设在短期中只有总供给曲线变动。这时,总供给曲线向左移动,实际通货膨胀率提高，产出下降，如图中的 DAS 移动到 DAS′ 后均衡点从 $E_0$ 点移动 $E_2$ 点，此时的通货膨胀率 $\pi_2$ 高于 $\pi_0$，但是产出 $y_2$ 低于 $y_0$。如果总供给曲线向左移动由预期通货膨胀率提高引起，由于通货膨胀率预期具有通货膨胀惯性作用，就使实际通货膨胀率进一步提高，产出则更低。

在长期中，总需求曲线和总供给曲线均可变。在长期中，预期通货膨胀率将与实际通货膨胀率相等，产出将稳定在潜在产出水平，即：$\pi^e = \pi$，$y = y^*$。这意味着，在长期中，货币增长率对产出没有影响，只推动通货膨胀率提高，即：$\pi = m$，$y = y^*$。在长期中，产出等于潜在产出，通货膨胀率由货币增长率决定。这给我们一个重要启示：如果要控制通货膨胀率，就必须控制货币增长率。

### 五、反通货膨胀的政策

**1. 用衰退来降低通货膨胀率**

用衰退来降低通货膨胀率是指通过降低国民收入来降低通货膨胀率的方法。根据降低国民收入速度的快慢，用衰退降低通货膨胀率的方法分为渐进式降低通货膨胀率的方法和激进式降低通货膨胀率的方法。

渐进式降低通货膨胀率的方法是指用较长的时间和每个时期降低较少的通货膨胀率来消除通货膨胀。实际通货膨胀率取决于人们对通货膨胀率的预期和通货膨胀压力，即实际通货膨胀率是通货膨胀率预期与通货膨胀压力之和，可表示为：

$$\pi_t = \pi^e + h\frac{y_{t-1} - y^*}{y^*} \tag{7.13}$$

式（7.13）中，$\pi_t$ 表示 $t$ 时期的通货膨胀率，$\pi^e$ 为预期通货膨胀率，$h$ 是常数，$y_{t-1}$ 表示 $t-1$ 期实际国民收入，$y^*$ 表示潜在国民收入，$\frac{y_{t-1} - y^*}{y^*}$ 表示通货膨胀压力。$\pi^e$ 可以用上一时期的通货膨胀率即 $\pi_{t-1}$ 来表示，所以，式（7.13）又可以表达为：

$$\pi_t = \pi_{t-1} + h\frac{y_{t-1} - y^*}{y^*} \tag{7.14}$$

运用紧缩的财政政策和货币政策把实际国民收入 $y_{t-1}$ 降低，这种降低国民收入的过程，实际上就是一次经济衰退过程，衰退的程度取决于实际国民收入下降的程度。随着经济衰退，通货膨胀率就会下降。渐进式降低通货膨胀率的过程中，实际国民收入是缓慢下降的，如图 7-7 所示。

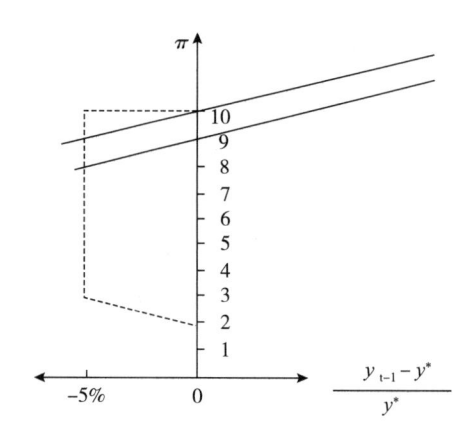

图 7-7 渐进式降低通货膨胀率的方法

下面举例说明，假设一个经济社会在第 0 期（$t=0$）时具有 10% 的通货膨胀率，其潜在的国民收入是 100 个货币单位，又假设这个经济社会试图把 10% 的通货膨胀率降到 2%。为此，这个经济社会必须以降低实际国民收入来降低通货膨胀率。假设它每年的实际国民收入下降到潜在国民收入的 95%，那么，这个经济社会到了第九个年头，就可以实现把通货膨胀率降低到 2% 的目标。具体过程是：

第 0 年（$t=0$），$\pi_0 = \pi_{t-1} + h\dfrac{y_{t-1}-y^*}{y^*} = 10\% + 0.2 \times \dfrac{100-100}{100} = 10\%$

第 1 年（$t=1$），$\pi_1 = \pi_0 + h\dfrac{y_0-y^*}{y^*} = 10\% + 0.2 \times \dfrac{100-100}{100} = 10\%$

第 2 年（$t=2$），$\pi_2 = \pi_1 + h\dfrac{y_1-y^*}{y^*} = 10\% + 0.2 \times \dfrac{95-100}{100} = 9\%$

……

依此类推，到了第 9 年，实现了通货膨胀率由 10% 降低到 2% 的目标。假设第 10 个年头在新的通货膨胀预期条件下，实际国民收入达到了潜在国民收入的水平，这时通货膨胀压力为 0，通货膨胀率等于预期通货膨胀率。上述过程详如表 7-1 所示：

表 7-1 渐进式降低通货膨胀率的过程

| 年份 $t$ | 0 | 1 | 2 | 3 | 4 | 5 | 6 | 7 | 8 | 9 | 10 |
|---|---|---|---|---|---|---|---|---|---|---|---|
| 预期通胀率 $\pi_{t-1}$ | 10% | 10% | 10% | 9% | 8% | 7% | 6% | 5% | 4% | 3% | 2% |
| $h\dfrac{y_{t-1}-y^*}{y^*}$ | 0 | 0 | -1% | -1% | -1% | -1% | -1% | -1% | -1% | -1% | 0 |
| 实际通胀率 $\pi_t$ | 10% | 10% | 9% | 8% | 7% | 6% | 5% | 4% | 3% | 2% | 2% |

激进式降低通货膨胀率的方法是用较短的时间和每个时期降低较多的通货膨胀率来消除通货膨胀。依据附加预期变量的价格调整方程，只要把实际国民收入下调的力度加大，就可以减轻通货膨胀的压力，从而实现快速降低通货膨胀率的目标（如图7-8所示）。假如上例中的实际国民收入不是降低到95个货币单位，而是降低到90个货币单位，那么，在第5年就可以实现目标，而不是在第9年。

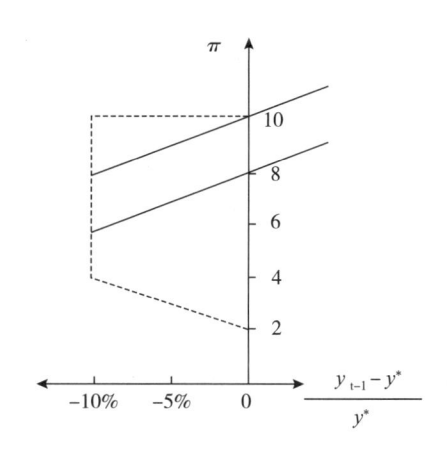

**图7-8 激进式降低通货膨胀率的方法**

第0年（$t=0$），$\pi_0 = \pi_{t-1} + h\dfrac{y_{t-1} - y^*}{y^*} = 10\% + 0.2 \times \dfrac{100-100}{100} = 10\%$

第1年（$t=1$），$\pi_1 = \pi_0 + h\dfrac{y_0 - y^*}{y^*} = 10\% + 0.2 \times \dfrac{100-100}{100} = 10\%$

第2年（$t=2$），$\pi_2 = \pi_1 + h\dfrac{y_1 - y^*}{y^*} = 10\% + 0.2 \times \dfrac{90-100}{100} = 8\%$

……

依此类推，这种激进的降低通货膨胀率的过程如表7-2表示：

**表7-2 激进式降低通货膨胀率的过程**

| 年份 $t$ | 0 | 1 | 2 | 3 | 4 | 5 | 6 |
|---|---|---|---|---|---|---|---|
| 预期通胀率 $\pi_{t-1}$ | 10% | 10% | 10% | 8% | 6% | 4% | 2% |
| $h\dfrac{y_{t-1}-y^*}{y^*}$ | 0 | 0 | -2% | -2% | -2% | -2% | 0 |
| 实际通胀率 $\pi_t$ | 10% | 10% | 8% | 6% | 4% | 2% | 2% |

经济学家认为，渐进式降低通货膨胀率的方法与激进式降低通货膨胀率的方法各

有优劣。激进式降低通货膨胀率的方法能够在较短时期内比较快地实现降低通货膨胀率的目标，增强社会对政府控制物价能力的信心，降低通货膨胀的心理预期，但短期内带来的失业量也很大；渐进式降低通货膨胀率的方法是逐步降低失业率，使社会承受较小的失业压力，但社会在较长时间内承受着较高的通货膨胀率。

### 2. 收入政策

收入政策是政府为了降低一般物价水平上升的速度而采取的限制货币工资和价格的政策。因此，收入政策也叫工资和物价管制政策。

收入政策的理论基础是成本推动通货膨胀理论。经济学家认为工会是垄断组织，工会与垄断厂商分别具有提高工资与商品价格的垄断力量，工会与垄断厂商的垄断使生产成本不断上升，导致了成本推动的通货膨胀。因此，要降低通货膨胀率，就要对工资和物价进行管制，实施收入政策。

收入政策有三种具体方法。

①实施工资和价格指导。工资和价格指导就是把工资和物价上涨的幅度限定在一定的范围内。

②冻结工资和物价。这种政策在抑制工资和物价上涨方面一般会收到比较显著的效果。

③实施以税收为基础的收入政策。这种政策以减税、增税作为奖惩手段，以减税政策来奖励工资增长不超过规定界限的企业，对工资增长超过规定界限的企业实施增税政策以示惩罚。实质上，这种政策仅为企业抑制工资上涨提供了政策依据和动力。

### 3. 改变预期

改变预期是指在相信政府有控制通货膨胀能力的基础上改变对通货膨胀率的预期。改变预期就可以抑制工资与物价螺旋上升。斯蒂格利茨认为，通货膨胀的心理预期对通货膨胀起着巨大的作用，如想实现引导物价和工资不持续上涨的目标，在很大程度上应当打破企业和工人对通货膨胀的心理预期。要打破人们对通货膨胀的心理预期，政府必须对经济实施剧烈的、持久的干预，否则就不能实现改变预期以控制通货膨胀的目的。

如果政府控制通货膨胀率的措施足以使社会相信政府控制通货膨胀的能力，社会就会降低甚至消除对通货膨胀的预期，使政府为增加就业而采取的政策产生有效性。

如果政府控制通货膨胀率的措施不足以使社会相信政府控制通货膨胀的能力，通货膨胀预期就不能消除，就会继续推动通货膨胀。社会对通货膨胀的心理预期具有惯性，正因为如此，渐进式降低通货膨胀率的方法和激进式降低通货膨胀率的方法相比较，激进式降低通货膨胀率的方法在降低通货膨胀率的作用上比渐进式降低通货膨胀率的方法更有效，因为它更能体现政府控制通货膨胀的决心，更能增强公众对政府控制通货膨胀的信心，从而降低通货膨胀的心理预期。

**4. 实施异端稳定措施**

异端稳定措施是针对恶性通货膨胀而采取的控制通货膨胀的方法。

①恶性通货膨胀的表现。恶性通货膨胀是指通货膨胀率在1000%以上的超级通货膨胀。超级通货膨胀是指通货膨胀率在100%以上的通货膨胀，超级通货膨胀在不断恶化的过程中一旦超过1000%，就演变成了恶性通货膨胀。

②恶性通货膨胀的形成原因。恶性通货膨胀的产生，既有一般原因又有特殊原因。恶性通货膨胀产生的一般原因是货币供给的高速增长。恶性通货膨胀产生的特殊原因是各种重大事件，例如战争、巨大的财政赤字和债务等。在战争中，政府为了更多地从社会无偿得到战争资源，就通过货币的财政发行从市场上抢购物资。一国政府如果积累了巨大的财政赤字和债务，就形成巨大的恶性通货膨胀的压力。为减少巨大的财政赤字和债务，将债务负担转移到社会或国外，一国政府往往实施通货膨胀的政策。在国内，通货膨胀的政策可以减少国家的债务负担；在国际上，如果债务国是国际货币发行国，它实施通货膨胀的政策可以使自身少偿还外债。

③制止恶性通货膨胀的措施。恶性通货膨胀是一种严重的经济综合征。对恶性通货膨胀的制止必须采取多种措施，主要包括以下几种。

第一，制止汇率下降。通常一个国家的汇率下降，会使进口商品价格上涨。如果这些商品成为一国的生产成本，以成本推动的形式推动国内物价上涨。因此，制止本国汇率下降，在一定程度上可以制止国内通货膨胀。

第二，制止大规模的预算赤字。财政赤字过大是造成恶性通货膨胀的原因之一。因此，要制止恶性通货膨胀，就必须极大地降低预算赤字。

第三，实施异端稳定措施。异端稳定措施是指除货币和财政措施之外的制止通货膨胀的措施，包括对工资和物价的直接干预、暂停偿还外债、进行货币改革等。

第四，对工资和物价的直接干预。这是通过设置工资和价格的上限来制止通货膨胀的方法。这样的方法可以制止成本上涨，提高社会对物价稳定计划的信心，改变通货膨胀预期，克服通货膨胀惯性。

第五，暂停偿还外债。如果一个国家的外债偿还时间比较集中，且数量巨大，同时出口又乏力，就会形成汇率下降和通货膨胀的经济态势。在这种情况下，暂时停止偿还外债，可以使有限的外汇储备稳定汇率，制止汇率下降和通货膨胀。

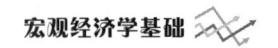

第六，进行货币改革。当本币由于通货膨胀使物价数字十分巨大时，就会产生一种奇特的市场病症——计数疲劳症，是人们因计算物价难度的加大而产生的心理病症。在这种情况出现后，货币改革成为一项抑制恶性通货膨胀的必要措施。

## 第二节 通货紧缩理论

### 一、通货紧缩的含义、实质和衡量

**1. 通货紧缩的含义**

通货紧缩是通货膨胀的对称，是指一般物价水平普遍和持续的下跌。物价的持续下跌是指物价至少已经下降了6个月以上。根据物价的暂时变动，不能得出是否存在通货膨胀和是否存在通货紧缩的结论。

通货紧缩（deflation）不等于通货非膨胀（disinflation）。通货紧缩是指物价总水平的持续下跌，而通货非膨胀是指通货膨胀率的下降。在通货非膨胀时，物价仍然缓慢提高，而在通货紧缩时，物价总水平持续下降。

通货紧缩的定义，有单一标准与多重标准。单一标准的通货紧缩是以一般物价的持续下降为标准。多重标准的通货紧缩，除有一般物价水平的持续下降外，还有货币供应量和产出下降作为衡量。通货紧缩的多重标准说把引起通货紧缩的所有原因都归属于通货紧缩的内涵，但这样也会导致将引起通货紧缩的一些偶然性的因素当成通货紧缩的必然性因素。

**2. 通货紧缩的实质**

通货紧缩的实质是较多的商品追逐较少的货币。在市场上，商品与货币的关系有三种情况：①当商品实现的价值额与货币实现的价值额相等的时候，货币对物价的影响就趋于零；②当商品实现的价值额小于货币实现的价值额的时候，货币对物价的影响是正值，持续如此，就会出现通货膨胀；③当商品实现的价值额大于货币实现的价值额的时候，较多的商品追逐较少的货币，货币对物价的影响是负值，持续如此，就出现通货紧缩。与通货膨胀相比较，可以说通货紧缩是负通货膨胀。

**3. 通货紧缩的衡量**

通货紧缩作为负通货膨胀，其衡量指标可以从通货膨胀的衡量指标中得出。如前所述，计算通货膨胀率的方法是用现期物价指数与基期物价指数的差额，除以基期物价指数。这时，只要现期物价指数高于基期物价指数，就得到一个正值，这个正值就是通货膨胀率。反之,如果现期物价指数小于基期物价指数,就得到一个负值,这个负值就是通货紧缩的幅度。通货紧缩的幅度,在这里也可以叫作通货紧缩率。如果我们用 $\pi$ 表示通货膨胀率,那么通货紧缩率就是 $-\pi$。于是,计算通货紧缩率的公式就是:

$$-\pi = \frac{P_{t+1} - P_t}{P_t} \tag{7.15}$$

式（7.15）中,$P_{t+1}$ 表示现期物价指数,$P_t$ 表示基期物价指数,在通货紧缩时,$P_{t+1} < P_t$,所以 $\frac{P_{t+1} - P_t}{P_t}$ 是负值。

## 二、通货紧缩的类型

通货紧缩可以分为金本位制下的通货紧缩和纸币本位制下的通货紧缩。

**1. 金本位制下的通货紧缩**

金本位制下的通货紧缩是金币供应不能满足商品供给而导致的物价的持续下降。在金本位制下,市场上流通的是金币。不考虑对外贸易,取得金币材料的唯一途径是黄金生产。但是,黄金生产的速度赶不上黄金之外的商品生产速度,加之货币流通速度在一定条件下是一定的,所以,金币实现商品价值的能力与商品价值实现对金币的需求之间就出现巨大的不平衡,这就出现了不断增多的商品追逐相对减少的金币的情况,物价下降。就这一角度而言,黄金作为货币具有一种紧缩倾向,这使金本位制最终退出了历史舞台。

**2. 纸币本位制下的通货紧缩**

纸币本位制下的通货紧缩是纸币供应不能满足商品供给而导致的物价的持续下降。在纸币本位下,货币的供应是多渠道、多层次的。一般来说,中央银行基于法律赋予的货币发行权成为货币的供应者,但商业银行的存贷业务具有派生货币的能力。这样,货币的实际供应就不只依赖于中央银行。

在纸币本位制下,货币分为现金、狭义货币和广义货币。狭义货币和广义货币对物价起作用的形式,取决于各种存款能否转换为贷款,能否向投资和消费转化。假设存款没有转化为贷款,那么这部分存款就等于退出了商品流通领域,起不到实现商品价值的作用,客观上起到了降低物价的作用；转化为贷款的存款则进入了商品流通领域,起到了实现商品价值和抬高物价的作用。因此,现实的货币供应与狭义或广义的货币供应并不是在任何情况下都是等同的。

假设能够全部实现狭义货币或广义货币向现实货币供应的转变，仍然存在着一般物价水平的持续下降，就表明狭义货币或广义货币的供应低于商品价值实现对货币的需求量。此时通货紧缩的根源，是货币发行量低于货币需求量。如果未能实现上述转化，当狭义货币或广义货币的数量很大但是现实的货币供应却不能满足商品价值实现对货币数量的需求时，也会出现一般物价的持续下降。此时通货紧缩的根源，并不是货币发行量低于货币需要量，而是投资紧缩和消费紧缩导致的有效需求不足。因此，在纸币本位制下，货币发行低于货币的需要量，或者有效需求不足，都可以导致通货紧缩。

### 三、通货紧缩的原因

关于通货紧缩的原因，学术界有生产力学说、金融不稳定学说、货币均衡学说、国际传导学说等。

**1. 生产力学说**

古典经济学家李嘉图提出了关于通货紧缩的生产力学说。这种理论认为，物价水平降低的原因是生产力水平和供给能力提高。该理论指出了物价与生产力的关系，但是没有指出物价除与生产力有关之外，还与一系列影响乃至决定商品生产和货币供应的因素有关。

生产力学说只有在严格满足货币是金币且全部进入流通，黄金生产力低于商品生产力，政府不干预市场等条件才成立。但是，商品经济发展到一定程度，黄金必然退出货币领域，政府也必然对市场进行干预。

**2. 金融不稳定学说**

卡塞尔等人在20世纪初提出了关于通货紧缩的金融不稳定学说。该学说认为，企业过度负债导致的金融不稳定是通货紧缩的原因。在一些有利于实现企业目标的生产条件出现后，企业具有投资扩张的巨大动力。但是，投资扩张的资本来源于储蓄增加或消费减少，当投资形成巨大生产能力后，产品的销售却因消费减少而萎缩。此时，随着偿还贷款期限的到来，企业因销售不畅而难以偿还贷款，为了偿还贷款，企业或借新债还旧债，或被迫低价出售商品和资产，有的则破产倒闭。银行因呆账和坏账而蒙受损失，于是降低贷款额，从而出现惜贷现象。最终企业扩张受到抑制，物价持续下降，出现通货紧缩。

### 3. 货币均衡学说

货币均衡学说将物价水平与利率关联起来。李嘉图认为，物价与利率成反比，利率低物价高，利率高物价则低。与之相反，图克则认为，物价与利率成正比，利率低并不一定导致物价高。利率低时，企业成本降低，物价下降；利率高时，企业成本提高，物价提高。学术界将李嘉图和图克之间的不同意见叫作李嘉图-图克之谜。

破解李嘉图-图克之谜，可以利用利息率的物价效应。威克塞尔指出，物价同利率的关系不是直接的对比关系，因此，不能简单地说物价与利率成正比或成反比。他认为，如果将价格水平与利率作通常的对比，则会发现，价格上涨不但可以与低利率并存，也同样可以与不变利率或高利率并存；价格下跌不但可以与不变利率或低利率并存，也可以与高利率并存。威克塞尔将利率区分为自然利率与货币利率，认为货币利率是货币市场上的贷款利率，而自然利率是实物资本的预期边际收益，或者说是储蓄与投资相等时的利率。当储蓄等于投资时，货币利率等于自然利率，此时物价不升不降。当货币利率低于自然利率时，储蓄减少，物价提高；当货币利率高于自然利率时，储蓄增加，物价下跌。所以，通货紧缩的原因是货币市场出现了储蓄高于投资的非均衡。

### 4. 国际传导学说

通货紧缩的国际传导学说分为货币主义通货紧缩国际传导学说和凯恩斯主义通货紧缩国际传导学说。

货币主义认为，实施固定汇率是通货紧缩的国际传导条件。在实施固定汇率的条件下，一个国家出现通货紧缩后，物价下降，出口物品的价格下降，汇率也下降。汇率下降刺激本国商品出口和外资输入。外国则会因为资本外流、货币供给减少和进口价格下降，最后形成通货紧缩。

凯恩斯主义认为浮动汇率是通货紧缩国际传导的条件。如果预期外国出现通货紧缩和汇率下降，则本国可能出现汇率上升，于是消费者减少消费，生产者增加生产，导致物价下跌，出现通货紧缩。

## 四、通货紧缩的经济效应

### 1. 通货紧缩与经济增长和就业

在通货紧缩条件下，企业资产缩水，资本成本提高，产品积压上升，库存数量和成本增加，迫使企业降低产出，从而降低经济增长率。企业产出降低、经济增长率降低的同时，生产要素需求也随之下降，进一步导致失业增加。

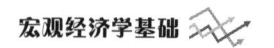

**2. 通货紧缩与分配**

在通货紧缩条件下，存款实际利息率和贷款实际利息率都会提高，使债权人受益，债务人受损，债务人或是投资者，或是消费者，他们的投资行为和消费行为是增加社会有效需求的途径，其利益受损对增加社会有效需求和经济增长产生消极作用。同时，债权人受益，实质是食利者受益，最终损害经济发展。

**3. 通货紧缩与交换**

在通货紧缩的条件下，一般商品价格持续下降，出现商品购买者推迟购买现象，商品交换无法尽快完成，商品流通时间延长，降低了资本周转速度，降低利润率。

**4. 通货紧缩与经济预期**

在通货紧缩条件下，社会成员的经济预期是消极的。投资者预期资本成本提高，投资风险上升，打击投资创业的勇气。消费者预期商品价格可能大幅度下降，持币待购。工薪阶层预期收入下降或失业，这将促使现期收入转化成储蓄。单个经济主体的理性导致出现：投资下降，推迟消费和增加储蓄，社会经济增长率下降，失业增加，社会福利水平下降。因此，通货紧缩虽然能为部分社会成员带来收益，但却为整个社会带来损失。

### 五、通货紧缩的对策

通货紧缩的一般对策包括货币政策、财政政策、产业政策和收入政策。

**1. 实施稳健的货币政策**

稳健的货币政策是指既不导致高通货膨胀又不导致通货紧缩的货币金融政策。货币投放过多，导致通货膨胀，投放过少又会导致通货紧缩，投放适当才能实现物价的稳定。货币的投放要根据商品价格实现对货币的需求数量、货币流通的速度和货币乘数，确定货币均衡增长的数量，这种货币政策才是中性的货币政策。

**2. 实施积极的财政政策**

积极的财政政策是指政府在调控经济方面积极而为的财政政策，其实质是非均衡的财政政策。当企业投资和家庭消费下降时，政府实施扩张性或者松的财政政策，拉动社会总需求，为社会生产提供宽松的价格实现条件，最终实现经济增长和充分就业等宏观经济目标。在通货紧缩条件下，企业投资不振，家庭消费疲软，政府实施积极的财政政策，增加政府支出，提高社会总需求，最终消除通货紧缩。

**3. 实施调整和优化经济结构的产业政策**

在通货膨胀的条件下，公众预期商品价格继续上涨并出现提前购买行为，市场活跃，经济繁荣。但是，这种活跃和繁荣却掩盖了不合理的经济结构，社会的非理性的消费（比如为了保值而抢购商品）是对不合理的经济结构的肯定。在通货紧缩条件下，虽然对产业结构等经济结构的调整是困难的，但是通货紧缩也为调整和优化经济结构提供了条件。调整经济结构，必然要对新的产业进行投资，从而推动投资与生产扩张，增加了社会需求，这也为消除通货紧缩创造了条件。

**4. 实施体现效率与公平的收入政策**

消费是社会总需求的重要组成部分，而普通民众又是消费的主体。所以，普通民众的收入状况，直接关系社会总需求的状况。当普通民众的收入降低或存在降低预期时，消费就会减少，市场疲软，强化通货紧缩的影响。因此，应当提高普通民众收入水平，保证收入分配公平化。同时，也应当设法提高经济效益，拉动经济增长，增加投资需求。总之，实施体现效率与公平的收入政策，是增加社会总需求的重要保证。

# 第三节　失业理论

## 一、失业的含义和衡量

**1. 失业的含义**

失业是指符合法定工作条件、有工作愿望的人，愿意接受现行工资水平且正在寻找工作但没有找到工作的经济现象。该定义中必须明确两点：①符合法定工作条件，比如达到法定的劳动年龄、具有劳动能力和劳动技能等。如果一个人不具备工作所需要的工作能力，虽然没有工作，但也不属于失业者。②有工作愿望且接受现行的工资水平。积极求职但仍然没有就业岗位的人，就属于失业者。没有工作的愿望，或虽然有工作愿望但因不接受现行的工资水平而没有工作的人，不属于失业者。

有工作能力而没有工作，是一种劳动力的闲置。将符合工作条件但不接受现行工资水平而寻找工作的人称为自愿失业者，而将有工作愿望且接受现行工资水平、正在积极寻找工作但仍然没有找到工作的失业者称为非自愿失业者。

失业分为广义失业和狭义失业。广义失业指现有可用的一切生产要素（包括劳动、资本、土地、企业家才能、技术、信息等）没有得到充分利用的状态。狭义失业指作为生产要素的劳动没有得到充分利用的状态。如无特殊说明，本书中所提到的失业皆指狭义的失业。

## 2. 失业的衡量

失业的状况通过失业率来衡量。失业率是失业人数（失业量）与劳动力总量（劳动总量）的比例。因此，失业率取决于劳动总量、就业人数（就业量）。用 $N$ 表示就业量，$U$ 表示失业量，$L$ 表示劳动总量，$n$ 表示就业率，$u$ 表示失业率，那么有：

$$L = N + U \tag{7.16}$$

$$N = L - U/U = L - N \tag{7.17}$$

$$n = \frac{N}{L} \tag{7.18}$$

$$u = \frac{U}{L} \tag{7.19}$$

$$n + u = \frac{N}{L} + \frac{U}{L} = \frac{N+U}{L} = \frac{L}{L} = 1 \tag{7.20}$$

失业率 $u$ 可以通过就业率 $n$ 得到，$u = 1 - n$。同样，知道了失业率 $u$，也可以得到就业率 $n$。因此，研究失业问题，实际也是研究就业问题。减少失业，就是扩大就业。

## 3. 自然失业率与充分就业

失业率随着就业量的提高而下降，但失业率一般不会降为零。在社会经济发展正常的条件下，仍然存在着失业，此时的失业率叫作自然失业率，与自然失业率相对应的就业量叫作潜在就业量。如果存在的失业率是自然失业率，那么就业量就是潜在就业量。只存在自然失业率的就业状况，就是充分就业。

## 二、失业的类型

在第三章中，已经提到了摩擦性失业、自愿失业和非自愿失业，这里仅介绍之前未提及的其他类型。

周期性失业指经济周期中的衰退或萧条时期因总需求下降而产生的失业。经济增长具有周期性，当经济增长处于高涨阶段时，就业量增加，失业量减少；经济增长处于下降阶段时，就业量减少而失业量增加。凯恩斯指出，当实际总需求小于充分就业总需求时，消费疲软，市场不旺盛，企业投资减少，劳动力雇佣减少，形成周期性失业。通货紧缩时期的失业也可看作周期性失业。

结构性失业指由劳动供给结构与劳动需求结构不一致导致的失业。劳动需求结构是由包括产业结构、产品结构在内的经济结构决定的。劳动供给结构是由人口总量和人口结构决定的，教育是影响劳动供给结构的重要变量。当经济结构变化时，比如有些部门或产业迅速发展，同时，有些部门或产业正在衰落，这导致对劳动的需求发生变化。当劳动力因技术、性别、心理等方面的原因而不能适应劳动需求的变化时，就会出现工作岗位与劳动人口的非均衡，从而形成结构性失业。在结构性失业出现后，劳动的供给结构必须根据产业结构和产品结构进行调整。存在结构性失业的经济中，一方面存在失业者；另一方面又存在职位空缺，但失业者因种种原因不能填补现有的职位空缺。

季节性失业指某一行业因季节（包括自然季节、生产或销售季节）的变化而产生的失业。有些行业的生产与服务会随季节变化，对劳动的需求也随之变化，生产和销售旺季需求多，淡季需求少，因而出现季节性失业。比如建筑业、农业、旅游业等行业，季节性失业最明显。

技术性失业指技术进步所产生的机器排挤劳动者现象造成的失业。技术水平不断提高是社会经济发展的必然趋势，当技术水平提高后，先进的机械设备会替代一部分劳动者的劳动，企业解雇劳动者，从而造成失业，即技术性失业。

古典失业指工资刚性引起的失业，即劳动者要求较高的工资致使企业解雇劳动者所产生的失业。由于工会的存在与最低工资法的规定，工资具有向上的刚性，市场难以自发调节劳动的供求，故不能形成市场化的均衡工资。当企业不愿意增加工资总量时，单个劳动工资的上升会导致部分劳动者被解雇，从而造成失业。这种失业最早由古典经济学家提出，故称为古典失业。

求职性失业指求职者不满意现有工作、为追求更理想的工作而不断转换工作所造成的失业。这种失业是劳动力需求市场上工资和工作条件的差异性、市场信息的不完全性造成的。当劳动者认为理想工作的收益大于寻求工作的成本时，其宁愿失业去寻找工作，此时的失业就是求职性失业。求职性失业与摩擦失业尽管都源于劳动力的流动，但不是经济中难以避免的原因引起的，而是由人为原因造成的，属于自愿失业的类型。

隐性失业是指表面上有工作、但实际上对生产并没有做出贡献的现象，即有"职"无"工"。这一失业往往表现劳动工作的无效率，农村的剩余劳动力也属于隐性失业。存在隐性失业时，生产效率较低。

### 三、失业的影响

**1. 奥肯法则**

奥肯法则是经济学家阿瑟·奥肯提出的关于失业率与经济增长率相互关系的理论。

奥肯法则指出，实际 GNP 相对潜在 GNP 每下降 2%，失业率就上升 1%；反之，实际 GNP 增加 2%，失业率就下降 1%。奥肯法则揭示了失业与经济增长之间的内在关系，失业的变动引起经济增长的变动，同样，经济增长的变动也引起失业的相应变动，奥肯法则实质上说明了失业给经济带来的损失。

### 2. 失业的经济影响

①失业对家庭的影响。失业增加使失业者的家庭收入和消费受到消极影响，家庭收入急剧下降，消费支出也随之下降。

②失业对厂商的影响。失业增加后，厂商产品的销售市场萎缩，有效需求下降，产出降低，生产能力闲置，利润率下降。厂商将进一步减少投资需求，减少新生产能力的形成。

③失业对国民经济的影响。失业增加后，由于家庭消费减少和厂商投资下降，整个国民经济的增长受到抑制。经济学家萨缪尔森指出：高失业时期的损失是一个现代经济中最大的有记录的损失，它比垄断所引起的微观经济浪费的无效率或关税、配额引起的浪费要大许多倍。

## 四、降低失业率的对策

### 1. 增加总需求

当潜在产出一定且实际产出小于潜在产生的条件下，只要增加需求，实际产出即可增加，从而扩大就业，降低失业率。

图 7-9 表明，当潜在产出 $y_f$ 和总供给 AS 一定时，不断增加总需求，从 $AD_1$ 增到 $AD_2$，再增到 $AD_3$，那么实际产出就从 $y_1$ 增到 $y_2$，再从 $y_2$ 增到 $y_3$，随着实际产出的增长，失业率相应下降。

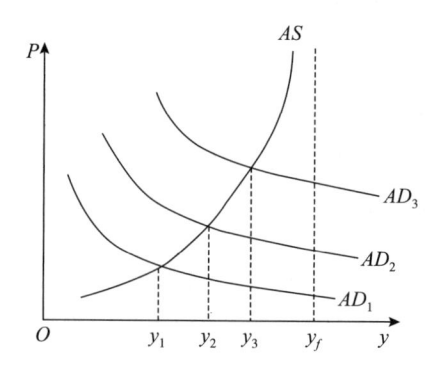

图 7-9 增加总需求

## 2. 增加总供给

当实际产出接近潜在产出时，提高总需求所带来的产出效应越来越小，而提高物价的效应越来越大。在这种情况下，要进一步降低失业率，就必须提高潜在产出和总供给，即潜在产出和总供给曲线向右移动后，可以使实际产出增长，降低失业率。

图 7-10 表明，当潜在产出由 $y_{f1}$ 提高到 $y_{f2}$ 时，总供给也相应地从 $AS_1$ 提高到 $AS_2$。这时，总需求曲线与新的总供给曲线相交，都提高了实际产出，同时也可以降低失业率。

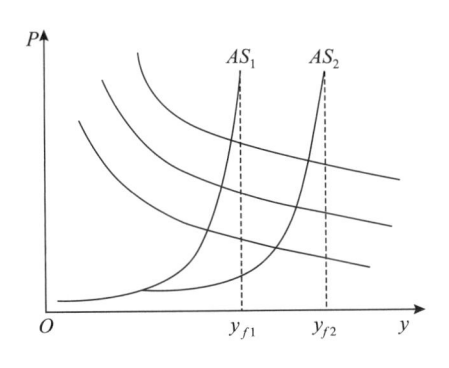

图 7-10 增加总供给

## 第四节 菲利普斯曲线

### 一、菲利普斯曲线的含义

英国经济学家菲利普斯通过研究 1861—1957 年英国失业率与货币工资增长率的统计资料，得到表示失业率与工资变动率之间依存关系的曲线，被称为菲利普斯曲线。菲利普斯曲线是一条向右下方倾斜的曲线，揭示失业与货币工资之间的反向变动关系：当失业率较低时，货币工资趋向上升；当失业率较高时，货币工资趋向下降，如图 7-11 所示。

后凯恩斯主义学派的萨缪尔森等人对菲利普斯曲线进行了的改造，将菲利普斯曲线中的工资变动率，变为通货膨胀率。改造后的菲利普斯曲线，可以阐明失业与通货膨胀之间的交替关系，如图 7-12 所示。菲利普斯曲线揭示通货膨胀率与失业率之间的关系：低水平的失业率，伴随着高水平的通货膨胀率；高水平的失业率，伴随着低水平的通货膨胀率。

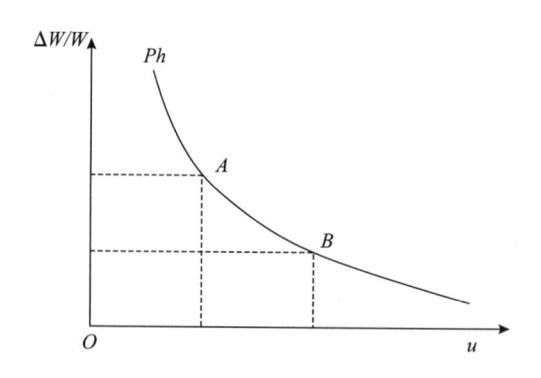

图 7-11 菲利普斯曲线

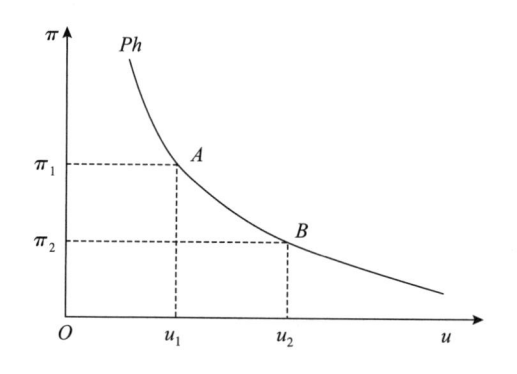

图 7-12 改造后的菲利普斯曲线

## 二、菲利普斯曲线的移动

**1. 菲利普斯曲线上的点的移动**

在同一条菲利普斯曲线上，存在着点的移动，每次移动都是失业率与通货膨胀率的新组合。当失业率高时，菲利普斯曲线上的点就在同一条菲利普斯曲线上向右下方移动，于是有更低的通货膨胀率与之搭配，如图 7-12 中的菲利普斯曲线 $Ph$ 上的 $A$ 点移动到 $B$ 点。反之，当失业率低时，有高通货膨胀率与之搭配，如图 7-12 中的菲利普斯曲线 $Ph$ 上的 $B$ 点到 $A$ 点。菲利普斯曲线上点的移动反映的是，假设没有通货膨胀预期的条件下出现的失业率与通货膨胀率的交替关系。

**2. 菲利普斯曲线的移动**

当存在通货膨胀预期后，就会出现：在失业率相同时，存在比原来的菲利普斯曲线更高的通货膨胀率。或者说，在通货膨胀率相同时，存在着更高的失业率。于是，菲利普斯曲线就由原来的菲利普斯曲线 $Ph_1$ 沿着通货膨胀率提高的方向移动，形成一条新的菲利普斯曲线 $Ph_2$。以此类推，存在代表更高通货膨胀率的菲利普斯曲线 $Ph_3$ 等，如图 7–13 所示。

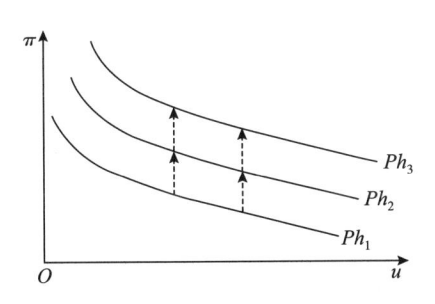

图 7–13　菲利普斯曲线的移动

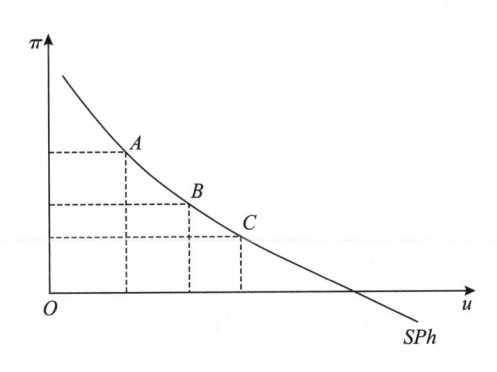

### 三、短期菲利普斯曲线与长期菲利普斯曲线

**1. 自然率假说和菲利普斯曲线的划分**

货币主义提出自然率假说。自然率也称为自然失业率，是指没有货币干扰、劳动市场和产品市场处于均衡时的失业率。基于此，自然失业率也是使价格和工资膨胀的向上及向下的力量处于平衡状态的失业率。当存在自然失业率时，通货膨胀率是稳定的，不会表现出逐渐加剧或弱化的趋势。货币主义认为，自然失业率取决于实际的经济因素，与货币因素无关。货币主义根据失业率是否稳定于自然失业率的状况，将菲利普斯曲线划分为短期菲利普斯曲线和长期菲利普斯曲线。

**2. 短期菲利普斯曲线**

短期菲利普斯曲线指可以围绕自然失业率上下波动的菲利普斯曲线，其典型的特征是存在通货膨胀与失业的替代关系，如图 7–14 所示：

图 7–14　短期菲利普斯曲线

图 7-14 所示的短期菲利普斯曲线 $SPh$ 上有三个点 $A$、$B$、$C$，$B$ 点的失业率是自然失业率，$A$ 点的失业率小于自然失业率，$C$ 点的失业率大于自然失业率。

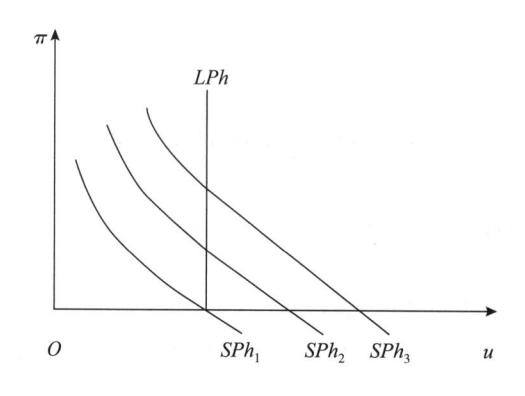

**3. 长期菲利普斯曲线**

长期菲利普斯曲线是一条垂直于横轴的直线，它表示在长期中不存在通货膨胀与失业的替代关系。长期菲利普斯曲线是由短期菲利普斯曲线的移动形成的，如图 7-15 所示。

**图 7-15 长期菲利普斯曲线**

短期菲利普斯曲线的移动受通货膨胀预期的影响。当通货膨胀预期形成后，失业率低于自然失业率时，通货膨胀的现实使劳动者坚信通货膨胀会持续，于是要求提高工资，当工资增加后推动了物价上升，菲利普斯曲线向上移动。尽管失业率增加到自然失业率的水平，但通货膨胀率仍然停留在通货膨胀预期的水平上。随着通货膨胀预期的提高，在失业率为自然失业率时的通货膨胀率也相继提高。因此，长期菲利普斯曲线是垂直于横轴的，它不存在通货膨胀与失业的替代关系。政府减少失业、刺激就业的通货膨胀政策，在短期内是有效的，但在长期中，由于理性预期的存在，失去有效性。通货膨胀的结果是物价不断上升，但失业并不会减少。

## 四、菲利普斯曲线的政策含义

**1. 短期菲利普斯曲线的政策含义**

短期菲利普斯曲线的隐含的假设条件是实际产出小于潜在的产出，因此，政府实施扩大需求的政策，虽然会引起通货膨胀，但却可以增加产出，降低失业率。短期菲利普斯曲线的政策含义是：政府如果需要减少失业，应采取通货膨胀的政策；反之，如果需要降低通货膨胀率，应增加失业。

**2. 长期菲利普斯曲线的政策含义**

在长期中，政府连续实施扩大需求的政策，会使实际产出与潜在产出的差距越来越小，最终等于零，这时增加货币投放刺激需求，并不能提高总产出和降低失业率，而只是刺激通货膨胀率的上升。长期菲利普斯曲线的政策含义是：政府如果需要使刺激需求的政策产生积极影响，应提高供给和潜在产出能力。

# 第八章　经济周期与经济增长理论

## 第一节　经济周期理论

### 一、经济周期的概念与阶段

经济波动是指国民经济中的许多重要变量（如国民收入、投资和储蓄、物价水平、利润率、利息率、就业量）在一定时期内呈现出波浪式的上升与下降。这种国民经济表现出的有规律的扩张与收缩相互交替的运动过程，就是经济周期。一个经济周期通常分为萧条、复苏、繁荣、衰退四个阶段。

### 二、经济周期的类型

根据经济周期的长短，将经济周期分为长周期、中周期和短周期。

长周期又叫长波，是指长度平均为 50 年左右的经济周期。长波理论是苏联经济学家康德拉季耶夫于 1925 年发表的《经济生活中的长波》一文中提出的，故长周期还可称为康德拉季耶夫周期。

中周期又叫中波，是指长度平均为 8 至 10 年的经济周期。1860 年，法国经济学家朱格拉在《论法国、英国和美国的商业危机及其发生周期》一书中系统地分析了这种周期，故中周期又叫朱格拉周期。

短周期又叫短波，是指长度平均约 40 个月的经济周期。短周期由经济学家基钦于 1923 年提出的，所以，短周期还叫基钦周期。

### 三、经济周期的波动原因

**1. 消费不足论**

早期的马尔萨斯与西斯蒙第，近代以霍布森为代表的学者，持消费不足的观点。他们认为，由于收入分配不均，富人储蓄过度，致使消费品需求无法匹配消费品供给的增长，引起经济萧条，最终导致经济波动。

**2. 产业结构失衡论**

哈耶克、米塞斯和卡塞尔等经济学家认为，投资过度造成经济结构重生产资本品产业、轻生产消费品产业，导致产业结构的失衡，引起经济周期性的波动。

**3. 心理预期论**

庇古、凯恩斯等经济学家则持心理预期论，他们认为，生产者对经济繁荣、衰退、萧条、复苏阶段的不同心理预期，引发了经济周期性的波动。

**4. 银行信用论**

以霍特里为首的经济学家认为，银行交替地扩张与收缩信用，产生了流通中货币数量的增加与减少，由此引发了经济周期波动。

**5. 创新论**

经济学家熊彼特、汉森等认为，创新引发了旧的均衡破坏和向新均衡的过渡。持续不断的创新，会产生持续不断的新均衡，从而引发一次又一次经济周期波动。

**6. 政府行为论**

诺德豪斯等经济学家认为，政府为阻止周期性的通货膨胀而采取相应的紧缩措施，人为地制造了停滞和衰退，从而引起经济的周期波动。如在某些国家，每届到期的政府为了创造良好的政府业绩以争取选民而采取扩张性的经济政策，以谋求连任，新一届政府为消除经济扩张政策所带来的经济问题会采取经济紧缩政策，由于政府的选举与产生具有周期性，因此经济也相应地出现周期性波动。

**7. 乘数－加速数论**

以萨缪尔森、希克斯等为代表的经济学家则运用乘数和加速系数的交互作用，解释经济周期的波动。

除以上这些理论观点外，经济学家杰文斯认为，太阳黑子的出现，导致农业减产，波及工业、商业等产业，对购买力、投资等方面产生消极影响，从而引起整个社会经济的萧条。太阳黑子的周期出现，致使国家经济的波动也相应地周期性发生。以上各种不同的周期波动理论大致可以归结为外部因素和内部因素两大类，诸如太阳黑子、科技创新、政府行为等属外部因素，心理预期、消费投资以及乘数－加速数作用等则属于内部因素。

### 四、加速原理

加速原理是关于收入水平或消费需求的变动引起投资量变动的经济理论。其基本内容是：收入或消费的变动，会相应地致使生产部门增加商品的供给量，如果生产部门的生产能力已经得到充分利用，增加生产需要相应地增加资本存量，最终新增投资增加。所以，加速原理分析的是收入变化与新增投资之间的关系。

**1. 自发投资和引致投资**

自发投资又称自动投资，是指与国民收入或消费变动无关的投资，而是由人口增长、技术进步、资源开发以及政府政策等外在因素的变化引起的投资。

引致投资又称诱发投资，是指由收入或消费变动引起的投资。这种投资取决于收入水平或消费需求。加速原理就是研究引致投资与收入变化之间的关系。

当然，在现实的经济生活中，有的投资既可属于自发投资又可算是引致投资，因此，自发投资与引致投资较难完全区别开来。

**2. 资本－产量比率和加速系数**

①资本－产量比率。资本－产量比率是指生产单位产品所需要的资本数量，即：

$$资本-产量比率 = \frac{资本数量}{产量} = \frac{K}{Y} \tag{8.1}$$

式中，$K$ 表示资本数量，$Y$ 表示产量或收入。

②加速系数。从资本－产量比率中可看到，在技术不变的条件下，如果要使收入增加，就必须按资本－产量比率相应地增加资本存量。资本－产量比率决定了资本增量与产量增量的比率。通常，资本增量等于投资，所以，投资增量与收入增量之比称为加速系数，即：

$$加速系数 = \frac{资本增量}{产量增量} = \frac{投资}{收入增量} \tag{8.2}$$

若以 $a$ 代表加速系数，$\Delta K$ 表示资本增量（$K_t - K_{t-1}$），$\Delta Y$ 表示收入增量（$Y_t - Y_{t-1}$），$I_Y$ 表示可引致投资，则上述公式可表示如下：

$$\alpha = \frac{\Delta K}{\Delta Y} = \frac{I_Y}{\Delta Y} \tag{8.3}$$

**3. 净投资、重置投资与总投资**

式（8.3）中的引致投资 $I_Y$ 是收入增加引发的投资，称为净投资。除了净投资外，每年还会有一笔弥补设备、厂房等资本设备磨损的投资，称为重置投资，其数量取决于原有资本设备的数量、构成和使用年限。净投资和重置投资之和为总投资，即：

$$总投资 = 重置投资 + 净投资$$

$$I = Ia + I_Y = Ia + a(Y_t - Y_{t-1}) \tag{8.4}$$

式中，$I$ 为总投资，$Ia$ 为重置投资。总投资一般大于零或等于零，即最低的总投资为零。净投资为负数意味着企业将出售一部分设备。但是，在正常情况下，如果出现暂时的产量下降，企业不会立即出售设备，而是让其暂时闲置。所以，可将产量下降时的净投资看作零。

根据产量增长率和投资增长率的变化特点，可归纳出加速原理的基本特征。

①投资的变动取决于产量的变动率，而不是产量变动的绝对量。因此，投资是产量变动率或收入变动率的函数。

②投资变动的幅度要大于产量或收入变动的幅度，产量微小的变化会引起投资的巨大波动。

③如果产量增长放慢，则投资的增长就会停止或放慢。因此，产量增长相对放慢也会引起经济的衰退。

④加速的含义有两个方面。产量增长时，投资的增长是加速的；反之，如果产量增长率下降或产量停止增长，投资的减少也是加速的。

**4. 加速原理的假设条件**

加速原理的作用以下述假设条件为前提。

①假设技术水平不变，资本–产量比率不变。加速原理的分析必须以假设技术水平不变为前提，即假设产量增加同资本存量的增加保持同步增长。

②假设企业没有闲置的生产设备。加速原理的主要参数加速系数是以固定的资本–产量比率为假设条件，要增加产量，必须增加资本存量，所以，假设企业的设备已达到充分利用，那么，增加产量就需要添置新的设备。如果企业有闲置生产设备，需要增加产量时，企业只需动用闲置设备，不必添置新设备，这样就不会增加净投资。

③假设社会上有可利用而尚未被利用的资源。这样，为增加产出而增加的净投资，可以购买到新的设备。

### 五、乘数–加速数模型

经济学家汉森和萨缪尔森认为，凯恩斯的乘数理论只说明了投资变化引起国民收入和就业的变化，而没有说明收入变化对投资的进一步影响。只有将加速数原理和乘数理论结合起来，才能解释资本主义经济周期性波动的原因和波动的幅度。萨缪尔森在1939年首次提出了乘数－加速数原理的动态经济模型，即汉森－萨缪尔森模型。

乘数－加速数模型基于以下收入函数：现期收入等于现期消费、现期投资、自发支出之和，表示为：

$$Y_t = C_t + I_t + G \tag{8.5}$$

$Y_t$ 为现期国民收入，$C_t$ 为现期消费，$I_t$ 为现期投资，$G$ 为自发支出（如政府支出、自发投资、自发消费）。假设现期消费是上期收入 $Y_{t-1}$ 的函数，现期投资是本期消费增量（$C_t - C_{t-1}$）的函数，则有：

消费函数 $C_t = \beta Y_{t-1}$ (8.6)

投资函数 $I_t = a(C_t - C_{t-1})$ (8.7)

其中 $\beta$ 为边际消费倾向，$a$ 为加速系数。将式（8.6）、式（8.7）代入式（8.5）中，可得：

$$Y_t = \beta Y_{t-1} + a(C_t - C_{t-1}) + G \tag{8.8}$$

根据式（8.8）可知：

上期消费函数 $C_{t-1} = \beta Y_{t-2}$ (8.9)

经整理可得：

$$Y_t = (1+a)\beta Y_{t-1} - a\beta Y_{t-2} + G \tag{8.10}$$

式（8.10）就是乘数－加速数模型。在乘数－加速数模型中，由于加速系数（$a$）、边际消费倾向（$\beta$）的值不同，经济波动呈现出以下五种形式：

第一，减幅振荡，指国民收入波动幅度逐渐缩小，最后趋于消失。

第二，增幅振荡，指国民收入波动的幅度越来越大。

第三，同幅振荡，指国民收入波动的幅度在一定范围内保持不变。

第四，在某种干扰下，国民收入波动的水平以递减的速度上升或下降，没有振荡地从初始的均衡达到新的均衡。

第五，在某种干扰下，国民收入波动的水平以递增的速度上升或下降。

汉森和萨缪尔森将乘数与加速数作用结合起来，说明经济会自动地呈现周期性的波动，并决定了经济周期的各个阶段。萨缪尔森认为，加速原理和乘数相互作用造成一个越来越严重的通货收缩（或通货膨胀）的螺旋。由于加速原理的作用，产量或销售量的增加会引起投资加速度增加；同时，因乘数原理的作用，投资的增加反过来又会引起产量或销售量的成倍增加。结果，社会经济呈上升的膨胀螺旋，这时经济处于复苏的阶段。但由于边际收益递减规律的作用，在一定技术条件下，当实际产出水平接近潜在国民收入时，经济增长速度必将出现递减趋势，周期就从复苏阶段过渡到高涨阶段。根据加速原理，如果产量增加速度递减，则总投资将以更快的速度下降，结果将导致社会经济呈下降的紧缩螺旋，这时经济处于衰退阶段。但这种紧缩螺旋不会无限制地下降，由于重置投资的存在，总投资不能小于零，同时，边际消费倾向也不可能等于零，经济的收缩就存在一个极限。当经济下降到这一极限，就会停止收缩，这时经济处于萧条阶段。重置投资的乘数作用仍然起着作用，会使收入逐渐上升。最终，经济由于收入与投资相互影响而再一次恢复增长，经济再次处于复苏阶段，一个新的周期又重新开始。

由此可知，经济的膨胀与收缩是交替出现的，尽管在某一时期，膨胀时期和收缩时期的时间跨度可能由于各种原因而发生变化。但是，这种交替为经济学家主张政府对经济进行必要的干预以缓和经济波动并维持经济长期稳定的增长建立了理论基础。

## 第二节　经济增长模型

### 一、哈罗德－多马经济增长模型

**1. 哈罗德－多马经济增长模型的假设**

经济社会生产单一产品；只有劳动和资本两种生产要素；在一定时期内技术水平不变，故资本－产量比率不变，规模报酬也不变；边际消费倾向不变，且储蓄率不变。

在假设基础上，哈罗德－多马经济增长模型提出了社会经济在长期内实现经济稳定、均衡增长所需具备的条件。

**2. 哈罗德经济增长模型**

哈罗德模型通过分析国民收入、资本－产量比率和储蓄率三个经济变量相互关系来考察决定经济增长的因素。用 $G$ 表示经济增长率，$Y$ 表示国民收入，$\Delta Y$ 表示国民收入的增量，则有：

$$G = \frac{\Delta Y}{Y} \tag{8.11}$$

用 $v$ 表示资本-产量比率，即前文提到的加速系数 $a$，则有：

$$v = \frac{K}{Y} = \frac{\Delta K}{\Delta Y} = \frac{I}{\Delta Y} \tag{8.12}$$

用 $s$ 表示储蓄-收入比率（储蓄率），则有：

$$s = \frac{S}{Y} \tag{8.13}$$

把式（8.12）和式（8.13）进行整理表示为 $I = \Delta Y \cdot v$，$S = s \cdot Y$ 的形式，使 $I = S$，并用 $G$ 表示 $\Delta Y/Y$，得到 $G$、$v$、$s$ 三者之间的关系：

$$G = \frac{s}{v} \tag{8.14}$$

式（8.14）就是哈罗德模型的基本公式，它说明：第一，经济增长率与储蓄率成正比，储蓄率越高，经济增长率也越高；第二，经济增长率与资本-产量比率成反比，资本-产量比率越高，经济增长率越低。

将式（8.11）、（8.12）、（8.13）代入式（8.14）中，可得：$\frac{\Delta Y}{Y} \cdot \frac{I}{\Delta Y} = \frac{S}{Y}$，即：$\frac{I}{Y} = \frac{S}{Y}$。

这意味着 $I = S$。这个等式说明，如果储蓄等于投资，储蓄-收入比率等于投资-收入比率，此时的总需求等于总供给。由于 $I = S$ 是凯恩斯收入理论的基本公式，所以，哈罗德经济增长模型是以凯恩斯收入理论为基础的动态经济分析。

**3. 多马经济增长模型**

多马经济增长模型研究收入增长率（$G$）、储蓄在收入中的比例（$s$）、资本生产率（投资效率）三者的关系。其中资本生产率表示每单位资本的产出或收入，用 $\sigma$ 表示。前两个变量与哈罗德公式中的两个变量是一致的，资本生产率 $\sigma$ 实际上是哈罗德模型的资本-产量比率的倒数。

多马模型的基本公式是：

$$G = s\sigma \tag{8.15}$$

将 $G = \frac{\Delta Y}{Y}$、$S = \frac{S}{Y}$、$\sigma = \frac{\Delta Y}{I}$ 代入式（8.15），得：$\frac{\Delta Y}{Y} = \frac{S}{Y} \cdot \frac{\Delta Y}{I}$，即 $S = I$。

由于多马模型的基本公式 $G = s\sigma$ 与哈罗德模型的基本公式 $Gv = s$ 是完全一致的，因此，经济学家一般把两个模型并称为哈罗德－多马模型。

从以上分析可以发现，哈罗德－多马经济增长模型是建立在凯恩斯储蓄－投资理论基础上，是凯恩斯理论的发展。但是，哈罗德－多马经济增长模型与凯恩斯理论又有明显的区别。首先，凯恩斯理论是从短期和静态的角度说明投资和储蓄的均衡以及由此实现的国民收入均衡。哈罗德－多马经济增长模型则侧重长期化和动态化。长期化是将人口、资本和技术等关系经济增长的因素看作随着时间的推移而变动的变量；动态化是阐述长期内投资和储蓄的均衡及其对国民收入均衡的影响。其次，凯恩斯短期静态的投资－储蓄分析理论，只强调增加投资对收入增长的作用，而哈罗德－多马经济增长模型则强调投资对需求增加和供给增加的双重影响。

**4. 均衡增长率、实际增长率和自然增长率**

（1）均衡增长率

均衡增长率是经济在实现充分就业条件下均衡的、稳定的增长所需要的增长率。在经济稳定增长条件下，只有保证增加的储蓄全部转化为投资，才能使总供给和总需求相等，实现均衡增长。假设在充分就业条件下，意愿储蓄率为 $s_w$（合意的储蓄率），$v_w$ 表示合意的资本－产出比率（用投资－收入增量比率 $I/\Delta Y$ 表示），为了使投资者在保证实现最大利润条件下愿意按资本－产出比率增加投资，则实现充分就业的均衡经济增长率（$G_w$）应是：

$$G_w = \frac{s_w}{v_w} \tag{8.16}$$

例如：设第一年的国民收入为 10000 亿元，在 $s_w = 20\%$、$v_w = 4$ 的条件下，均衡增长率应为 5%，各年的国民收入、投资、资本存量如表 8－1 所列。

表 8－1 均衡增长率示例表　　　　　　　　　　　　　单位：亿元

| 年份 | 国民收入 $Y$ | 储蓄 $s_w Y$ | 投资 $s_w Y$ | 实际资本存量 $K_{t-1} + I_t$ | 合意资本存量 $v_w Y$ |
|---|---|---|---|---|---|
| 第 1 年 | 10000 | 2000 | 2000 | 40000 | 40000 |
| 第 2 年 | 10500 | 2100 | 2100 | 42000 | 42000 |
| 第 3 年 | 11025 | 2205 | 2205 | 44100 | 44100 |

注：本期"实际资本存量"是指上期实际资本存量与上期投资之和；本期"合意资本存量"是指本期收入与合意资本－产出比率的乘积。

表8-1中，在每年均保持5%的经济增长率时，实际资本存量等于合意资本存量，实际的与合意的资本存量增长率等于投资增长率，亦等于储蓄增长率，同时总供给等于总需求（储蓄＝投资）。这时，经济能够在保持充分就业条件下获得均衡增长。

（2）实际增长率与均衡增长率

实际增长率是在事后统计的实际达到的增长率。式子 $G = s/v$ 中，如果 $s$、$v$ 是实际的统计数字，则 $G$ 为实际增长率，此时 $G$ 可表达为 $G_A$。实际增长率可能大于均衡增长率，亦可能低于均衡增长率。

例如：设在 $s_w = 20\%$、$v_w = 4$、均衡增长率 $G_w = 5\%$ 条件下，实际增长率 $G$ 为4%，则实际的国民收入、资本存量、投资如表8-2所示。

表8-2　实际增长率示例表　　　　　　　　　　单位：亿元

| 年份 | 国民收入 $Y$ | 投资 $s_w Y$ | 实际资本存量 $K_{t-1} + I_{t-1}$ | 合意资本存量 $v_w Y$ | 实际资本存量与合意资本存量之差额 |
|---|---|---|---|---|---|
| 第1年 | 10000 | 2000 | 40000 | 40000 | 0 |
| 第2年 | 10400 | 2080 | 42000 | 41600 | 400 |
| 第3年 | 10816 | 2163.2 | 44080 | 43264 | 816 |
| 第4年 | 11248.6 | 2249.7 | 46243.2 | 44994.6 | 1248.6 |

同5%的均衡增长率相比，在实际增长率为4%的条件下，实际资本存量超过合意资本存量（企业家所需要的资本存量）。如表中所示第二年实际资本存量超过合意资本存量400亿元，第三年实际资本存量超过合意资本存量816亿元，各年的差额呈增长的趋势，表示资本存量过剩。这是由于较低的经济增长率造成商品滞销，导致库存增加，生产能力过剩。在这种情况下，企业就需要逐步削减投资来减少库存，使实际资本存量降低到与合意的资本存量相当的水平。由此造成的实际投资下降，会通过乘数和加速系数作用而引起经济过程的累积性收缩，其结果是经济的衰退与萧条。

反之，如果实际增长率大于均衡增长率，就会发生实际资本存量小于合意资本存量的情况。在资本不足的情况下，企业就会增加投资使实际资本存量等于合意资本存量。这意味着实际储蓄率或实际投资率会大于合意的储蓄率或合意的投资率，从而使实际的需求大于合意的供给。这会形成经济的累积性的扩张，可能导致通货膨胀。

以上两种情况都会导致社会经济发生短期性的周期波动，经济处于收缩与扩张的不断交替中。只有当实际增长率等于合意的增长率时，经济才能保持在充分就业条件下长期稳定的增长状态。

(3) 自然增长率与均衡增长率

自然增长率指与人口增长率相对应的经济增长率。从长期经济发展来看，人口的增长和技术的进步对经济增长的影响是极其重要的。哈罗德的增长模型中引入了这两种因素，把人口增长归结为劳动力增长，把技术进步归结为劳动生产率增长。用 $n$ 代表劳动力增长率，$\varepsilon$ 代表劳动生产率增长率，则经济的自然增长率（$G_n$）等于两者之和，即：

$$G_n = n + \varepsilon \tag{8.17}$$

如果劳动力增长率 $n=1\%$，劳动生产率增长率 $\varepsilon=5\%$，则自然增长率为 6%，那么保证实现长期充分就业的均衡增长率应为 6%。如果均衡增长率偏离自然增长率，就会使经济发展过程出现波动。

哈罗德认为，只有实际增长率、合意增长率、自然增长率三者相等，即：

$$G_A = G_w = G_n \tag{8.18}$$

经济社会才能实现长期的均衡增长，$G_A = G_w = G_n$ 就是理想的、长期的均衡增长条件。但是，事实上要达到实际增长率、合意增长率、自然增长率三者一致是极其困难的，三个增长率的长期不一致就导致了经济的长期波动。综上所述，哈罗德－多马经济增长模型的结论是：尽管经济在长期中均衡增长的可能性是存在的，但这种可能性极小，一般情况下，经济很难稳定在一个不变的增长速度上，而更多地表现为上升或下降的长期波动状态。

### 二、新古典经济增长模型

**1. 新古典经济增长模型的假设**

新古典经济增长模型有如下假设：社会储蓄函数为 $S=sY$，$s$ 为储蓄率；劳动力按照一个不变的比率 $n$ 增长；技术水平不变，生产的规模报酬不变；在完全竞争的市场条件下，劳动和资本可以通过市场调节充分转换。根据以上四个假设，生产函数可以表示为人均形式：

$$y = f(k) \tag{8.19}$$

式中，$y$ 为人均产量，$k$ 为人均资本量。式（8.19）表示，人均产量取决于人均资本量，人均资本量的增加会使人均产量增加，但是，由于报酬递减规律，人均资本量会以递减的速度增长，如图 8－1 所示。

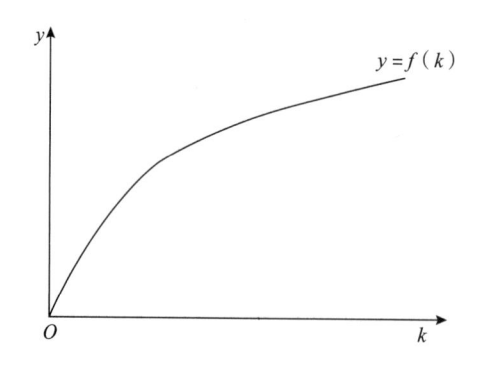

**图 8-1　人均生产函数曲线**

**2. 新古典经济增长模型的基本方程**

两部门经济的均衡条件为 $I=S$，即投资或资本存量的总增加等于储蓄。资本存量的变化等于投资减去折旧。当资本存量为 $K$，假设折旧率为 $\delta$ ($0<\delta<1$)，折旧是资本存量 $K$ 的一个固定比率 $\delta K$，那么，资本存量的变化为：

$$\Delta K = I - \delta K \tag{8.20}$$

根据 $I = S = sY$，上式可以写为：

$$\Delta K = sY - \delta K \tag{8.21}$$

将式（8.21）两边同时除以劳动数量 $N$，则有：

$$\frac{\Delta K}{N} = s\frac{Y}{N} - \delta \frac{K}{N} \tag{8.22}$$

由于 $Y$、$K$ 分别是收入和资本总量，故 $\frac{Y}{N}$、$\frac{K}{N}$ 分别为人均收入与人均资本，分别用 $y$、$k$ 表示，式（8.22）可以写成：

$$\frac{\Delta K}{N} = sy - \delta k \tag{8.23}$$

同时，$k$ 的增长率可以写为：

$$\frac{\Delta k}{k} = \frac{\Delta K}{K} - \frac{\Delta N}{N} = \frac{\Delta K}{K} - n \tag{8.24}$$

于是有：

$$\Delta K = K\frac{\Delta k}{k} + nK \tag{8.25}$$

式（8.25）两边同时除以 $N$，则得到：

$$\frac{\Delta K}{N} = \Delta k + nk \tag{8.26}$$

把式（8.23）与式（8.26）合并，则有：

$$sy = \Delta k + (n+\delta)k \tag{8.27}$$

式（8.27）就是新古典经济增长模型的基本方程。式中，$sy$ 为人均储蓄，$\Delta k$ 为人均资本增量。$(n+\delta)k$ 由两部分组成，一部分是 $nk$ 表示人均储蓄中用于装备新增劳动力的花费，另一部分是 $\delta k$ 表示人均储蓄中用于替换旧资本的花费，即人均折旧量，$(n+\delta)k$ 被称为资本的广化。人均储蓄中超过资本广化的部分会使人均资本增多，即 $\Delta k > 0$，$\Delta k$ 就是资本的深化。因此，新古典经济增长模型的基本方程可以表述为：人均储蓄是资本深化与资本广化之和。

**3. 稳态分析**

稳态是指一种长期稳定的均衡状态，人均资本与人均产量达到均衡数值并维持在均衡水平不变。在稳态下，$k$ 和 $y$ 达到一个持久的水平，也就是说，要实现稳态资本的深化为零，即人均储蓄全部用于资本的广化。因此，稳态条件可以表示为：

$$sy = (n+\delta)k \tag{8.28}$$

稳态时，$\Delta k = 0$。虽然在稳态时 $y$ 和 $k$ 的数值不变，但总产量 $Y$ 与总资本存量 $K$ 都在增长。由于 $y = \frac{Y}{N}$ 且 $k = \frac{K}{N}$，所以，总产量 $Y$ 与总资本存量 $K$ 的增长率必须与劳动力数量 $N$ 的增长率 $n$ 相等。这意味着，在稳态时，总产量与总资本存量的增长率相等，且都与劳动力的增长率 $n$ 相等，即：

$$\frac{\Delta Y}{Y} = \frac{\Delta K}{K} = \frac{\Delta N}{N} = n \tag{8.29}$$

图 8-2 展示了经济增长的稳态。由于 $0 < s < 1$，故储蓄曲线 $sy$ 与人均生产函数曲线 $y$ 的形状相同；又由于 $sy < y$，所以储蓄曲线 $sy$ 位于人均生产函数曲线 $y$ 下方。资本广化曲线 $(n+\delta)k$ 是通过原点、向右上方倾斜的直线。

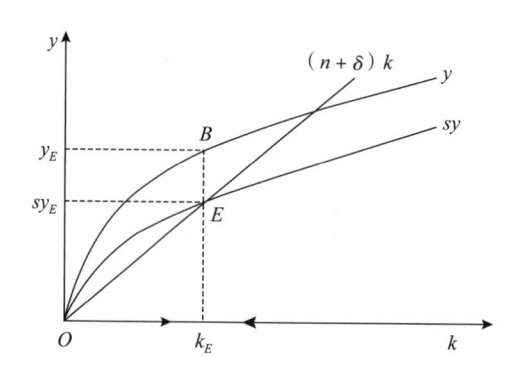

图 8-2 经济增长的稳态

由于 $sy=(n+\delta)k$ 是稳态条件，所以，稳态时，$sy$ 曲线与 $(n+\delta)k$ 曲线一定相交，交点为 $E$ 点。稳态时的人均资本为 $k_E$，人均产量为 $y_E$，人均储蓄量为 $sy_E$，此时，$sy_E=(n+\delta)k_E$，即人均储蓄正好全部用来为增加的劳动力购买资本品（$nk_E$）以及替换旧的资本品（$\delta k_E$），人均资本则没有变化（即 $\Delta k=0$）。

在图 8-2 中，在 $E$ 点左侧，$sy>(n+\delta)k$ 曲线，表明人均储蓄大于资本广化，存在着资本深化即 $\Delta k>0$。这时，人均资本 $k$ 会逐渐接近于 $k_E$。当 $k$ 的数量为 $k_E$ 即 $k=k_E$ 时，经济实现稳定状态。反之，在 $E$ 点右侧，人均储蓄小于资本广化，即 $sy<(n+\delta)k$，此时有 $\Delta k<0$，人均资本 $k$ 有下降趋势，直至其等于 $k_E$ 时达到稳态。

以上分析表明，当经济偏离稳定状态时，无论是人均资本过多还是过少，经济均会在市场力量的作用下恢复到长期稳定均衡状态。显然，新古典经济增长模型"稳定、均衡"的结论与哈罗德－多马经济增长模型"稳定均衡的极小可能性及经济的长期波动"结论存在重大差别。

**4. 稳态的变化**

从式（8.29）的稳态条件中可以看到，经济的稳态涉及储蓄率和人口增长率，如果储蓄率和人口增长率发生了变化，稳态也会相应变化。

首先来讨论储蓄率的提高对稳态的影响，如图 8-3 所示。在图 8-3 中，由于人均储蓄曲线 $s_0y_0$ 与 $(n+\delta)k$ 曲线相交，所以经济处于稳态均衡，$E_0$ 点表示最初的经济稳态均衡，此时的人均储蓄为 $E_0k_0$，人均资本量为 $k_0$。当储蓄率由 $s_0$ 提高到 $s'$ 后，人均储蓄曲线 $s_0y_0$ 上升到 $s'y'$，由于人均储蓄曲线 $s'y'$ 与 $(n+\delta)k$ 曲线相交，所以经济仍处于稳态均衡，新的稳态均衡状态由 $E'$ 点表示。新的稳态下，人均储蓄为 $E'k'$，多于旧均衡的 $E_0k_0$；人均资本量为 $k'$，也多于旧均衡的 $k_0$。显然，储蓄率的提高增加了稳态的人均资本量。另外，两条人均储蓄曲线 $s_0y_0$ 和 $s'y'$ 的上方分别有两条人均收入曲线，新稳态均衡时的人均收入显然大于旧稳态均衡时的人均收入。因此，储蓄率的提高同时增加了人均收入。

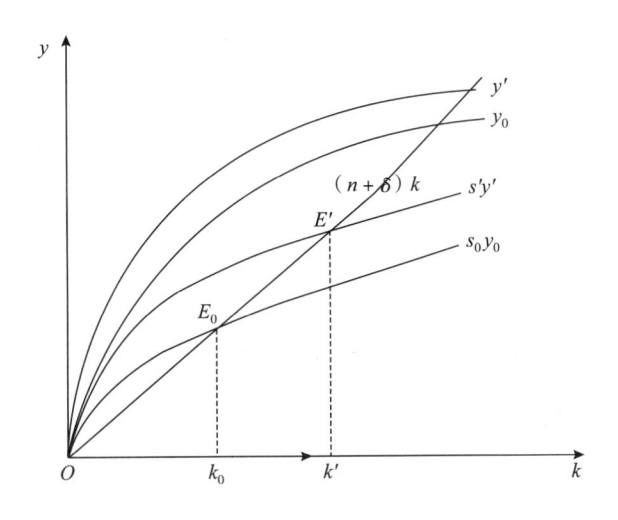

图 8-3　储蓄率提高对稳态的影响

由于 $E_0$ 点与 $E'$ 点都表示稳态，所以，这里所提到的稳态变化不是指由稳态到非稳态，而是指由旧的稳态变化到新的稳态，经济变化前后都是稳态。这意味着，储蓄率的提高不能影响稳态增长率 $n$，但能提高稳态的人均资本与人均收入水平。

其次来讨论人口增长率提高对稳态的影响。以上分析的均是经济按照不变的劳动力增长率 $n$ 来增长，现在考虑 $n$ 作为一个可变参数时，人口增长率提高对稳态产生的影响。

在图 8-4 中，最初的经济处于 $N_1$ 点所表示的稳态均衡，此时的人口增长率为 $n_1$，人均资本量为 $k_1$。当劳动力的增长率由 $n_1$ 提高到 $n_2$ 后，$(n_1+\delta)k$ 曲线上升到 $(n_2+\delta)k$ 的位置，$(n_2+\delta)k$ 曲线与 $sy$ 曲线相交于 $N_2$ 点，实现了新的稳态。由于 $sy$ 曲线向右上方倾斜，$(n_1+\delta)k$ 曲线上升后的新均衡点 $N_2$ 点一定低于 $N_1$ 点。可以发现，人口增长率的增长降低了人均资本的稳态水平，人均资本由 $k_1$ 降低到 $k_2$。又由于 $sy$ 曲线的上方有一条人均收入曲线，所以，新稳态均衡时的人均收入显然低于旧稳态均衡时的人均收入。因此，人口增长率的提高又降低了人均收入，即降低了人均产量的稳态水平。同时，稳态条件揭示，人口增长率等于总产量增长率。

### 5. 黄金分割率

前面的稳态分析表明，储蓄率会影响稳态人均资本水平，人均资本水平又影响人均产量。由于产量要用于积累与消费，所以需要分析经济长期增长过程中的人均消费。

假设不存在折旧，则 $(n+\delta)k$ 就变为 $nk$，稳态条件就变为：

$$sy = nk \tag{8.30}$$

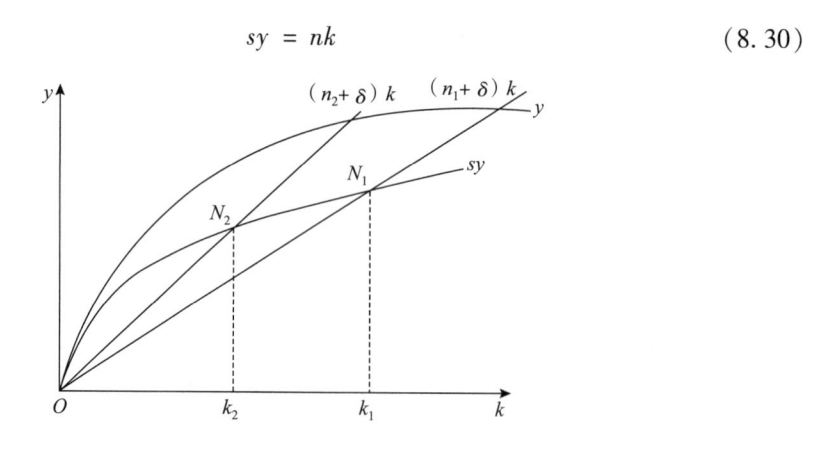

**图 8-4 人口增长率的提高对稳态的影响**

稳态时，人均消费 $Ca$ 就是人均收入与人均储蓄之差，即：

$$Ca = y - sy \tag{8.31}$$

又由于 $sy = nk$，$y = f(k)$，故可得到：

$$Ca = f(k) - nk \tag{8.32}$$

人均消费 $Ca$ 最大化的一阶条件是：$f'(k) - (nk)' = 0$，即：

$$f'(k) = n \tag{8.33}$$

式（8.33）就是黄金分割率表达式，其含义为：要想使得稳态人均消费最大化，稳态人均资本量的选择就应该使资本的边际产品等于劳动的增长率。

在图 8-5 中，稳态时的人均消费就是人均收入曲线 $y$ 与直线 $nk$ 之间的距离。最大的人均消费量出现在人均资本等于 $k^*$ 时。因为在人均资本等于 $k^*$ 时，$y$ 曲线切线的斜率正好等于 $n$，即这条切线与直线 $nk$ 平行。这种情况下，人均收入曲线 $y$ 与直线 $nk$ 之间的距离 $M'M$ 最大，即消费量最大，$M'M$ 表示的消费量大于人均资本分别等于 $k_1$、$k_2$ 时的消费 $G'G$、$H'H$。$G'G$、$H'H$ 之所以小于 $M'M$，是因为人均资本为 $k_1$、$k_2$ 时所作的曲线 $y$ 的切线都不与直线 $nk$ 平行。

从黄金分割率可知，稳态时，如果人均资本量高于黄金分割水平，则需要通过消费一部分资本使人均资本减少到黄金分割水平，这能够提高人均消费水平。反之，人均资本量低于黄金分割水平，则需要减少消费，增加储蓄，再通过储蓄转化为资本，使人均资本增加到黄金分割的水平。

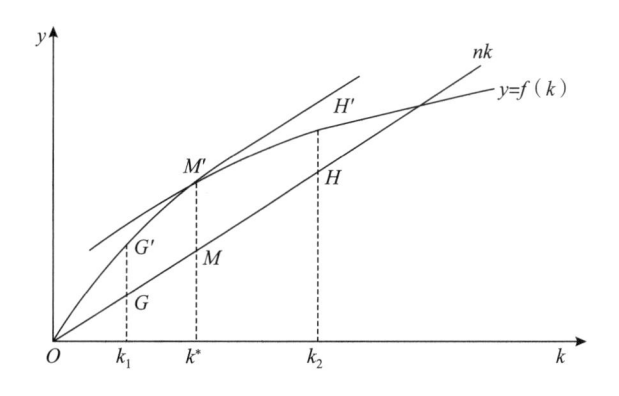

图 8-5　经济增长的黄金分割率

### 三、新剑桥经济增长模型

新剑桥经济增长模型是由英国经济学家琼·罗宾逊、卡尔多等人提出的，这一模型讨论了收入分配与经济增长的关系。

新剑桥经济增长模型有三个基本假设，社会成员分为利润收入者与工资收入者两类，利润收入者与工资收入者的储蓄倾向不变，利润收入者的储蓄倾向大于工资收入者的储蓄倾向。新剑桥经济增长模型的基本公式可以表示为：

$$G = \frac{s}{v} = \frac{\frac{P}{Y} \cdot Sp + \frac{W}{Y} \cdot S_w}{v} \tag{8.34}$$

式中，$G$ 为经济增长率，$s$ 为储蓄率，$v$ 为资本-产量比，$\frac{P}{Y}$ 是利润在国民收入中所占比例，$\frac{W}{Y}$ 是工资在国民收入中所占比例，由于国民收入分为利润与工资两部分，故 $\frac{P}{Y} + \frac{W}{Y} = 1$。$Sp$ 是利润收入者的储蓄倾向（即储蓄在利润中的比例），$S_w$ 是工资收入者的储蓄倾向（即储蓄在工资中的比例），$Sp > Sw$。

从式（8.34）中可以看到，$Sp$、$Sw$ 既定时，储蓄率 $s$ 的大小取决于国民收入的分配状况，即取决于利润与工资在国民收入分配中所占的比例。$Sp$、$Sw$ 既定的条件下，利润在国民收入中所占的比例 $\frac{P}{Y}$ 越大，储蓄率就越高；工资在国民收入中所占的比例 $\frac{W}{Y}$ 越大，储蓄率就越低。

在资本-产量比 $v$ 不变的情况下，经济增长率 $G$ 的高低取决于储蓄率 $s$，储蓄率越高，增长率就越高，通过提高储蓄率进一步提高经济增长率，就必须使利润在国民收入中占比更大。这意味着，经济增长是以加剧收入分配的不平等为前提的，经济增长的结果也必然加剧收入分配的不平等——这正是新剑桥经济增长模型的重要结论。

同时，新剑桥经济增长模型也认为，经济要稳定增长，利润与工资在国民收入中要保持一定的比率。当然，利润与工资在国民收入中的比率并不是不变的。随着经济的增长，利润在国民收入分配中所占的比例在上升，工资在国民收入分配中所占的比例在下降。

在经济增长理论的基础上，新剑桥学派也提出了自己的政策主张。新剑桥学派的政策措施可以分为两大类：一类是建立合理的税收制度和增加社会福利以实现收入分配的均等化；另一类是对投资实行全面的管制以实现经济的稳定增长。例如，对高收入者高征税、征收没收性的遗产税、对低收入的家庭给予补助、政府出资提高失业者的文化技术水平、政府提供失业保险；逐步实行平衡性财政政策、制定限制实际工资增长率的政策以稳定物价、尽量减少军事开支以便将资源更多地用于民用服务和环境保护、实施进口管制以增加贸易顺差和增加国内就业、扩大国有化的范围等。

## 第三节 经济增长因素与新经济增长理论

作为经济和社会现象的经济增长，会受很多因素的影响，正确认识这些影响因素，对于认识现实的经济增长和理解现实经济增长政策具有重要意义。

### 一、经济增长的源泉

宏观生产函数可以表示为：

$$Y_t = A_t f(L_t, K_t) \tag{8.35}$$

式中，$Y_t$、$L_t$、$K_t$ 分别为 $t$ 时期的总产出、投入的劳动量和投入的资本量，$A_t$ 为 $t$ 时期的技术状况。从式（8.35）中可以得到一个表达投入要素增长率、产出增长率与技术进步增长率之间关系的方程，即经济增长率的分解式：

$$G_Y = G_A + \alpha G_L + \beta G_K \tag{8.36}$$

式（8.36）中，$G_Y$ 为经济增长率，$G_A$ 为技术进步增长率，$G_L$、$G_K$ 分别为劳动和资本的增长率，α、β 分别为劳动和资本的产出弹性。从式（8.36）中可知，产出由劳动、资本和技术进步决定，也即经济增长的源泉是劳动、资本和技术进步。

### 二、丹尼森对经济增长因素的分析

经济学家丹尼森把经济增长因素分为两大类，一类是生产要素投入量，另一类是生产要素生产率。经济增长是生产要素劳动、资本、土地等投入的结果。要素生产率是产量与投入量之比，即单位投入量的产出量，要素生产率取决于资源配置状况、规模经济与知识进步。具体而言，影响经济增长的因素包括：劳动、资本存量的规模、资源配置状况、规模经济、知识进步和其他因素。

丹尼森分析经济增长因素的目的在于确定各个影响因素对经济增长所做的贡献，以此来比较各影响因素的相对重要性。丹尼森经过研究发现，知识进步是发达资本主义国家最重要的增长因素。知识进步包含的内容很广泛，包括技术知识、管理知识的进步和由于采用新知识而在结构与设备方面产生的更有效的设计，还包括从经验与观察中得到的知识。丹尼森认为，技术进步对经济增长的贡献是明显的，但也不能把生产率的增长主要归因于技术知识，因为管理知识也是非常重要的。管理知识更有可能降低生产资本、增加国民收入，它对国民收入增长的贡献比改善产品物理特性而产生的影响更大。

### 三、库兹涅茨对经济增长因素的分析

经济学家库兹涅茨认为经济增长因素主要是知识存量的增加、劳动生产率的提高和经济结构的优化。

第一，知识存量的增加。随着社会的发展与进步，人类社会的技术知识和社会知识的存量迅速增加，当这种存量被利用时，它就成为推动经济增长的重要源泉。当然，知识本身并不直接是生产力，它转化为现实生产力需要一系列的诸如劳动力的训练、对适用知识的判断、企业家克服困难的能力等中介因素。在这些中介因素的作用下，知识才会转变为现实的生产力。

第二，劳动生产率的提高。现代经济增长的重要特征是人均产值的高增长率，通过对劳动投入和资本投入对经济增长贡献的长期分析，库兹涅茨认为，人均产值的高增长率来自劳动生产率的提高。

第三，经济结构的优化。发达资本主义国家的经济增长过程中，经济结构迅速转变。如农业转向工业，再由工业转向服务业。与此相对应，劳动力的部门分配和社会

产值比重也发生变化，第三产业劳动力数量占社会劳动力数量的比例和第三产业产值占国民收入的比重不断上升。特别是进入20世纪后，这两个比例迅速变化，目前，发达国家总体增长率与经济结构的变化速度比现代化之前要提高很多。库兹涅茨也认为，不发达国家传统的生产技术和组织方式、劳动力在农业部门占有太大的比重、制造业结构不能满足现代经济的要求、需求结构变化缓慢、消费水平低等因素或状况，不能形成对经济增长的强有力的刺激。

在经济增长与收入分配的关系上，库兹涅茨提出了倒U假说。库兹涅茨认为，随着经济发展而来的创造与破坏改变着社会、经济结构，并影响收入分配。库兹涅茨利用各国的资料进行对比研究，得出结论：在经济未充分发展的阶段，收入分配将随同经济发展而趋于不平等，其后，经历收入分配暂时无大变化的时期，到达经济充分发展的阶段，收入分配将趋于平等。

根据库兹涅茨的表述，可以用曲线的形式对库兹涅茨的结论进行描述。如果用横轴表示经济发展的某些指标（通常为人均收入），纵轴表示收入分配不平等程度的指标，则库兹涅茨揭示的收入分配与经济增长的关系呈现倒U的状态，因而被命名为库兹涅茨倒U假说，又叫库兹涅茨曲线（如图8-6所示），图8-6中的$Ku$曲线就是库兹涅茨曲线，从$A$点到$B$点的曲线比较陡峭，表示随着人均收入的增长，收入分配趋向于不平等；$B$点与$C$点之间的曲线较为平缓，表示收入分配没有太大变化；从$C$点开始，曲线向右下方倾斜，故$C$点趋向$D$点就表示收入分配趋于平等。

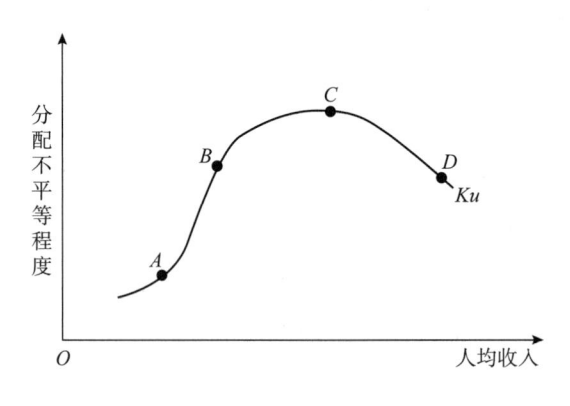

图8-6 库兹涅茨曲线

库兹涅茨在倒U假说中将收入部门划分为农业与非农业两个部门，再用三个因素即按部门划分的个体数的比例、部门之间收入的差别、部门内部各方收入的分配不平等程度的变化来说明两个部门收入分配平等程度的变化。经济发展初期，收入分配不平等程度较高的非农业部门在农业部门和非农业部门整体中比率上升，整个社会的分配趋于不平等；经济发展到较高水平，由于非农业部门在整体中处于支配地位，其所占比率变化程度缩小，部门之间的收入差别也将缩小，从而使得代表不平等程度提高的重要因素例如财产收入所占比率下降，再加上收入再分配各项政策的实施，各部门内部的分配趋于平等。

库兹涅茨的倒 U 假说提出后，西方学者对倒 U 的形成过程、原因以及平等化进程等进行过讨论。有人认为倒 U 假说不符合第三世界国家的实际情况，随着第三世界经济发展，收入不平等程度越来越高，而不是越来越低。

### 四、新经济增长理论概述

新古典经济增长理论曾在 20 世纪 60 至 80 年代中期的经济增长研究中占据主导地位。该理论在定量分析技术进步、劳动力和资本对经济增长的贡献方面，以及为政府经济增长政策提供数据支持方面都起到了重要作用。

但是随着世界经济的不断发展，新古典经济增长理论也日益暴露出一些不足或缺陷。①生产规模报酬不变的假设与事实越来越不相符。大多数工业化国家由于资源配置合理、部门协调效率较高、信息传递有效等，其经济资源的利用率高，产生了规模报酬递增的现象，而发展中国家则由于种种原因出现了规模报酬递减的状况。②该模型无法对劳动力增长率和技术进步率做出解释，也未能对控制人口增长、提高技术进步的速度提出相应的建议。在新古典经济增长模型中，稳态增长率即人口增长率是外生变量，但人口增长率与技术进步率对经济增长至关重要。所以，许多学者认为增长率的外生化是新古典经济增长模型在理论上的主要缺陷。③新古典经济增长理论在解释现实方面显得无力。新古典经济增长理论的一个重要结论是，具有相同的技术和人口增长率的不同国家，其增长率具有趋同性，但许多国家的增长率存在较大或相当大的差异，这一现状与新古典增长理论的趋同论相悖。

正是在这样的背景下，新经济增长理论产生了。新经济增长理论是用规模收益递增和内生技术进步来说明长期经济增长和各国增长率差异的理论总称。新经济增长理论的重要特征是将增长率内生化。在规模收益递增的原因上，新经济增长理论主要强调技术的溢出效应。企业采用了新技术而增加了技术知识，从而有利于整个社会，技术的这种正的外部性称为技术的溢出效应。新增长理论还特别关注知识对经济增长的极端重要性。

新经济增长理论的主要内容包括：知识是一个生产要素，与获得资本一样，知识必须通过放弃当前的消费才能得到；过去投入的资本可以使知识得到积累，并且知识又能刺激投资，投资的持续增长能够永久地提高一国的经济增长率；知识能够提高投资收益，人力资本、非熟练劳动、专利等都属于生产要素，这些生产要素的组合使得规模报酬递增；国际贸易有利于将新技术、新知识及人力资本引入一国，会促进一国的经济增长，使世界经济具有持续的增长动力，各国经济增长的差别源于不同的知识、人力资本等。

新经济增长理论奠定了随后出现的增长理论的基础。卢卡斯依据人力资本理论，进一步研究了一般的人力资本与特殊的人力资本的区别，提出私人人力资本积累带动经济增长的卢卡斯模式。他认为必须重视人力资本的投入，重视包括在职训练、边学边干等形式的教育，不断积累人力资本，对研究与发展增加投资，这样有利于一国实现长期、稳定、均衡的经济增长。巴罗认为，穷国与富国经济增长差异的原因并不是穷国缺乏投资，而在于穷国缺乏人力资本，即对教育投资不够。

此外，在技术进步的原因方面，新经济增长理论有不同的见解。罗默认为技术进步表现为私人厂商投资于研究活动而生产出新知识，卢卡斯认为技术进步是教育部门进行人力资本投资的结果，巴罗则认为技术进步为政府提供服务，带来私人厂商生产率与社会生产率的提高。另外，新经济增长理论还对税收、国际贸易等影响经济增长的因素进行了分析。新经济增长理论的内容决定了其具有重要的政策意义。如果一国政府认真考虑教育、投资、研究与发展、税收与贸易政策等问题，并实施合理的政策，就能够促进经济长期稳定的增长。

# 第九章 新古典宏观经济学与新凯恩斯主义经济学

## 第一节 货币主义

新古典宏观经济学的理论渊源是货币主义。货币主义学派是20世纪50年代后期在美国出现的一个学派，经济学家米尔顿·弗里德曼被公认是货币主义的创始者和领袖。为了更好地理解新古典宏观经济学的有关内容，本节主要对货币主义学派的基本观点和政策主张进行简要概述。

### 一、货币主义的两个假设

货币主义的两个基本假设是新货币数量论和自然率假说。

**1. 新货币数量论**

（1）交易方程

经济学家欧文·费雪提出交易方程，表达式是：

$$Py = MV \tag{9.1}$$

式中，$P$ 为价格总水平或价格指数，$M$ 为流通中的货币数量，$y$ 为一国的实际国民收入，$V$ 为货币的收入流通速度即名义国民生产总值除以货币总量。决定 $V$ 的相关因素，如"公众的支付习惯，使用信用范围的大小，交通和通信的方便与否等制度因素"等在短期内不会有大变化，因而 $V$ 在短期内不会迅速变化；$y$ 决定于资源和技术条件，在充分就业的状态下也不可能发生太大的变化。基于此，$V$ 和 $y$ 被视为常量。因此，价格 $P$ 就同货币数量 $M$ 成正比例关系。由于费雪强调的是货币作为交易媒介即作为流通手段的作用，费雪方程被称为交易方程。

（2）剑桥方程

剑桥学派代表人物之一庇古根据费雪的交易方程提出了剑桥方程，该方程式强调了愿意持有的货币数量，即对货币的需求量。剑桥方程表示如下：

$$M = kY = kPy \tag{9.2}$$

式中，$P$ 仍然表示价格总水平或价格指数，$Y$ 代表名义国民生产总值，$y$ 为实际国民生产总值，$k$ 为经常持有的货币量，即货币需求总量和名义国民生产总值的比例，$k$ 为货币收入流通速度的倒数。这里的 $M$ 与费雪方程中的 $M$ 在意义上略有不同，它代表对货币的需求量，从而强调货币作为储藏手段的职能。剑桥方程表明，对货币的需求量取决于货币流通速度和名义国民收入两个因素，与货币流通速度成反比，与收入成正比。$k$ 的大小取决于社会的商业习惯和制度等因素，在短期内固定不变，可视为常数，$y$ 在达到充分就业均衡时也是一个已知常数。因此，价格水平 $P$ 同货币数量 $M$ 成正比例关系，价格水平的高低取决于货币数量。由于剑桥方程强调货币作为储藏手段的职能，也就是把货币作为财产的保存形式，侧重于货币的持有，因此，剑桥方程暗含着利息率对货币需求的影响。

在实质上，费雪交易方程和剑桥方程是相同的，二者均说明货币数量与价格水平之间存在着直接的因果数量关系：物价水平的高低，取决于货币数量的多少，二者成正向关系。两个方程式的不同之处在于：费雪交易方程强调货币在交易中的媒介作用，剑桥方程则强调对货币的需求。

（3）凯恩斯的货币需求方程

第三章中详细分析过凯恩斯提出的以灵活偏好为基础的货币需求方程：

$$\frac{M}{P} = L(y,r) = L_1(y) + L_2(r) = ky - hr \tag{9.3}$$

式中，$L$ 为对货币的总需求，$L_1$ 为对货币的交易需求，$L_2$ 为对货币的投机需求，$r$ 为利息率，$P$ 为价格水平。

货币主义学派认为，凯恩斯的货币数量论的缺陷表现为：只注意到利息率和收入对货币需求的影响，而忽略了财富持有量也是决定货币需求的重要因素。此外，凯恩斯简化了财富的构成，只有货币和债券两种资产可供选择。

（4）货币主义学派的货币需求方程

在吸收和修正凯恩斯灵活偏好论的基础上，弗里德曼推演出新货币数量论，表示为：

$$M = f\left(P, r_b, r_e, \frac{1}{P} \cdot \frac{dP}{dt}, \omega, Y, u\right) \tag{9.4}$$

式中，$M$ 为财富持有者手中保存的名义货币量，$P$ 为一般价格水平，$r_b$ 为市场债券利息率，$r_e$ 为预期的股票收益率，$\frac{1}{P} \cdot \frac{dP}{dt}$ 为预期物质资产的收益率即价格的预期变动率$\left(\text{此处为了推演，令}\, r_p = \frac{1}{P} \cdot \frac{dP}{dt}\right)$，$\omega$ 为非人力财富与人力财富之间的比例，$Y$ 为名义收入，$u$ 为其他影响货币需求的变量。

弗里德曼认为，如果表示价格及货币收入的单位发生了变化，那么所需要的货币数量应同比例变动。比如，用美元来表示方程式（9.4）中的 $P$ 与 $Y$ 时，$M$ 的大小为某一数量；当改用美分来表示 $P$ 与 $Y$ 时，$M$ 的大小必然为该数量的100倍。或者说，方程式（9.4）应满足 $P$ 与 $Y$ 的一次齐次性，即：

$$f(\lambda P, r_b, r_e, r_p, \omega, \lambda Y, u) = \lambda f(P, r_b, r_e, r_p, \omega, Y, u) \tag{9.5}$$

如果令 $\lambda = \frac{1}{P}$，则式（9.4）变化为：

$$\frac{M}{P} = f(r_b, r_e, r_p, \omega, y, u) \tag{9.6}$$

式（9.6）中，$y = \frac{Y}{P}$ 为实际国民收入。式（9.6）是新货币数量论常见的表达形式，$\frac{M}{P}$ 表示财富持有者手中的实际货币量，故该方程代表了实际货币需求。从式（9.6）中，可以看出货币需求量主要取决于四个方面。

第一，总财富。是决定货币需求的一个重要的因素。总财富包括收入或消费性服务的一切源泉，也就是弗里德曼早先在消费函数理论中发展的永久性收入的概念。由于很难得到总财富的估算值，故只能以收入来代替，$y$ 就代表永久性收入。

第二，非人力财富在总财富中所占的比例。弗里德曼把总财富分为非人力财富和人力财富两部分。非人力财富指有形的财富，包括货币持有量、债券、股票、资本品、不动产、耐用消费品等，人力财富指个人挣钱的能力，又称无形财富。非人力财富和人力财富的形式可以互相转换，但由于受制度限制，主要表现为人力财富转为非人力财富相对困难。因此，当人力财富在总财富中所占比例愈大，则对货币的需求愈大，反之亦然。

第三，非人力财富的预期报酬率。弗里德曼认为，保存资产的形式除了各种有价证券外，还包括资本品、不动产、耐用消费品等有形资产；在各种资产中，货币与其他有形资产之间的分割比例，取决于各种资产的预期报酬率。一般情况下，有形资产的预期报酬率越高，公众愿意持有的货币就越少。此种情况下，用其他有形资产形式来替代货币形式更为有利。因此，债券的预期报酬率（$r_b$）、股票的预期报酬率（$r_e$）和物质资产的预期报酬率（$r_p$）成为影响货币需求的因素。

第四，其他影响货币需求的因素，例如资本品的转手量、个人偏好等，统统以变量 $u$ 来概括。

如果在方程（9.5）中，令 $\lambda = \dfrac{1}{Y}$，则方程式（9.4）化为：$\dfrac{M}{Y} = f\left(r_b, r_e, r_p, \omega, \dfrac{P}{Y}, u\right)$，$\dfrac{M}{Y}$ 为货币收入的流通速度。利用货币流通速度的定义，则式子可改写为：

$$Y = Py = V(r_b, r_e, r_p, \omega, y, u) \cdot M \tag{9.7}$$

式中的 $V(r_b, r_e, r_p, \omega, y, u) = \dfrac{1}{f(r_b, r_e, r_p, w, y, u)}$ 为货币流通速度。将方程式（9.7）与传统的货币数量论表达式（9.1）进行比较，可以发现，如果将式（9.7）中的函数 $V$ 看作传统货币数量论中的 $V\left(或 \dfrac{1}{k}\right)$，则新货币数量论与传统的货币数量论在形式上完全一样。

新货币数量论与传统货币数量论的差别在于，传统货币数量论的货币流通速度 $V\left(或 \dfrac{1}{k}\right)$ 是由制度决定的一个常数，新货币数量论则认为流通速度 $V$ 不是不变的常数，而是决定它的变量的稳定函数。这意味着，决定 $V$ 的函数是稳定的，而不是 $V$ 的数值本身。总之，货币主义学派在维持传统货币数量论关于 $V$ 在长期中是一个不变数量的同时，又认为 $V$ 在短期中可以轻微波动。

**2. 自然率假说**

自然率是指自然失业率。自然率假说认为，任何一个社会都存在一个自然失业率，自然失业率的大小取决于该社会的技术水平、资源数量和文化传统，在长期中，社会经济总是趋向自然失业率。这意味着，经济政策可以暂时或在短期中使实际失业率大于或小于自然失业率，但在长期中，却不会使实际的失业率趋向自然失业率。

凯恩斯以前的传统经济学认为，经济中存在着摩擦失业和自愿失业两种失业，两种失业量之和与全部劳动力之比就是自然失业率。自然率假说意味着：经济在长期中不会存在非自愿失业的现象。

## 二、货币主义学派的主要观点及政策主张

在新货币数量论和自然率假说基础上,货币主义学派的主要观点包括以下几点。

第一,货币供给对名义收入变动具有决定性作用。货币供给完全取决于货币当局的决策及银行制度,而货币需求函数则表明,货币供给与影响货币需求的因素完全无关。新货币数量论的方程式表明,在货币供求均衡时,由于货币流通速度 $V$ 在短期仅可以作轻微变动,而在长期不会变,所以,货币供给量 $M$ 便是影响名义收入 $Y$ 的决定性因素,即货币数量是名义收入波动的主要原因。

第二,在长期中,货币数量的作用主要在于影响价格以及其他用货币表示的量,而不会影响就业量和实际国民收入。根据自然率假说,就业量及实际国民收入是由技术水平、风俗习惯、经济资源的数量等非货币因素决定的。由于 $V$ 在长期中是一个不变的常数,因此,货币数量 $M$ 影响的只是价格 $P$ 以及由货币所表示的变量。简言之,通货膨胀归根到底是一种货币现象。

第三,在短期,货币供给量可以影响实际变量,如就业量和实际国民收入。货币流通速度 $V$ 在短期可以轻微变动,以及自然率假说的存在支持了这一观点。

第四,经济具有自身内在的稳定性,经济政策会使其稳定性遭到破坏。自然率假说是货币主义这一观点的理论基础。按照自然率假说,经济具有趋向充分就业时的自行调节机制。因此,市场机制仍然是调节资源在不同用途之间合理配置的有效机制。虽然各种随机扰动使经济出现短期波动,但经济本身的发展仍具有长期均衡趋势。如果经济政策干扰了市场机制的作用,反而会导致宏观经济的严重失衡。

基于以上理论,货币主义的政策主张包括以下几点。①反对凯恩斯主义的财政政策。货币主义认为,以需求管理为宗旨的财政政策最终都通过货币量的扩张和收缩来实现其经济调节作用,而由于扩张性财政政策的挤出效应,私人投资会随着政府支出的增加而减少,其后果为非生产性投资代替生产性投资,从而影响劳动生产率。此外,过度的政府开支也会带来通货膨胀。因此,财政政策不但无效,反而对经济有害。②反对斟酌使用的货币政策。货币主义认为,政策的滞后会使宏观经济运行产生更大的波动。③倡导单一政策规则。货币主义认为,货币政策能够完成两项任务:一是防止货币本身成为经济混乱的主要根源;二是为经济提供一个稳定的环境。据此,货币主义提出,在没有通货膨胀的情况下,按平均国民收入增长率加上人口增长率来规定并公开宣布一个长期不变的货币增长率,这是货币政策的最佳选择。货币主义的这一

以货币供给量作为货币政策的唯一控制指标，而排除利率、信贷流量、准备金等因素的政策建议被称为单一政策规则。

## 第二节　理性预期学派

20 世纪 70 年代，西方国家出现了严重的经济停滞，传统的凯恩斯主义无法解决这种困境。作为货币主义学派的延续与发展，西方经济学界出现了理性预期学派，该学派采用并发展了穆思于 1961 年提出的理性预期观点，形成了与传统的凯恩斯主义内容相反的理论。由于这一系列的理论与凯恩斯主义之前的传统西方经济学基本一致，使西方经济学回归到传统的古典学派状态，所以理性预期学派也被称为新古典经济学派，其代表人物有卢卡斯、萨金特、巴罗等。

### 一、理性预期学派理论的假设

新古典经济学派的理论有四个假设条件，即个体利益最大化、理性预期、市场出清和自然率假说。前文详细说明了自然率假说，此处仅对前三个假设加以说明。

**1. 个体利益最大化**

新古典经济学把微观经济学中的个体利益最大化这一假设与宏观经济学的研究相结合。新古典经济学认为，宏观经济现象是个体经济行为的后果。微观经济学分析中，个体行为的一个基本假设是个体利益最大化。这意味着，宏观经济理论必须具有微观理论基础，特别是要符合个体利益最大化的基本假设条件。

**2. 理性预期**

理性预期是指有效地利用一切信息的前提下，对经济变量做出的在长期中平均说来最为准确的，而又与所使用的经济理论、模型相一致的预期。这一假设有三个含义。①进行经济决策的经济主体是理性的。为了追求最大利益，总是力求对未来做正确的预期。②为了做正确的预期，经济主体在做出预期时会搜集一切相关的信息，其中包括有关的经济理论和模型、有关的资料与数据，力图系统了解经济变量之间的因果关系。③经济主体在预期时不会犯系统性错误。这意味着，由于正确的预期能使经济主体得到最大的利益，所以经济主体会随时随地根据它所得到的信息来修正预期值的错误，经济主体通过及时修正避免犯系统性错误。这表明，在长期中，经济主体对某一经济变量的未来预期值与未来实际值仍然会是一致的。简言之，理性预期即在长期中人们会准确地预期经济相关变量的数值。

### 3. 市场出清

市场出清指无论是劳动市场上的工资还是产品市场上的价格，都具有充分的灵活性，可以根据供求情况迅速进行调整。这种灵活性使产品市场和劳动市场都不存在超额供给。因为一旦产品市场出现超额供给，价格就会下降，直至商品价格降到使买者愿意购买为止；如果劳动市场出现超额供给，工资就会下降，直至降到使雇主愿意为所有想工作的失业者提供工作为止。因此，每一个市场都处于或趋向供求相等的一般均衡状态。

## 二、理性预期学派的主要观点

### 1. 宏观经济政策无效论

宏观经济政策既包括财政政策，也包括货币政策。根据自然率假设，经济在长期中会处于自然失业率的状态。宏观经济政策的目的和效果在于使社会脱离这种状态，不管通过经济政策来造成这种脱离是否有必要，按照理性预期的假设条件，都不可能达到目的，即宏观经济政策是无效的。

如图9-1所示，当经济社会自然失业率为6%时，假设实际通货膨胀为零，如图中菲利普斯曲线的 A 点所示。

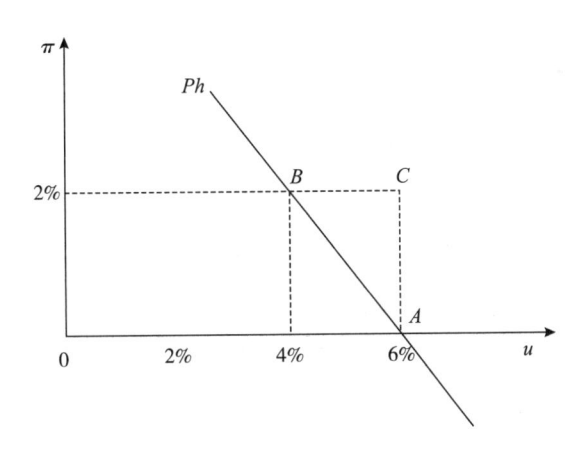

**图 9-1　菲利普斯曲线说明政策无效性**

现在的预期通胀率根据过去的通货膨胀率形成，那么，在 A 点，由于过去的实际通胀率为零，所以现在预期通胀率也为零。此时，如果政府企图把失业率降低到4%，就必须使用财政政策或货币政策造成2%的通胀率，使经济社会沿着菲利普斯曲线到达图中的 B 点，因为 B 点所代表的失业率为4%。

理性预期学派认为，当通胀率为2%时，由于所有的价格都上升了相同比例，所以工资和产品价格均上升了2%。但是，由于信息的传递和供给不够完善，所以工资和产品价格的上升会被误认为是相应的需求增加的信号。于是，劳动供给增加，生产量扩大，这些原因促使整个社会的国民收入$y$上升到与4%失业率或96%就业率相应的水平，即到达图9-1的$B$点。在该点，失业率和实际通胀率分别为4%和2%。

新古典学者指出，$B$点仅能暂时存在。因为，根据理性预期，劳动者和企业家会很快收集到有关通货膨胀的所有信息，从而发现自己产品价格的上升是通胀的结果，而不是源于产品需求的增加。由于$B$点的实际通胀率为2%，所以预期通胀率从零变为2%。这样会发生产量减少，社会经济移到$C$点。在$C$点，失业率又变成原来的6%，而实际和预期的通胀率均为2%。这一结果也可以由方程式（7.14）引申得到：

$$\pi_t = \pi^e + h\frac{y_{t-1} - y^*}{y^*} \qquad (9.8)$$

在$C$点，$\pi_t$（实际通胀率）$= \pi^e$（预期通胀率）$= 2\%$。因此：

$$\pi_t - \pi^e = 0 = h\frac{y_{t-1} - y^*}{y^*} \qquad (9.9)$$

所以，$y_{t-1} = y^*$，即失业率处于相当于$y^*$的6%的自然率水平。简言之，这一结果表明：财政政策和货币政策并没有达到它们的目标，而仅仅造成了通胀率的提高。

根据上述结果，新古典学派认为，由于理性预期，一切宏观经济政策都是无效的。政策无效性的结论意味着：要想使政策有效，它必须具有欺骗性，即让人们得不到有关政策的真实的信息。然而，这一点在事实上又是做不到的，因为政策的真正内容和后果迟早要为公众所知悉。货币主义仅仅反对凯恩斯主义的财政政策，而理性预期学派反对一切宏观经济政策。

**2. 适应性预期错误论**

适应性预期指仅仅根据过去而预测未来。直到20世纪70年代，凯恩斯主义学者还常在宏观计量经济学模型中使用适应性预期。

然而，新古典学者坚持认为，适应性预期是错误的。因为，预期除了以过去的事实作为依据，也要考虑事态在将来的变化。例如，在估计某种商品的价格时，除了考虑该产品过去价格以外，也要考虑将来的变化对该产品的供求影响。因此，适应性预期不但不符合现实，而且违反了利益最大化原则。基于这个原因，一切使用适应性预期的模型都是错误的。

**3. 反对凯恩斯主义的斟酌使用的或者对经济运行微调的经济政策**

这个观点的理论基础是卢卡斯批判。卢卡斯指出，人们在对将来的事态做出预期时，不但要考虑过去，还要估计现在的事件对将来的影响，并且根据他们所得到的结果而改变他们的行为。也就是说，人们要估计当前的经济政策对将来事态的影响，并且按照估计的影响来采取对策，即改变行为，以取得最大的利益。行为的改变会使经济模型的参数发生变化，而参数的变化又是难以衡量的。因此，经济学者很难评价经济政策的效果。

$\pi^e$ 代表预期通货膨胀率，其大小部分地取决于人们对当前政策的态度。这意味着，斟酌使用或微调的政策本身会造成 $\pi^e$ 改变，从而会改变政策的效果。例如，假设过去用 3% 的国民收入的减少成功地使 5% 的通胀率降为零，那么，这并不意味着当通胀率为 10% 时，6% 的国民收入的减少就能达到通胀率降为零的目标。因为人们对国民收入减少 3% 和国民收入减少 6% 的政策反应不同，所以不能根据之前的政策经验来推断政策的效果。

由于斟酌使用或微调的政策表示在某一种具体情况下执行的特殊性政策，所以，政策的制定者不知道经济模型中参数的数值的变动，也就无从决定政策的力度（3% 或 6%）以及效果。简言之，斟酌使用或微调的政策是不可靠的。在货币主义学派的政策滞后性理由之后，新古典学派又丰富了反对斟酌使用政策的理由。

上述三个观点已经凸显出新古典经济学的倾向性，即沿袭货币主义学派道路，以更大的步伐回归到古典学派传统的西方经济思想，它与传统思想不同之处，仅在于理由和论证方式的差异。

### 三、理性预期学派的简单模型

本部分是构建一个简单的模型进一步说明新古典学派的观点和思想。首先需要明确附加预期变量的总供给曲线。

**1. 传统总供给曲线**

传统总供给曲线是在货币工资具有完全伸缩的假设下得到的，如图 9-2 所示。

在图 9-2 中，传统总供给曲线 AS 是一条与充分就业产量 $y^*$ 对应的垂直于横轴的线。它表明不论价格 $P$ 的数值如何变动，经济社会所提供的产量或国民收入均为不变的 $y^*$。由于总供给曲线为一条垂直线，所以，任何一条总需求曲线与它相交之点均处于垂直线上，如 A、B 点。这表明，社会的生产总是处于自然就业率的水平，因而长期中不会出现大量的失业现象。正是由于这一原因，传统理论不能解释经济波动，从而被凯恩斯主义所代替。

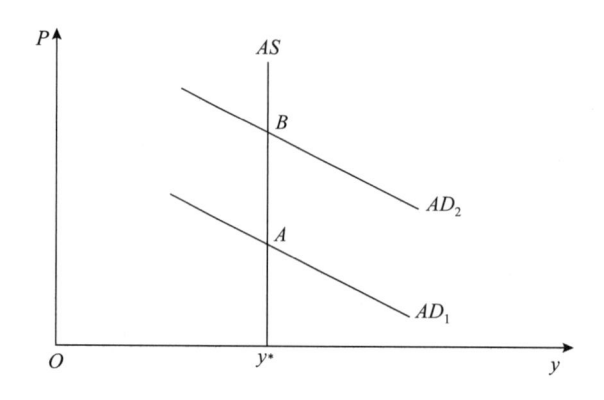

**图 9 – 2　传统的总供给曲线**

对凯恩斯主义采取否定态度的新古典经济学企图弥补传统理论的这一缺陷，它想在传统理论的基础上来"解释"经济波动。为此，新古典经济学对传统总供给曲线做出修改和补充。

**2. 附加预期变量的总供给曲线**

理性预期学派为传统总供给曲线添加了一个预期变量。对于传统理论中的劳动的供给和需求取决于实际工资 $\frac{W}{P}$，新古典学者是完全同意的。但他们认为，在决定实际工资时，劳动供给方面所依据的价格和劳动需求方面所依据的价格并不是同一个价格，其原因如下：

按照新古典学派的说法，社会中的各行业在任何时候都确切地知道产品的价格。但是，它们对整体社会的价格水平变动却未必确切地了解，至少在短期内如此。当通货膨胀出现时，各行业产品的价格水平都会上升。在短期内，各行各业都会感知产品价格的上升，然而却不知道这种上升是通货膨胀造成的。因此，各行各业都会按照原有的价格或预期的价格 $P^e$ 来决定它们的供给量，而各行各业的需求量则取决于通货膨胀所造成的价格，或实际价格 $P$。劳动市场的情况也是如此，劳动的供给方面使用预期价格 $P^e$ 来决定实际工资的大小，而在劳动的需求方面，则使用实际价格 $P$。将实际的 $P$（即在劳动的需求曲线方面的 $P$）和预期的 $P$（即在劳动的供给曲线方面的 $P$）的差别考虑在内，可得到图 9 – 3。

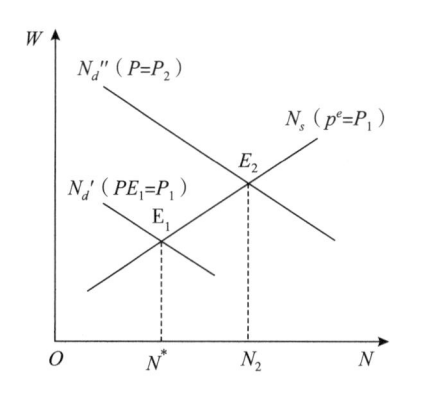

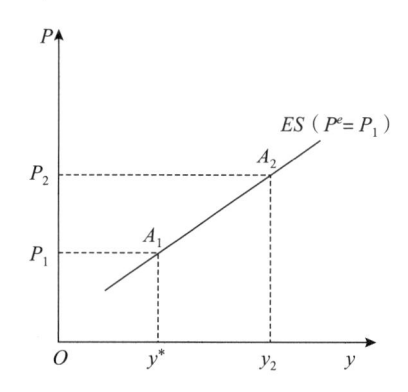

**图9-3 附加预期变量的总供给曲线的推导**

在图9-3中，$W$为货币工资，$N_d$和$N_s$为相当于不同数值的$P$的劳动需求曲线和供给曲线，$P^e$为预期价格，$N_d'$是根据$P_1$数值的实际价格水平而做出的对劳动的需求曲线。假设$N_s$为劳动者根据$P^e=P_1$做出的劳动供给曲线，即假设预期的价格水平正好等于实际的价格水平，或者说，在需求方面的$P$与在供给方面的$P$是相同的，因此，$N_s$与$N_d'$相交的$E_1$点决定了就业量的数值为$N^*$，从而得到对应的产量$y^*$。于是在右图中得到点$A_1(y^*, P_1)$。假设$P^e$的数值不变，而实际价格由$P_1$上升到$P_2$，这时，由于$P^e$不变，所以$N_s$的位置不变；然而，由于$P_2>P_1$，所以劳动需求曲线的位置由$N_d'$上升到$N_d''$，其含义为，由于实际价格的提高，整个社会只有在$W$有相同比例的上升时，才会需要原有数量的劳动，现在$N_s$和$N_d''$相交于$E_2$，$E_2$点所对应的就业量为$N_2$，由此产生出对应的收入$y_2$，从而又得到了图9-3右图中的点$A_2(y_2, P_2)$。按照这一思路继续下去，可得到一系列点，将其连接起来便得到附加预期变量的总供给曲线$ES(P^e=P_1)$。它表示在一定预期的$P_1$下与各个实际的价格$P$相对应的$y$的数值。图9-3右图中的$ES$曲线系以$P^e$为某一数值为前提，可以设想，$P^e$可以具有许多不同的数值，而相当于每一不同数值的$P^e$都存在与其相应的$ES$曲线，理论上$ES$曲线与传统总供给曲线都相交于一点，如图9-4所示。

图9-4中$B$点代表预期的$P^e$与实际$P_0$相一致，$E$点代表预期的$P^e$与实际的$P^*$相一致。图9-4仅有两条$ES$曲线，然而，可以想象，应有很多$ES$线，其中每一条线代表对应不同$P^e$数值的预期价格。上面所论述的仅仅是劳动市场中所存在的情况，新古典学派认为，社会中一切市场所存在的情况均是如此。因此，附加预期变量的总供给曲线必然存在。

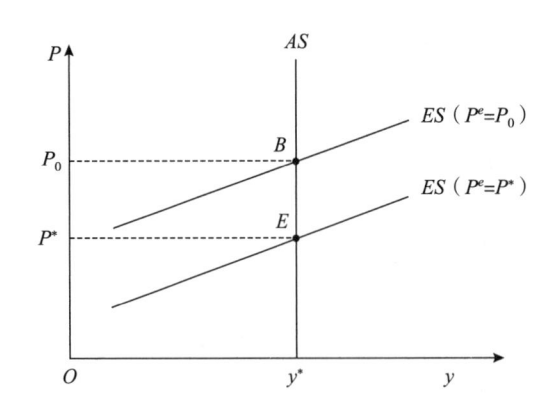

图 9-4 附加预期变量的总供给曲线与传统总供给曲线

### 3. 理性预期学派的简单模型

考虑一个由附加预期变量的总供给曲线 ES 和总需求曲线 AD 构成的经济模型。假设经济社会在开始时处于 $y^*$ 上的垂直线、ES 和 AD 这三条线相交之点，又假设 AD 曲线在某些因素的影响下发生移动，那么这一模型所决定的价格水平和收入水平是多少？

新古典学派认为，这一问题的答案取决于 AD 曲线的位置改变是受到意料之中的因素的影响，还是受到意料之外的因素的影响。AD 曲线的位置可以因许多外生变量或外界因素的影响而改变，这些外界因素包括财政政策、货币政策、外贸逆差或顺差、外汇行情的波动以及气候变化等自然现象。这其中，有些因素完全是意料之外的，如地震、台风等，某些因素则是意料之中的，如政府的财政政策、货币政策或其他经济政策（假设这些政策是公开执行的）。还有一些因素则是介于两者之间的情况，如仅仅被部分地觉察到的外贸逆差或顺差，外汇行情的波动等。总之，AD 曲线位置的改变可以受到两类因素即意料中的因素和意料外的因素的影响。

假设 AD 曲线位置的改变全然是由意料中的因素造成的，那么，ES 和 AD 的经济模型是如何决定价格水平 P 和产量 y 的呢？这一问题的答案可以使用图 9-5 加以说明。在图 9-5 中，经济社会初始时处于 A 点，即 $y^*$ 上的垂直线、ES 和 AD 这三条线相交之点，又假设意料之中的因素使 AD 的位置移动到 AD′，那么，相应的 P 和 y 各为多少？图 9-5 表明：ES 和 AD′ 相交于 B 点，相应的价格水平和产量分别为 $P_1$ 和 $y_1$，从表面上看 $P_1$ 和 $y_1$ 可能是问题的答案。

但是，新古典学派认为，答案不会是 B 点的 $P_1$ 和 $y_1$。因为 B 点的答案违反理性预期的假设。理性预期假设表明：对于经济变量的理性预期的数值必须等于根据经济理论推算出来的，即与使用的经济理论和模型相一致的数值。如果 B 点代表问题的答案，那么，根据经济模型推算出来的 $P$ 必然是 $P_1$，此时的预期的 $P$（即 $P^e$）必然为 $P_0$。因为，在 $ES$ 与 $y^*$ 上的垂直线的交点，预期的 $P$ 必然等于实际 $P$，从而，$P^e = P_0$。因此，在这里，预期的 $P$ 和根据经济模型推算出来的 $P$ 并不相等，从而，$B$ 点所代表的 $P^e$ 不是理性预期的 $P$。既然理性预期学派假设每个参与经济活动的人的预期都是理性的，所以 $B$ 点不能存在，因而答案也就不是 $P_1$ 和 $y_1$ 了。

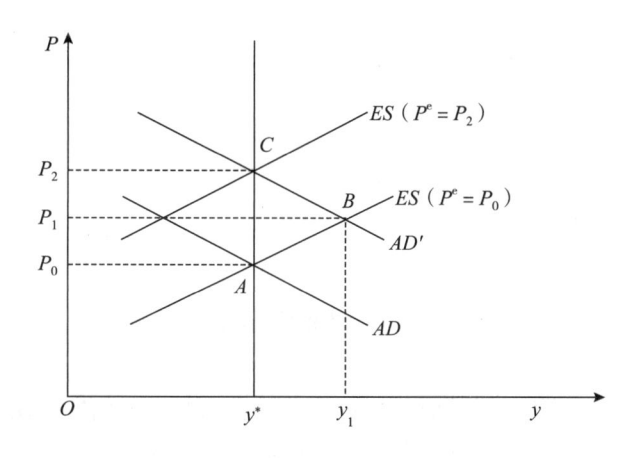

**图 9-5 意料之中的原因造成的后果**

理性预期学派的答案如何呢？$AD'$ 是意料之中的原因造成的，即在有效地利用一切信息的情况下，$AD'$ 的位置已众所周知，但图上的哪一点能使预期的 $P$ 和根据模型推算出来的 $P$ 相等呢？很显然，图上的 $C$ 点可以使二者相等，因为 $C$ 点是根据 $P^e$ 等于 $P_2$ 而得到的另一条 $ES$ 线、$y^*$ 上的垂直线和 $AD'$ 这三条线的交点。以 $C$ 是 $ES$ 线与 $AD'$ 线的交点而论，$P_2$ 是根据经济模型推算出来的 $P$；以 $C$ 是 $ES$ 和 $y^*$ 上的垂直线的交点而论，则 $P^e = P_2$。因此，三线相交于一点即预期的 $P$ 和根据经济模型推算出来的 $P$ 相等。此时的预期是理性的预期，因而 $C$ 点为问题的答案。$C$ 点所表示的价格和产量分别为 $P_2$ 和 $y^*$。将 $C$ 点与原来的 $A$ 点相比，价格从 $P_0$ 上升到 $P_2$，而产量却不变，仍然为 $y^*$，因此，由于意料之中的原因而造成的总需求变动只能使价格水平上升或下降，并不能导致整个经济就业量或产量的变动。

新古典学派的上述结论具有明显的政策含义：既然一切公开执行的包括财政政策和货币政策在内的经济政策，都属于意料之中的因素，那么，经济政策只能改变价格水平的高低，不会造成就业量或产量的增加或减少，即凯恩斯主义所主张的通过宏观经济政策来调整就业量是错误的。虽然意料之中的因素造成的 $AD$ 变动不能改变 $y$ 的数值，但是新古典学派认为，意料之外的因素所造成的 $AD$ 变动却可以使 $y$ 变动。基于此，该学派认为，经济波动的唯一原因在于意料之外的因素，如图9-6所示。

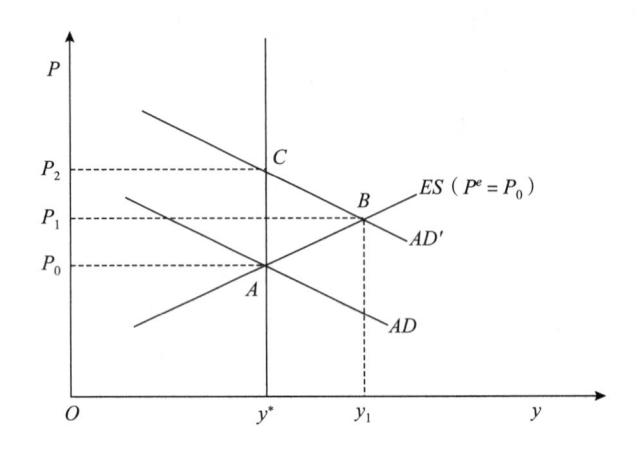

**图9-6 意料之外的原因造成的后果**

在图9-6中，经济社会初始时仍然处于$A$点，但是，$AD$移到$AD'$是意料外的因素造成的。因此，$AD$已经移动到$AD'$的位置，但参与经济活动的主体并不能觉察到这一事实，他们认为$AD$仍然处于原来的位置。在这种情况下，对价格的理性预期只能是$P_0$，因为如果$AD$没有移动，预期的$P$就是$P_0$，而根据经济模型推算出来的$P$也是$P_0$。这就是说，即使存在着理性预期，价格水平和产量也可以由于意料之外的原因发生波动，在此例中，它们顺次波动到$P_0$和$y_1$的数值。可以看到，理性预期一方面继承了传统西方经济学的总供给曲线，另一方面又以意料之外的因素的影响来解释经济活动的变化。

对于意料之外的因素所造成的价格和产量的波动，理性预期学派认为，国家是不能运用经济政策来使之稳定的。参加经济活动的主体，包括国家的经济管理人员在内，事先都不知道这些意料之外的因素的存在。因此，即使经济政策是有效的，国家也无从执行这些政策。这导致理性预期学派的最终结论是，在任何情况下，宏观经济政策都是无效的。

### 四、实际经济周期理论

**1. 技术冲击是经济波动的根源**

实际经济周期理论进一步表达了新古典学派关于经济波动是由意料之外的原因造成的观点。新古典宏观经济的实际周期理论认为，宏观经济经常受到一些诸如石油危机、农业歉收、战争、人口增减、技术革新等实际因素的冲击，但这些因素引起经济波动的途径是有限的，它们可能改变人们的偏好，可能改变技术状况（生产率），或者改变可利用的资源等。同时，实际周期理论认为实际影响因素中最重要的因素是技术的冲击，技术冲击是经济的波动源。

古典经济学在解释周期扩张时，也提到技术变化对产出和就业的正向影响，但是技术变化专指物理设备的革新。实际周期理论接受了新古典增长理论对技术变化的定义，即技术变化包括任何使生产函数发生移动而不涉及投入要素数量变化的因素。根据这个定义，诸如管理的成功与失败也构成技术冲击，也会带来技术变化。

下面将详细说明实际经济周期理论的基本内容。

### 2. 总量生产函数

在人口和劳动力固定的情况下，经济中所生产的实际收入取决于技术和资本存量，总量生产函数可以表示为：

$$y = zf(k) \tag{9.10}$$

式中，$y$ 为实际收入，$k$ 为资本存量，$z$ 为技术状况。生产中的技术变动反映在 $z$ 值发生变化上，$z$ 值的变动表现为生产函数的变动。假设资本折旧率为 $\delta$，没有折旧的资本存量为 $(1-\delta)k$，那么在考察时期期末，经济中可供利用的资源为当期的产量加没有折旧的资本存量，即 $zf(k) + (1-\delta)k$。

实际经济周期理论假设经济中具有相同的偏好，偏好仅依赖于可延续未来无限期的每年的消费，且每年对消费增加的偏好减少，即从消费获得的边际效用递减，那么，最优选择应是在整个生命期内均匀地消费，如图 9-7 所示。

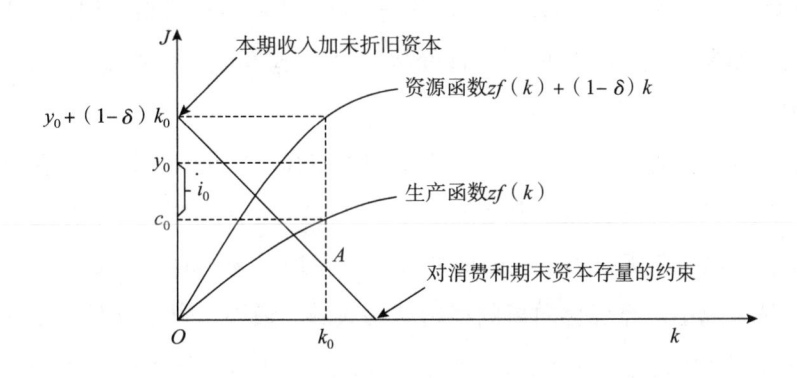

**图 9-7 生产函数和资源函数**

在图9-7中，横轴 $k$ 为资本存量，纵轴 $J$ 表示实际收入、消费、下一期的资本存量和投资。总资源函数为 $zf(k)+(1-\delta)k$。图中向右下方倾斜的直线为经济中的约束线（又称消费和资本积累可能线），它反映消费与积累的关系，当期供消费的最大量为当期收入加上没折旧的资本量，如果这个量被消费掉，则下一期将没有资本存量。已知约束线的斜率为 -1，因为下一期一单位额外资本存量的增加正好来自当期一单位消费量的减少，约束线上的每一点均可供经济社会选择。假设约束线上的 $A$ 点代表经济的稳定状态，此时，下期资本存量为 $k_0$，投资为 $i_0$，消费为 $c_0$（忽略政府购买和净出口），实际收入为 $y_0$。如果资本存量 $k_0$ 保持不变以及生产函数（总资源曲线）不发生变动，则消费、投资和实际收入将会重复下去。图9-8进一步说明了实际经济周期理论对宏观经济波动的解释。

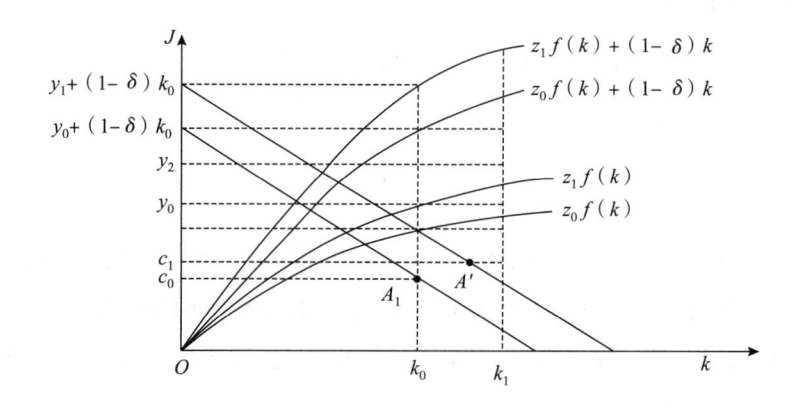

**图9-8 实际经济周期理论对宏观经济波动的解释**

经济原有的稳定状态为图9-8中的 $A_1$ 点，假设由于技术进步，$z$ 值从 $z_0$ 增加到 $z_1$，则生产函数和总资源函数向上移动。在原有的资本存量 $k_0$ 的基础上，产量增加到 $y_1$，总资源增加到 $y_1+(1-\delta)k_0$，使下期的消费和资本积累相应地增加，这表现为约束线向右移动。如果新约束线上的 $A'$ 是被经济社会所选择的点，则资本存量增加到 $k_1$，消费上升到 $c_1$。

如果没有进一步的技术变化，在 $k_1$ 水平的资本存量之下，实际收入在下一期增加到 $y_2$，相应地，经济的总资源也会增加。在下一期，关于消费和资本存量的约束线继续向右移动，可以想象资源约束线的向外移动会在接下来的时期不断发生，但向外移动的幅度会越来越小，经济会向新的稳定状态收敛。最终，资本存量、收入、消费和投资都将增加到新的稳态水平上。这种由技术变化（冲击）导致的收入变动的路径可用图9-9表示。

在图 9-9 中，随着反映技术进步的 $z$ 值在第一期期末的提高，投资和收入相应增加。随着经济向新的稳定状态运动，投资增量逐渐下降，但收入继续增加，不过增加的幅度越来越小，直到达到新的稳定状态。类似地，随着 $z$ 值的减少，生产函数向下移动，减少了可用资源，紧接着，投资、资本存量、消费和收入下降。总之，实际经济周期理论强调，技术的变化是收入和投资变动的根源。

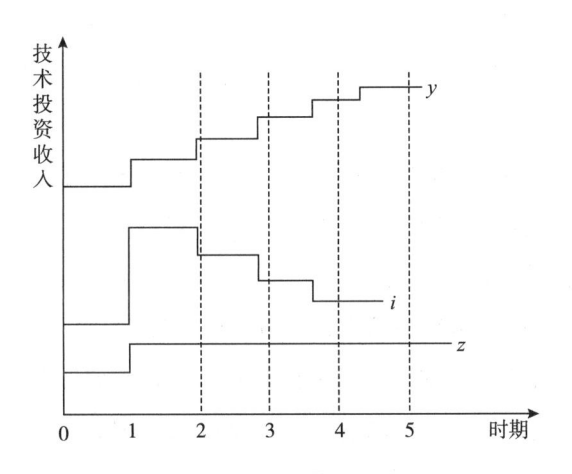

**图 9-9　技术变化引起的投资收入变动**

## 第三节　供给学派

供给学派是 20 世纪 70 年代中期在美国兴起的一个经济学流派，虽然它还没有形成完整的学说体系，但由于对当时西方资本主义经济机制有其独特的分析，提出了治理滞胀的新方案，投合了长期受经济滞胀的困扰、急于寻求解决方案的美国统治阶级的需要。与货币主义学派、理性预期学派一样，供给学派也主张自由市场经济的调节有效性，本节主要从其反对凯恩斯主义的角度来介绍其基本理论和政策主张。

供给学派主要分两个支系，一是以拉菲尔（Laffer）、孟德尔（Mundell）、万尼斯基（Wanniski）为代表的极端供给学派；二是以费尔德斯坦（Feldstein）为代表的温和的供给学派。一般把极端供给学派作为正统的供给学派，此处主要介绍这一支派的观点。

### 一、恢复萨伊定律，强调供给第一

供给学派以重视供给分析为基本标志。供给也就是指生产，所以供给学派又被称为生产学派。但供给学派所主张增加的供给有特定的含义，是指听任市场机制充分发挥调节作用条件下的供给增加。

供给学派认为，凯恩斯主义的需求会自行创造供给的观点是错误的，凯恩斯所主张的需求管理政策是造成滞胀的根源。这是因为，需求增加不一定促进实际产量增长，很可能只是单纯增加货币量，引起物价上涨、储蓄率下降，而这又必然引起利息率上升，导致投资增长和设备更新、技术变革的延缓。当需求扩张超过实际生产的增长，通货膨胀就不可避免。在这种情况下，生产必然出现停滞或下降，从而造成滞胀的局面。

因此，供给学派认为凯恩斯把促进经济增长的措施归结为刺激需求是根本错误的。相反，供给学派认为促进经济增长的着眼点，应是刺激国民收入核算方程式中的生产（供给）方面，强调供给第一。供给学派认为，萨伊定律即供给能够创造自身的需求是真理，因为供给是需求唯一可靠的源泉，没有供给就没有需求，没有出售产品的收入，也就没有可以用来购买商品的支出。依据萨伊定律，通货膨胀与失业并发症会自然趋于消失。具体而言，由于供给自行创造需求，所以只要国家不干预私人经济活动，让市场机制充分发挥作用，产品就不会过剩，失业就不会存在。通货膨胀是由于投资大于储蓄造成的，在市场机制充分发挥作用的条件下，利息率的升降会使储蓄全部转化为投资，从而抑制对资本品的过度需求。政府采取的刺激需求的政策，是对利息率变化和私人经济活动的干预，会导致储蓄与投资不能相适应。所以，依据萨伊定律制定一系列的供给管理政策刺激储蓄，储蓄自动转化为投资，投资增加就能提高劳动生产率和增加生产量，从而促进经济的增长，这时一个没有通货膨胀的充分就业均衡就会出现。

## 二、降低税率刺激供给，促进经济增长并抑制通货膨胀

供给学派认为，刺激经济主体进行活动的因素包括政府税收、规章条例、政府支出、货币措施等，其中征税是最重要的因素。因为经济主体进行活动的最终诱因是获得报酬或利润，但经济主体最关心的并非报酬或利润总额，而是除去各种纳税和费用以后的报酬或利润净额。因此，计算课税对象每一单位应征税额比率的税率，特别是对工资、利润、利息、租金等部分在增加过程中所征税率即边际税率都成为至关重要的工具。

供给学派猛烈抨击凯恩斯主义的高税率财政政策，特别是攻击累进税率的高税率。他们认为高税率会严重挫伤企业经营积极性，投资减少，利率上升，而高利率必然使

投资萎缩,生产增长缓慢,削弱商品在国际市场上的竞争力,造成国际收支赤字增大,加剧通货膨胀。

供给学派认为,减税不仅不会加剧通货膨胀,而且即使存在着货币充足而商品匮乏的通货膨胀,也会自然消失。这是因为减税能刺激储蓄、增加投资,从而刺激供给,促进经济增长,增加总产出。供给学派还认为,减税与"收入均等化"之间存在着一种彼此促进的关系。因为减税不仅可以增加产出,扩大就业,还可以使劳动者的工作热情增加,即意愿劳动供给增加,这就会提高穷人的生活水平。因此,减税可以使富人更富,但也同样能使穷人增加收入,所以减税无碍于收入均等化。供给学派虽然承认减税刺激经济活动,促进生产增长的作用需要一段时间才能发挥出来,即存在时差,但是坚信时差不会很长。供给学派还认为减税的影响是多方面的,有些影响需要较长时间才能表现出来,也有些影响是迅速和直接的。总之,供给学派认为持久地降低税率能刺激储蓄,提高储蓄率,从而增加商品和劳务的供给。长期而言,由于商品和劳务的增加将开辟新的税源,使税收总额随总产量的增加而增加,财政将会保持收支平衡,一切经济活动都将正常地、顺利地进行,所以减税政策就是长期的经济稳定政策。

### 三、反对国家干预,主张市场调节

供给学派非常重视企业家精神在发展生产中的作用,把充分发挥企业家精神看作促进经济增长的重要因素。他们认为,让企业自由经营,生产才能够收到最佳效果。政府给予过多的、不适当的管理限制,会阻碍企业经营的创造性,影响生产增长。

供给学派认为,第二次世界大战后,美国政府制定的关于价格、工资、雇佣、环境保护、安全生产、商品检验、贸易及证券交易等的法令条例和规章制度有很多负面影响。首先,加重了企业的负担,增加了商品的成本。其次,企业为了应付许多非生产支出不得不压缩研究支出和更新设备的投资,造成生产率增长缓慢,商品在国际市场上的竞争能力严重下降,国际收支逆差越来越大。此外,过多的规章制度阻碍企业家的风险投资,企业家不愿开拓新的生产、技术领域,使生产停滞,通货膨胀加剧。因此,供给学派反对政府过多干预,主张放宽或取消限制,恢复企业自由经营,以激发生产经营的积极性。甚至提出,只有在消除对企业的众多限制的前提下,减税对企业家经营积极性的刺激作用才能发挥。

供给学派反对国家调节,认为价格管理、失业救济、规定最低工资水平等是危机时期工资与物价高而不降的原因;国家调节经济的措施,也使工人对失业不敏感,因此,国民经济发展得不到自由竞争的调节,滞胀病症也得不到治理。供给学派主张应该充分发挥市场机制自行调节作用，让就业率、利息率、劳动工资率随经济的变化而变动，储蓄、投资、物价等可以在市场竞争中逐步得到调节，趋于增长和均衡。经济中的滞胀，是国家干预破坏市场机制、过度膨胀需求和损害供给造成的。由此可以发现，供给学派从根本上否定了国家调节经济的必要性。

### 四、削减政府开支，主张财政平衡

供给学派认为，大幅度减税的直接后果是政府支出的减少，因此，减税而不削减政府开支，会扩大财政赤字。所以，供给学派主张大幅度削减政府支出，特别是政府支出中巨大的军事开支和社会福利开支。

供给学派指责说，第二次世界大战后美国政府的转移性支付项目，如食品券、失业救济、医疗津贴等，实际上弊病无穷，不仅对生产起着严重的抑制作用，而且早已进入效果递减的阶段。政府实施社会计划，不仅不能减轻反而会加重和扩大贫困乃至使贫困永久化，其中的社会福利计划的实施，是造成巨额财政赤字的主要原因。因此，供给学派主张尽量削减社会福利计划支出，包括降低保险津贴和福利救济金额，严格限制领受条件，政府只出台救济老年贫困、赤贫等必要的福利设施。

### 五、实施限制性货币政策，恢复金本位制

在货币理论问题上，供给学派与货币主义的论点基本相同。两者都认为物价变动纯粹是货币现象，货币数量超过经济活动的需要导致了物价上涨。因而他们都主张实施限制性货币政策，并认为货币政策对于经济发展起着重要作用。但在如何实施这一政策上，供给学派内部也存在着分歧。罗伯茨（Roberts）等人主张实行同货币主义经济学家相同的政策，即控制货币供应量的增长，使之与经济增长相适应。雷诺兹（Reynolds）等人则提出只有恢复金本位制，才能有效地控制货币供应量。他们认为，在当前的货币信用制度下，美国联邦储备委员会企图控制的只是包括支票和定期存款的货币供应量 $M_2$，这促使没有包括在 $M_2$ 中的其他货币类别（如货币市场基金和短期回收票证等）极速地增长，所以，虽然按狭义统计的货币供应量增长率下降了，可实际的货币数量并不能紧缩下来。因此，他们主张恢复金本位制，指出恢复金本位制能使联邦储备委员会控制货币数量有所依据，可以限制委员会管理货币的权力。同时认为，只有使美元恢复金本位制，才能消除人们的看涨心理，增强对美元的信心，保证物价稳定，利率下降。物价稳定、低利率和减税政策成为刺激储蓄、投资，促进经济增长的必要条件。

## 第四节 新凯恩斯主义的基本观点

面对新古典经济学的责难和挑战,一些学者吸收了新古典学派的部分观点并结合凯恩斯主义理论形成了新凯恩斯主义学派,代表人物包括斯蒂格利茨、曼昆及泰勒等人。

### 一、对新古典学派观点的肯定和吸收

新凯恩斯主义认为,新古典学派的部分观点是应该肯定和吸收的,主要包括两个方面:

**1. 理性预期**

新凯恩斯主义虽然并不认为人们最终能够准确地预期现实的情况,但是,他们认为,为了利益最大化,人们会尽量收集信息,使预测趋于正确。收集的信息不但涉及过去,而且牵涉未来。

**2. 微观基础**

新凯恩斯主义同意宏观经济理论必须符合微观经济学的假设条件,特别是利益最大化的假设条件,也就是说,宏观经济理论必须有微观经济学基础。

### 二、对原有的凯恩斯主义观点的坚持

在部分地吸收新古典学派的观点的同时,新凯恩斯主义也坚持了一些凯恩斯主义原有的论点,主要包括:

**1. 坚持工资和价格的黏性**

工资和价格的黏性在凯恩斯主义中占有特殊地位,它是导致经济波动的一个重要原因。新凯恩斯主义认为,虽然从理论上说,工资和价格应灵活地涨落,以便保持供求的均衡,但是,实际的观察表明二者并不随时随地变动,二者的黏性是客观存在的事实。

**2. 市场的非出清或不出清状态**

新凯恩斯主义认为,正是由于工资和价格的黏性,市场的供求量未必经常相等,即处于和新古典学派的假设相反的非出清或不出清状态。不论存在的原因是什么,新凯恩斯主义认为,不出清状态是客观存在的事实。

### 3. 卢卡斯批判不适用于斟酌使用的政策

新凯恩斯主义认为，这一批判的有效性仅限于政策的巨大变动情况。只有当政策的性质或幅度有重大变动时，经济模型的参数（如价格调整方程中的 $\pi^e$ 和 $h$）才有较显著的变动，卢卡斯批判才能生效。然而，斟酌使用的政策往往代表政策的微小变动，因此，不能根据卢卡斯的批判而全盘否定斟酌使用的政策。

### 4. 反对李嘉图等价论

李嘉图认为在某些条件下，政府无论用债券还是用税收筹资，其效果是等价或相同的，这就是李嘉图等价定理。从表面上看，以税收筹资和以债券筹资并不相同。政府的税收减少了个人财富，而出售相当于税收额的债券，然后同利息一起偿还，这似乎没有改变个人财富。但是，政府的任何债券发行均体现着将来的偿还义务，从而导致未来更高的税收。如果意识到这一点，就应把相当于未来额外税收的一部分财富积蓄起来，结果可支配的财富数量与征税时一样。尽管李嘉图认为这一推测未必与现实完全符合，但理性预期学派非常赞同，认为按理性预期行事的结果正是如此。

新凯恩斯主义者认为，这一观点值得质疑，其原因在于：①普通人即使具有理性，也未必像理性预期学派所认为的那样有远见，能够考虑到增发公债而引起将来赋税的增加。②人的生命是有限的，而偿债的时期可能在生命结束之后，利己的人并不关心后代偿债问题。理性预期学派所提到的"对后代人的关心正如对自己一样"是否能成立还有待事实的验证。

### 5. 挤出效应的影响受一定条件限制

新凯恩斯主义提出了两个限制条件：①挤出效应只有当 $LM$ 处于垂直于横轴的状态时，才完全发生作用，即政府的投资会把私人投资完全挤出。然而，$LM$ 的垂直状态仅是一个特殊状态，只有国民收入达到充分就业后才如此。②在达到充分就业以前，虽然政府投资可以部分地挤出私人投资，但是，如果此时政府适当地扩大银根加以配合，则利息率未必会上升很多，挤出的私人投资数量很少，甚至为零。

### 6. 经济萧条对自然率具有永久性作用

永久性作用是西方经济学界新出现的一个名词，它指经济萧条状态的长期存在可以对自然率的数值造成永久性的作用。例如，在长时期的萧条状态中，失业的劳动者会荒疏他已经掌握的熟练技术，成为一个不适合雇佣的劳动者，这些均会增加自然失业率。永久性作用不但会导致暂时性失业，而且会扩大长期失业比例，所以，政府有必要来推行改善萧条状态的政策。

### 三、新凯恩斯主义的政策主张

新凯恩斯主义在政策方面主张，由于价格和工资的黏性，经济在遭受到总需求冲击后，从一个非充分就业的均衡状态恢复到充分就业的均衡状态，是一个缓慢的过程，因此用政策来刺激总需求是必要的，不能等待工资和价格向下的压力带来经济恢复，因为这是一个长期而痛苦的过程，如图 9-10 所示。

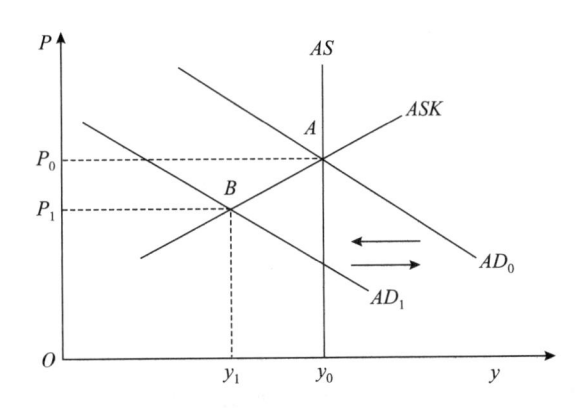

**图 9-10 新凯恩斯主义的稳定化政策**

假设经济最初处于由总需求曲线 $AD_0$ 和总供给曲线 $ASK$ 的交点 $A$ 所确定的充分就业状态，收入和价格水平分别为 $y_0$ 和 $P_0$。由于经济遭受总需求冲击，使总需求曲线移动到 $AD_1$，这时实际收入下降到 $y_1$、价格水平下降到 $P_1$。此时，政府有两种选择：一是使该经济停留在价格水平为 $P_1$、收入水平为 $y_1$ 的萧条状态（至少短期如此），二是政府采取旨在刺激需求的政策。新凯恩斯主义主张第二种方案，按照这一方案，总需求曲线会从 $AD_1$ 回到原来的 $AD_0$ 的位置，经济恢复到原来充分就业的状态。尽管厂商和工人均有理性预期，但原有的劳动合同没有到期，这意味着 $ASK$ 曲线并没有变动，所以上述稳定化政策是必要的。

除了迅速恢复充分就业的必要性以外，新凯恩斯主义认为，斟酌使用的政策还有另外一个必要性，即当外部冲击到来时，这种政策可以抵消外部冲击，使总需求保持在充分就业的水平。在图 9-10 中，假如出口下降，为了使总需求曲线不从 $AD_0$ 移动到 $AD_1$，可以采用扩大内需的政策来补充出口量的下降。

## 第五节 宏观经济学的共识

从新古典宏观经济学和新凯恩斯主义经济学的观点中，可以发现，目前西方经济学中的分歧还比较多的，但宏观经济学中各个学派仍然存在一些共识。

### 一、在长期，一国生产物品和劳务的能力决定着该国居民的生活水平

首先，GDP 是衡量一国经济福利的一项重要指标。实际 GDP 衡量了该国满足其居民需要和愿望的能力。从一定程度上讲，宏观经济学最重要的问题是研究 GDP 水平和 GDP 增长的原因。其次，在长期，GDP 依赖于包括劳动、资本和技术在内的生产要素。当生产要素增加和技术水平提高时，GDP 相应增长。

### 二、在短期，总需求影响一国生产的物品和劳务的数量

虽然经济社会生产物品和劳务的能力是长期中决定 GDP 的基础性因素，但在短期内，GDP 也依赖于经济的总需求，所有影响总需求的变量的变化均能够引起经济波动。如更高的消费者信心、较大的预算赤字和较快的货币增长都可能增加产量和就业，减少失业。

### 三、预期在决定经济的行为方面发挥着重要作用

居民和企业如何对政策的变化做出反应决定着经济变化的规模，甚至有时还决定着经济变动的方向。

### 四、长期情况下，总产出最终会恢复到自然水平，这一产出水平取决于自然失业率、资本存量和技术水平

新古典宏观经济学和新凯恩斯主义经济学都承认，经济的长期总供给曲线是一条位于潜在产量水平上的垂直于横轴的线。

# 参考文献

［1］阿瑟·拉弗，史蒂芬·摩尔，彼得·塔诺斯. 繁荣的终结［M］. 王志毅，译. 南京：凤凰出版社，2010.

［2］凯恩斯. 就业、利息和货币通论［M］. 陆梦龙，译. 北京：中国社会科学出版社，2009.

［3］萨缪尔森. 经济分析基础［M］. 费方域，金菊平，译. 北京：商务印书馆，1992.

［4］亚当·斯密. 国民财富的性质和原因的研究［M］. 郭大力，王亚南，译. 北京：商务印书馆，2020.

［5］Arthur B Laffer. Supply – Side Economics［J］. Financial Analysts Journal，1981，37（5）：29 – 43.

［6］Friedman M. The Euro – Dollar Market：Some First Principles［J］. Review，1971，53.

［7］John B T. Staggered Wage Setting in a Macro Model［J］. The American Economic Review，1979，69（2）：108 – 113.

［8］Martin F. Inflation，Income Taxes and the Rate of Interest：A Theoretical Analysis［J］. The American Economic Review，1976，66（5）：809 – 820.

［9］Milton F. A Monetary and Fiscal Framework for Economic Stability［J］. The American Economic Review，1948，38（3）：245 – 264.

［10］Milton F. A Theoretical Framework for Monetary Analysis［J］. Journal of Political Economy，1970，78（6）：1385 – 1386.

［11］Orazio P A，Martin B. Consumption over the Life Cycle and over the Business Cycle［J］. The American Economic Review，1995，85（5）：1118 – 1137.

［12］Robert A Mundell. A Theory of Optimum Currency Areas［J］. The American Economic Review，1961，51（4）：657 – 665.

［13］Robert E L. An Equilibrium Model of the Business Cycle［J］. Journal of Political Economy，1975，83（6）：1113 – 1144.

［14］Roger E A. Assessing Rational Expectations：Sunspot Multiplicity and Economic Fluctuations［J］. Journal of Economic Literature，2003，41（1）：218 – 219.

［15］Smith A. An Inquiry into the Nature and Causes of the Wealth of Nations［M］. Chicago：University of Chicago Press，2008.

［16］Stanley F. Long – Term Contracts，Rational Expectations and the Optimal Money Supply Rule［J］. Journal of Political Economy，1977，85（1）：191 – 205.

［17］Stephen J. Rational Expectations and Learning from Experience［J］. The Quarterly Journal of Economics，1979，93（1）：47 – 57.